# Migrations et développement dans les Afriques de l'Ouest et du Centre

## Collection « Études africaines »

*dirigée par Denis Pryen et son équipe*

Forte de plus de mille titres publiés à ce jour, la collection « Études africaines » fait peau neuve. Elle présentera toujours les essais généraux qui ont fait son succès, mais se déclinera désormais également par séries thématiques : droit, économie, politique, sociologie, etc.

### Dernières parutions

EKANZA (Simon-Pierre), *L'historien dans la cité*, 2015.
GODEFROY (Christine), *Éthique musulmane et développement. Territoire et pouvoir religieux au Sénégal*, 2015.
TAMBWA N. NKULU K., GHOANYS K., MWANACHILONGWE K., MPYANA K., BUKASA K., *Le développement du Katanga méridional*, 2015.
FODOUOP (Kengne) (dir.), *Le Cameroun. Jardin sacré de la débrouillardise*, 2015.
DJILA KOUAYI KEMAJOU (Rose), *Le droit pénal des affaires au Cameroun*, 2015.
ATTISSO (Fulbert Sassou), *Le mal togolais. Quelle solution ?*, 2015.
PUÉPI (Bernard), *Les gouvernances foncières et leur impact sur le processus de développement*, 2015.
OLOMBI (Jean-Claude), *Guerre et paix : leçons de l'intervention de l'ONU en République Démocratique du Congo*, 2015
MOSSOA (Lambert), *Où va la Centrafrique* ? 2015
AMBOULOU (Hygin Didace), *La déjudiciarisation et les procédures non contentieuses en Afrique*, 2015.
BOUOPDA (Pierre Kamé), *L'indépendance du Cameroun, Gloire et naufrages politiques de l'UPC*, 2015.
YEKOKA (Jean Félix), KIDIBA (Samuel) et LEMBIKISSA (Augus) (dir.), *Le mariage coutumier chez les Suundi du Congo-Brazzaville*, 2015.
VITA (Ndugumbo), SAVARD (Denis), FOURNIER (Jean-Pierre), *Reconstruire l'éducation "après-guerre" en R.D. Congo*, 2015.
NGOULOURE NJOYA (Moïse), *Les unions consensuelles chez les femmes africaines*, 2015.
DE YEIMBÉREIN (Bali), *Quand l'Afrique réapparaîtra…*, 2015.

Sous la direction de Pierre Kamdem

# Migrations et développement dans les Afriques de l'Ouest et du Centre

L'Harmattan

*Avec le soutien de*
**Université de Dschang**

*et la participation active de*
Nathalie KOTLOK, Patrick GONIN
MIGRINTER, Université de Poitiers


**5-7, rue de l'Ecole-Polytechnique, 75005 Paris**

http://www.harmattan.fr
diffusion.harmattan@wanadoo.fr
harmattan1@wanadoo.fr

ISBN : 978-2-343-07540-2
EAN : 9782343075402

# Sommaire

# Comprendre les liens migrations et développement dans les Afriques de l'Ouest et du Centre

Pierre KAMDEM

A la suite du Séminaire-atelier international tenu à Dschang les 4-5-6 janvier 2012 et intitulé « Migrations internationales et développement local : quelles synergies ? », l'Université de Dschang a organisé en partenariat avec l'Université de Poitiers et le laboratoire de recherche MIGRINTER un colloque scientifique international sur le thème « Comment questionner les liens Migrations et Développement dans les Afriques de l'Ouest et du Centre ? » Ce colloque s'est déroulé à Dschang, sur le campus A, du 06 au 08 novembre 2013. Ce colloque est parti du constat selon lequel les migrations font débats dans les sociétés de départ, de transit et d'arrivée. Elles sont soit intimement liées à l'amélioration des conditions de vie des uns et aux profits de quelques autres, soit aux déplacements forcés, aux drames humains ou aux exploitations issues d'un temps que l'on pourrait espérer révolu. Ces ambivalences lient de fait les migrations internationales à la question du « développement » que le présent volume ambitionne de revisiter en explorant entre autres les rapports modulés entretenus par les migrants à l'ordre institutionnel et aux dynamiques socio-spatiales qu'ils incorporent ou modifient à diverses échelles et de différentes manières. Cette approche s'opère dans une perspective comparative féconde des travaux de terrains divers, aussi bien d'Afrique de l'Ouest que d'Afrique centrale. En cela, le présent ouvrage retrace une partie des actes de ce colloque en s'articulant sur deux axes majeurs.

Le premier axe consiste à repérer le rôle des acteurs majeurs dans le façonnement des liens migrations et développement dans les Afriques de l'Ouest et du Centre. Il s'interroge sur la construction d'un certain nombre de catégories théoriques à l'instar du questionnement porté sur la notion de « fuite de cerveaux » qu'une analyse en termes de notion de « proximité », aiderait davantage à la compréhension des dynamiques migratoires subséquentes grâce à leur double dimension territoriale et réticulaire. Fort de la multiplicité des causes de la migration des cerveaux africains concernant aujourd'hui une diversité des compétences, il est ici donné à repenser les analyses théoriques ayant le plus souvent conduit à conceptualiser les migrations dans le cadre général de l'étude des comportements économiques, générant alors plusieurs approches sur la migration du travail, allant de « l'école du dualisme » à celle de la « sociologie économique ».

Afin de mieux asseoir la compréhension théorique initiale, cet axe mobilise des études de cas ancrées tant dans les figures sociales ou spatiales que dans des pratiques spécifiques à même de permettre de mieux saisir les particularités de la zone concernée. À ce titre, la figure de migrant clandestin est convoquée pour rendre compte d'un certain nombre d'écueils spécifiques aux logiques en cours dans la construction sous-régionale en Afrique centrale. Les stratégies d'autonomie sont recherchées davantage dans un contexte de parcours familiaux en lien avec les transmissions intergénérationnelles à l'image d'une lignée forgeronne de la vallée du fleuve Sénégal décrite par Diallo S., ainsi que dans celles des Konkomba du Togo pour lesquels Kadouza P. tente de faire la part entre une migration de survie et les enjeux de développement dont elle pourrait être porteuse pour la localité d'origine. Le lien familial est encore mis à contribution par Oura Kouadio R., qui, dans un contexte de crise économique de l'ananas en Côte d'Ivoire, interroge les mutations des rapports entre les principaux acteurs de cette culture que sont les migrants burkinabé et les familles restées en pays d'origine. Enfin, prospectant toujours le secteur économique, Bignoumba G.S. s'attèle à travers le cas gabonais à montrer le rôle de migration internationale dans la structuration d'une activité économique en explorant la place des migrants ouest-africains dans la structuration de la pêche au Gabon. Par ailleurs, ce premier axe s'intéresse au rôle des expériences familiales et pratiques réticulaires dans les liens migrations et développement en Afrique de l'Ouest et du Centre. Il donne à s'interroger sur « Les acteurs intermédiaires des transformations sociales et spatiales » à travers l'étude des types d'engagement et d'investissement, le rôle des migrants et de leurs partenaires dans les perturbations et les évolutions des sociétés d'origine, permettant ainsi de procéder au décryptage des différentes catégories (passeurs de développement entre territoires, entrepreneurs à divers titres, etc.) et de leur fluidité influençant les parcours et dynamiques migratoires.

L'ensemble de ces travaux laisse ainsi entrevoir le rôle économique prépondérant des migrations internationales dans le développement autant des localités d'arrivées que celles de départ que nous percevrons davantage dans le second axe consacré aux retours et remises diverses des migrants à destination de leur terroir d'origine.

Le second axe s'attèle à rechercher les effets des retours et remises de migrants sur la dynamisation des liens migration et développement en Afrique de l'Ouest et du Centre. Elle vise à mettre en lumière les retombées des mouvements migratoires, perçues à travers la problématique des retours et remises de migrants. Partant du constat unanime de l'ensemble des acteurs majeurs tels que la Banque Mondiale quant à l'efficacité de la participation des migrants internationaux au développement de leur pays d'origine par le biais de leurs transferts financiers, cette partie ambitionne d'expliciter les conséquences des migrations dans les familles mais aussi à l'échelle des villages, des quartiers et des communes. Par leurs remises, les migrants mettent en œuvre des actions dont les effets varient en fonction des rapports de diverses natures entretenus dans les différents territoires. Quelles sont les logiques sous-tendant les choix de migrants à investir ou s'investir dans les différents types de projets ? Quelles constructions identitaires en résultent ? À quelles incidences peut-on s'attendre sur la gouvernance locale et dans la sphère politique à différentes échelles ? Autant de questionnements auxquels cette partie escompte apporter davantage de lisibilité, dans une perspective de renouvellement autant théorique et méthodologique qu'empirique et pratique.

À ce titre, les transferts sont analysés tant dans leur capacité à agir dans les investissements économiques en contexte familial à l'instar des rapports en la matière entre les Congolais installés en Europe et leurs familles restées au pays, que dans leur rôle de catalyseurs des transformations socioéconomiques tel qu'au Mali, ainsi qu'à leur implication dans la gouvernance locale dans les « Grassfields » camerounais par exemple. Ils sont aussi enfin analysés à travers leurs effets dans les transformations spatiales par l'immobilier, tant dans les nouvelles logiques migratoires qu'ils insufflent comme au Mali, que dans ses diversités, ses disparités et les logiques de production qu'ils introduisent dans le secteur au Cameroun par exemple. L'ensemble de ces dynamiques participent à la volonté de réaliser d'une manière ou d'une autre l'un des maillons fondamentaux du système migratoire inscrit dans le principe du « retour » ici analyser à la lumière de l'examen des stratégies d'insertion de migrants camerounais de retour d'Allemagne. Le questionnement théorique est aussi mobilisé dans l'approche donnée à la notion de « retour » concernant des migrants dans des contextes où la politique d'accueil restreint les possibilités d'intégration telle qu'en Allemagne, mettant alors en place une série de dispositifs dont la mesure s'effectue à l'aune de la qualité des retours consommés, plus particulièrement dans leur durabilité.

Telles sont autant de lignes directrices que l'ouvrage convoque afin de mettre en exergue des éléments de compréhension des liens entre migrations et développement dans les Afriques de l'Ouest et du Centre, développé lors du colloque scientifique de Dschang 2013. Les approches restent certes discutables, et c'est bien le but de cette entreprise scientifique concernant une thématique d'une actualité fortement prégnante pour l'ensemble des acteurs qu'ils soient institutionnels ou non. Cependant elles conservent ce grand mérite non seulement d'une entrée par la mise en parallèle des territoires migratoires spécifiques que sont l'Afrique de l'Ouest et du Centre, mais aussi des contextes spécifiques de mise en questionnement, constituant ainsi un précieux laboratoire de recherche, d'application et d'action en la matière.

*Première partie*

# Repérer le rôle des acteurs majeurs dans le façonnement des liens migrations et développement en Afrique de l'Ouest et du Centre

*Chapitre 1*

# Migrations et fuite des cerveaux africains : état des lieux et nouvelles approches théoriques

Jean Roger ESSOMBE EDIMO

Selon les statistiques disponibles, depuis 1990, quelque 20 000 personnes qualifiées partent du continent africain chaque année. De sorte que, par exemple, plus de 20% des médecins africains travaillent aujourd'hui dans les pays riches (Kouvibidila, 2009). Les causes de cette saignée des compétences, dont de nombreuses études montrent qu'elle est appelée à perdurer pendant les prochaines décades, sont multiples. Elles sont économiques, sociales, politiques et, souvent, écologiques.

Bien que le phénomène de « fuite de cerveaux » ne soit pas nouveau et remonte aux années 1950[1] il est néanmoins, depuis, réservé aux migrations scientifiques du Sud vers le Nord, ou encore à celle des scientifiques de l'Est. La fuite des cerveaux, ou « *brain drain* », se produit lorsqu'un pays perd sa main-d'œuvre qualifiée en raison de l'émigration. La mondialisation aidant, par ailleurs, les économies ainsi que les cultures et les sociétés humaines sont désormais interconnectées. Au point que l'économie mondiale en croissance devient à la fois, une source d'opportunités pour

---

[1] À cette époque d'ailleurs, l'expression désignait le départ massif des scientifiques et ingénieurs britanniques vers les États–Unis

des millions d'individus et, un accélérateur des disparités de niveaux de vie dans les différents espaces du monde. Pour sa part, l'Afrique vit aujourd'hui un paradoxe. D'une part, continent aux ressources limitées, elle forme des hommes qui, pourtant, vont travailler dans les pays développés[2] et, d'autre part, ceux de ses diplômés restés sur le continent connaissent le chômage. Alors même que les projets financés par les partenaires au développement sont exécutés par des experts venus d'autres continents.

De manière générale, parler de « fuite des cerveaux » renvoie, *stricto sensu*, à la mise en rapport de trois instances, « la migration », « la compétence » et le « développement ». Ce qui conduit à postuler que, pour un pays ou un espace donné, le développement n'est pas indépendant des compétences/ressources dont il dispose, de leur rapport avec la migration et, de la forme particulière que ces différentes instances peuvent prendre dans un contexte historique donné. D'un point de vue épistémologique, il en découle que l'analyse du développement doit se compléter par une analyse sociologique de la migration des ressources en compétences.

Depuis Smith (1759), en passant par Ravenstein (1889), Arrow (1951), Simon (1959), Harris et Todaro, (1970), et Becker (1974), entre autres, la science économique a analysé les migrations dans le cadre général de l'étude des comportements économiques et, plus exactement, dans la recherche des facteurs de décisions individuelles. La démarche se poursuivra d'ailleurs avec un élargissement dans la théorie des jeux et celui de la problématique relative à la nature des préférences individuelles, en vue de comprendre outre les comportements économiques, les interactions et les conséquences sociales de celles-ci. Au total néanmoins, la théorie propose plusieurs approches sur la migration du

---

[2] Au Kenya, par exemple, la formation d'un médecin et celle du niveau des études universitaires coûtent, respectivement, 40 000 et 15 000 Dollars en moyenne.

travail, et qui vont de « l'école du dualisme » à celle de la « sociologie économique ». La problématique qu'essaye de développer le présent papier a un triple volet : *quelles auront été les cadres conceptuels expliquant la migration du travail ? Quels sont les groupes de personnes concernés par la migration des cerveaux en Afrique ? Enfin, existe-t-il aujourd'hui des tentatives théoriques permettant des avancées en la matière ?* Ce triptyque structure, pour l'essentiel, les développements qui suivent.

## LE CADRE THÉORIQUE RÉCENT DE LA MIGRATION : LES APPROCHES DE LA SOCIOLOGIE ÉCONOMIQUE

L'analyse microéconomique de la migration (de courte ou de longue distance[3]) avait, jadis, été produite par deux grands courants initiés, respectivement, par Lewis (1956) et par Harris et Todaro (1970) entre autres. Les deux ont pour dénominateur commun de proposer une étude de la migration en relation avec le marché du travail et, surtout, de mettre en lumière le fait que les différentiels de salaires, entre les espaces d'origine et de destination, sont le fondement principal de la migration. Et selon cette théorie de « l'économie duale[4]», le flux migratoire se maintiendra tant que ce différentiel n'est pas résorbé. Ici, l'on considère que le migrant procède à la comparaison de la valeur actualisée du flux de revenu perdu avec la valeur actualisée des revenus urbains affectée d'une probabilité. Tant et si bien que, tout accroissement d'emplois en ville, par exemple, contribue à augmenter la migration[5]. Au total, ces différentes théories

[3] Nationale ou internationale

[4] Composée de deux secteurs distincts : un secteur moderne et un secteur traditionnel.

[5]Toutefois, on le sait désormais, les déterminants des migrations individuelles sont multiples, et ne sauraient être réduits aux modèles

analysaient la migration comme résultant de « la décision individuelle », et montraient en fait que les facteurs de perpétuation de la migration sont inscrits au cœur même du fait migratoire

Pour les approches récentes, au contraire, la migration relève d'un choix collectif. Issues pour l'essentiel de la sociologie économique, elles sont marquées par deux grands courants de ce qu'on appelle « *la nouvelle économie de la migration de travail* » et auxquels l'on adjuve régulièrement un troisième, à savoir le courant des « réseaux sociaux » et des « externalités de réseaux».

## « Nouvelle économie de la migration de travail »

### *La famille comme « couffin de sécurité » du migrant*

Initiée par Stark et Bloom (1985) puis Stark et Lucas (1988), cette démarche constitue aujourd'hui un référentiel dans l'étude microéconomique des migrants. Ici, la famille du migrant est « *un pool de risques* » (Riquier-Desjardins, 2009) et, par la même, un couffin de sécurité pour ses membres. La migration repose donc sur un choix collectif fait par un groupe d'individus, souvent le ménage. La famille débloque les liquidités nécessaires pour payer les coûts de la migration (visa, passeport, transports, installation). Contrairement aux théories précédentes, la migration n'est plus déterminée par les écarts de revenus mais par une logique de diversification des revenus et de sécurité face aux facteurs de basculement des ménages dans la pauvreté. Le migrant fait ensuite des transferts au profit de sa famille en vue de rembourser le coût de la

---

probabilistes. Et comme le note avec pertinence Hugon (1993), « *les unités de décisions familiales* (par exemple) *font des arbitrages entre régions rurales et urbaines* ».

migration que cette dernière a pu assumer, ou encore pour sauvegarder les actifs (lopins, actifs agricoles et pastoraux) détenus pour lui par sa famille et qui constituent un véritable « filet de sécurité ».

Le prolongement de la nouvelle économie de la migration conduit d'ailleurs à la prise en compte de *l'altruisme*. Même si, dans l'analyse microéconomique en général, le concept d'altruisme présente des contours pluriels. Il peut tout aussi bien signifier une attitude essentiellement bienveillante (le cas des parents vis-à-vis de leurs progénitures), ou encore un comportement intéressé (cas du couple « Roi bouffon »[6]), voire une disposition malveillante de l'humain. De manière générale néanmoins, l'altruisme est considéré comme la manifestation d'une interdépendance générationnelle. Et ses conséquences sur la distribution des ressources entre générations a été mise en évidence, notamment, par Becker (1974). Enfin, l'on devra également à Sen (1991), dans son analyse en termes de « *capabilities* [7]» et sa tentative d'introduction de la morale dans la science économique, la mise en évidence de deux comportements qui, selon lui, définissent l'altruisme, à savoir la compassion et l'engagement. La première étant le fait qu'un individu verra son utilité augmenter si la situation économique de l'autre s'améliore. Tout comme, au contraire, cette utilité diminuera si celle de l'autre se détériorait.

---

[6] Il s'agit d'une bienveillance ou d'un comportement simulé vis-à-vis de quelqu'un en vue de maximiser les gains qu'on peut tirer de cette personne. L'acteur Louis de Funès, dans « la folie des grandeurs » peint à souhait ce que peut « rapporter » l'allégeance intéressée à l'égard d'un Roi.

[7] Et qui définissent les libertés d'agir pour la survie et le bien-être réels de chaque individu.

### *L'approche en termes de « moyens d'existence durables » (Ellis et Freeman, 2000)*

Celle-ci découle à la fois, de l'étude microéconomique du comportement des ménages ruraux et, de « l'économie paysanne ». En fait, la famille rurale est considérée comme gérant un « panel d'activités » composé à la fois, d'activités agricoles proprement dites, non agricoles et, salariées, ainsi que le travail en migration dans une optique de minimisation des risques pour la famille entière. Dans son rapport sur le développement dans le monde en 2008, la Banque Mondiale ne disait d'ailleurs pas autre chose en considérant qu'il y a trois voies de sortie de la pauvreté pour l'agriculture familiale, à savoir l'augmentation de la productivité agricole, la salariat et la migration. Comme le souligne encore Riquier-Desjardins (2009), par rapport à la nouvelle économie de la migration toutefois, « cette approche met l'accent sur les systèmes d'activités et dépasse donc le simple niveau de la mutualisation des risques. Elle considère le ménage rural comme une organisation en charge du système d'activités ».

Ajoutons cependant que cette grille d'analyse du ménage rural « système d'assurance mutuel » aura été remise en cause par de nombreux autres auteurs dont Platteau (1997), pour qui les échanges dans ces ménages devraient s'analyser sur le principe de la réciprocité et, non sur celui d'assurance contractuelle.

### *Le courant des « réseaux sociaux » et des « externalités de réseaux »*

Polysémique par excellence, le concept de « réseau » renvoie à un ensemble d'objets ou de phénomènes (réseau ferré, réseau routier). Dans les sciences sociales, il est généralement mobilisé pour décrire et analyser à la fois, l'ensemble des relations de l'individu, la manière dont celles-ci influent sur son comportement et, la façon dont ces comportements parviennent à leur tour à influencer les structures sociales[8]. Il s'agit de se demander d'une part de quelles unités élémentaires un réseau social est constitué, et d'autre part quelle est son étendue globale. Historiquement, l'analyse du réseau social fut initiée par des anthropologues britanniques (Ferrié et Boëtsch, 1993), avant d'être ensuite mobilisée dans le cadre des sociétés complexes par Barnes (1954)[9].

Deux principales problématiques animent ordinairement la sociologie de l'immigration, à savoir celle de l'immigration et celle de l'installation des immigrés. La première porte sur les causes de l'immigration, l'action des États d'origine et d'arrivée, et le déplacement. Alors que la seconde analyse l'intégration c'est-à-dire, l'acculturation des immigrés, l'acquisition d'une position sociale, économique et politique dans le nouvel espace national. De nombreux travaux empiriques permettent d'ailleurs aujourd'hui de comprendre la dynamique des réseaux dans le processus migratoire[10].

En fait, la décision individuelle de migration est expliquée principalement par l'existence, dans les espaces de destination, de réseaux sociaux pour le migrant et, par le fait que la migration représente un investissement sur le futur (Boyd, 1989). Et, comme tout investissement, il présente un coût immédiat et dont la rentabilité est espérée dans le futur.

---

[8] Comme nous le verrons plus loin, il s'agit là aussi d'un aspect important qui permet, notamment, de lier cette analyse à la théorie des proximités (cf. *Infra*).

[9] De manière générale, l'approche dominante dans l'analyse des réseaux sociaux demeure « l'analyse structurale », avec deux principales théories : celle des graphes et celle portant sur l'application de l'algèbre linéaire aux données relationnelles.

[10] Parmi les nombreuses contributions proposées à cet effet, on peut aussi signaler, entre autres, A. Pecoud (2004) ; F. T. Pérez (2004) et, plus récemment encore P. Carnet (2011), op. Cit.

La décision de migrer, le moment choisi pour le faire ainsi que la zone de destination, dépendent de la présence des réseaux du migrant dans celle-ci. Et ce sont ces réseaux qui, précisément, facilitent l'intégration du migrant dans la société ou le pays de destination. Le migrant appartient donc à un réseau social dont il partage d'ailleurs les caractéristiques et statuts socioculturels. L'homogénéité du groupe, ainsi que la solidarité permettent ensuite de trouver un meilleur salaire au migrant, tout comme le groupe peut aussi participer à l'amélioration des conditions de travail de l'arrivant dans la zone d'accueil : c'est ce que les auteurs appellent les « *externalités positives de réseaux*[11]». Ainsi, les chercheurs se sont d'abord intéressés à la façon dont les réseaux de migrants permettaient la circulation entre pays de départ et d'arrivée à travers la mise en place de « *filières migratoires* » et de « *chaînes migratoires* ». Les migrants installés favorisent en effet l'arrivée de nouveaux migrants à l'intérieur de réseaux constitués essentiellement sur la base de liens familiaux et amicaux. Les migrations sont donc des processus auto-entretenus. En tout état de cause, quels sont les différents groupes concernés par le phénomène de la « fuite des cerveaux » en Afrique ?

## FUITE DES CERVEAUX EN AFRIQUE : BREF ÉTAT DES LIEUX DES CATÉGORIES CONCERNÉES

Les pays africains et les pays de l'OCDE sont aujourd'hui extrêmement préoccupés par l'importance des taux d'émigration en direction des seconds parmi les catégories de population très qualifiées (médecins, infirmiers, enseignants

---

[11] Différentes externalités pécuniaires, elles proviennent essentiellement d'interactions non marchandes entre agents économiques, et n'émanent donc pas du système de prix.

ou ingénieurs). Faut-il aussi s'alarmer de l'émigration des personnes ayant des compétences techniques intermédiaires ? Pour le savoir, un bref examen des schémas de mobilité des Africains, à différents niveaux de qualification, s'impose.

## L'émigration des cerveaux concerne une diversité de compétences

Lorsqu'on parle de la fuite des cerveaux ou des compétences, l'on se réfère généralement aux diplômés de l'enseignement supérieur. Pourtant, le phénomène qui frappe l'Afrique concerne également tous les autres secteurs pour lesquels les pays développés ont des besoins de main-d'œuvre qualifiée et dans lesquels leurs propres nationaux répugnent à travailler. Même si l'Afrique, prise globalement, « *n'est pas une source d'immigration importante dans les pays de l'OCDE, par exemple, qu'il s'agisse de travailleurs peu ou très qualifiés. En 2000, 8,8 % seulement des personnes hautement qualifiées nées à l'étranger et vivant dans les pays de l'OCDE étaient originaires d'Afrique, et 9.6 % des personnes peu qualifiées. Parmi ces émigrés africains, 49% des plus qualifiés étaient originaires des pays à revenu intermédiaire d'Afrique du Nord et d'Afrique australe. Par comparaison, 50 % des personnes nées à l'étranger et vivant dans les pays de l'OCDE sont natives d'autres pays de l'OCDE. On voit par-là que ni l'Afrique en général, ni les pays africains, à faible revenu en particulier ne sont très représentés dans les populations immigrées vivant dans les pays de l'OCDE* » (PEA, 2012). Il n'en demeure pas moins que ramenée au niveau des pays africains où le nombre de personnes qualifiées est modeste, une émigration de celles-ci quelque petite qu'elle soit apparaît énorme en termes relatifs. De sorte que sur les 40 pays les plus concernés aujourd'hui par la saignée de la fuite des cerveaux dans le monde, 21 sont africains.

Si le phénomène a, pendant longtemps été étudié pour les pays anglophones africains, il touche de la même manière le reste des espaces du continent. À cet égard, une analyse des groupes concernés dans les pays francophones du continent reste assez révélatrice à la fois du malaise et de la saignée qui frappent aujourd'hui les capacités de développement de l'Afrique. De manière très générale, la saignée concerne aussi bien les personnes en formation universitaire ou postuniversitaire que diverses autres compétences. En Afrique de l'Ouest où les recherches sur le phénomène des migrations sont également, à ce jour, bien avancées l'on note qu' « *alors que 60 % des premiers migrants internationaux maliens (par exemple) n'avaient pas achevé le cycle primaire, les migrants ouest africains sont dans l'ensemble de plus en plus éduqués et mieux formés. Il en résulte que l'exode des élites africaines vers les pays développés constitue une profonde saignée qui touche le monde sportif ainsi que les secteurs comme la santé (Ghana), l'enseignement du supérieur (Nigeria, Sénégal, Gambie, etc.* (Papa Demba, 2007).

## *Dans les formations universitaires et postuniversitaires*

Selon l'UNESCO (2004), il s'agit généralement des cerveaux à la recherche de formations initiale ou de spécialisation poussée et qui, très souvent, se retrouvent à intégrer le monde du travail dans leurs pays de formation après l'obtention de leurs parchemins. D'après l'OIM (2005), les deux tiers d'étudiants restent dans les pays d'accueil après leur formation faute de perspectives dans leurs pays d'origine. Il en découle ainsi « *une fuite des compétences de niveau universitaire et postuniversitaires formées à l'étranger* » (UNESCO, 2004).

Mais, à ceux des universitaires formés à l'étranger, il faut ajouter ceux ayant effectué leurs cursus universitaires localement et qui, par de multiples canaux et raisons, partent ensuite travailler dans les pays développés. Résultat des courses, 38 des 47 pays africains ne respectent pas actuellement la norme OMS de 10 médecins pour 100 000 habitants. En 2007, il y avait plus de médecins Béninois dans la région parisienne de « l'île de France » qu'au Bénin même (CNUCED, 2007). En outre, les médecins Sierra léonais travaillant à Chicago sont plus nombreux que ceux qui sont restés au pays. On peut continuer à souhait la liste, pour montrer la véritable saignée que représente aujourd'hui pour l'Afrique la fuite des compétences dont elle est le théâtre.

L'accentuation de ce phénomène continue à perpétrer l'écart entre le continent et les autres en matière de sciences et de technologies. Si bien que la part africaine de la production scientifique est passée à 0,3% dans les années 90, contre 0,5% au milieu des années 1980 (Bulletin du CRDI, 2005). On retrouve aujourd'hui plus d'ingénieurs et de scientifiques africains aux USA qu'en Afrique même. Puisqu'en effet, cette fuite des cerveaux touche également les cadres techniques du sous-continent. Comme le souligne encore Kouvibidila (2009), au lendemain des indépendances déjà, l'on notait des formes d'émigration inter-États. Ainsi, par exemple, de nombreux cadres et techniciens du bâtiment Sénégalais se sont installés au Gabon jusqu'aux années 1980, où l'exploitation du pétrole dans ce pays constituait une véritable soupape de la croissance économique. Enfin, lorsqu'ils ne partent pas du sous-continent, d'autres cadres grâce aux nouvelles technologies de l'information (ou TIC), travaillent pour les firmes étrangères au travers du télétravail. Et cette nouvelle forme de perte des compétences ne concerne pas uniquement ceux des africains ayant reçu une formation tertiaire.

## *Les autres formes de fuites des cerveaux*

Il s'agit des formes d'émigration des compétences qui touchent d'autres catégories de cadres non universitaires. Pour des raisons parfois structurelles, parfois encore conjoncturelles, ce type de migration est même suscité par les pays développés. Notamment lorsqu'il s'agit de rechercher de la main-d'œuvre dans des secteurs pour lesquels leurs nationaux ne veulent pas ou plus travailler. C'est le cas de certaines professions médicales aux USA (pour les infirmiers, infirmières et autres sages-femmes). D'après les statistiques prospectives, les États-Unis ont depuis les années 2000 un besoin de quelques 126 000 infirmiers. Et les projections font état d'un besoin total de quelques 800 000 agents jusqu'en 2020 (UNESCO, 2004). Et ce qui est valable pour le personnel médical pour ce pays l'est également pour la plupart des autres formations sociales développées. À l'origine de cet état des choses pour tous ces pays, la conjonction de deux facteurs, à savoir d'une part, le vieillissement de la population (et une augmentation du nombre de personnes âgées nécessitant une prise en charge sociale et médicale) et, d'autre part, la baisse du taux de natalité.

C'est dire par la même occasion que cette forme de siphonage des compétences, difficile à combattre pour les pays en développement en général et pour les espaces francophones d'Afrique en particulier, risque de perdurer longtemps encore. Aujourd'hui 18,9% des infirmières formées au Cameroun émigrent pour travailler à l'étranger[12]. Selon la Commission Économique pour l'Afrique (CEA), entre 1960 et 1989, par exemple, près de 130 000 spécialistes africains hautement qualifiés sont partis du contient. Si bien que d'après l'O.I.M. (2005), près d'un million d'africains diplômés de l'enseignement supérieur quittent chaque année leur

---

[12] www.worldbank.org/prospects/migrationandremittance.

continent pour s'installer dans les pays industrialisés où salaires et conditions de vie sont plus attractifs. En ces débuts du XXIème Siècle, la santé, l'éducation et les technologies de pointe apparaissent comme les principaux secteurs désormais les plus concernés par cette migration des cerveaux en provenance de l'Afrique. Et la plupart des observateurs s'accordent pour dire que cet exode des cerveaux africains vers le Nord, alors même que l'Afrique se trouve à un moment de son histoire où elle en aurait le plus besoin pour son développement, entraîne une lente asphyxie de tout le continent et apparaît aujourd'hui comme un des principaux obstacles à son décollage.

## Les principales causes de cette fuite des cerveaux

Les migrations sont généralement ordonnées par l'existence de facteurs économiques, politiques ou encore sociaux. Les mouvements migratoires de la diaspora africaine s'inscrivent dans ce contexte. Loin d'être une exception notable, elle présente un échantillon du monde mettant en exergue l'existence des multiples causes de départs des flux de migrants avec, pour fait majeur, une forte tendance au départ de la main-d'œuvre qualifiée.

### *Pour ce qui est des compétences universitaires*

Lorsque l'on parle généralement de la fuite des cerveaux, c'est essentiellement à elles que l'on fait allusion. Même si cette émigration concerne tous les pays en développement et beaucoup de pays développés, la situation est encore plus difficile pour l'Afrique en général, tant pour le nombre et, surtout, la qualité des cerveaux qu'elle perd. Les cadres en formation quittent l'Afrique pour des spécialisations ou des formations d'une qualité inexistante sur le plan local. En Afrique francophone, par exemple, cette migration a d'abord concerné, pour des raisons historiques, l'ancienne puissance colonisatrice c'est-à-dire, la France. Elle s'est ensuite étendue aux pays comme la Belgique et le Canada, avant de concerner le monde entier et, surtout, les États-Unis. La France et les autres pays de « l'espace Europe » ayant, dès les années 80, renforcer des mesures de lutte contre l'immigration sur leur sol. En outre, certains diplômes américains étant recherchés sur le marché du travail, ceux des africains qui se formaient aux USA étaient immédiatement recrutés par des institutions et firmes locales à la fin de leur formation et, de ce fait, ne rentraient plus dans leurs pays d'origine.

De leur côté, les cadres déjà formés présentent des mobiles de départ tout aussi multiples. On y retrouve la recherche des meilleures conditions de travail et d'épanouissement. Selon l'UNESCO (2004), ils ont en effet la possibilité de pouvoir travailler avec des outils et des matériels rares dans leurs pays d'origine. Et l'objectif recherché par ces déplacés est de pouvoir participer activement à la production et à la diffusion du savoir. Cette catégorie concerne surtout les enseignants des universités et qui, le plus souvent, sont confrontés à des matériels de recherche parfois insuffisants, souvent inexistants dans leurs institutions d'origine. Ou encore, qui estiment pour une raison ou pour une autre, que soit les salaires perçus sont très bas, soit les conditions de valorisation, de publication des travaux ou d'avancement dans la carrière sont insatisfaisantes. Aujourd'hui encore, selon la C.E.A., moins de 1% du PIB des pays africains est consacré à la recherche (C.E.A., 2007).

### *En ce qui concerne les non-universitaires*

L'un des principaux motifs de migration mis en évidence est le chômage. On retrouve majoritairement dans ce groupe de migrants, les personnels exerçant dans ce qu'il est convenu d'appeler *le secteur informel*. Ce vivier d'activités du « *learning by doing* » et où des compétences essayent d'aller exercer leur métier sur des marchés plus porteurs et plus rentables. Ici aussi, c'est le marché de l'ancienne puissance colonisatrice qui sera d'abord visé, puis les autres pays Européens, et ensuite les USA et le monde entier. De même, de nombreux africains exercent leurs talents dans beaucoup d'autres pays du continent, dans de nombreux domaines comme la bijouterie, le bâtiment, la confection.

Il apparaît ainsi, tant pour les non universitaires que pour les universitaires, que la recherche des meilleures conditions de vie transcende en général leurs motifs d'émigration. Et si certains s'installent dans d'autres pays africains (en Afrique francophone, par exemple, de nombreux universitaires Sénégalais ont, pendant longtemps, émigré au Gabon. Tout comme, durant une bonne période, la Cote d'Ivoire aura été un centre d'agglomération de nombreux enseignants-chercheurs des pays de l'Afrique de l'Ouest et du Centre), la majorité se destine aujourd'hui aux pays de l'Ouest. La migration des cerveaux en Afrique peut aussi être, tous groupes d'individus confondus, la résultante des événements politiques. Ainsi, par exemple, pendant longtemps, la Guinée Conakry des années 60 a attiré des compétences africaines. Avec le changement d'orientation politique et le développement des persécutions diverses, le pays s'est vidé de ces cerveaux ainsi d'ailleurs que de ses principaux talents nationaux. Un peu comme le Portugal de l'ère de la dictature de Salazar, et qui a vu partir la majorité de ses ouvriers qualifies du bâtiment.

Loin d'être l'apanage de la Guinée, le phénomène d'émigration des cerveaux liée aux troubles politiques est aussi, de plus en plus, fréquent dans de nombreux autres pays du continent. Quels que soient les chemins empruntés (le Maghreb et, plus récemment, les Îles Canaries notamment à cause du renforcement des contrôles dans les enclaves espagnoles), les migrants sont accueillis et intégrés dans des réseaux familiaux ou des connaissances et dont, observe encore Papa Demba (2007) « *les têtes de pont se trouvent à des milliers de kilomètres...* ».

A la question pertinente de savoir si cette fuite des cerveaux est dommageable pour les pays africains, aujourd'hui encore, la réponse est loin d'être tranchée. La perte d'une main-d'œuvre qualifiée comme dans les pays africains les plus pauvres et dans les secteurs prioritaires comme la santé et l'éducation, revient certainement très cher à ces formations sociales. En même temps, la perspective de l'émigration peut inciter davantage de gens à poursuivre leur éducation et leur formation et si, finalement, certains d'entre eux renoncent à émigrer, alors leurs pays d'origine en retireront un avantage économique. Certains théoriciens justifient même le bien-fondé de l'émigration qualifiée. Il en est ainsi des travaux pionniers en la matière de Grubel et Scott (1966), qui montrent qu'une émigration qualifiée génère des externalités positives par le biais de divers canaux de transmission (transferts de fonds, réseaux divers). Si bien qu'en retenant l'hypothèse de concurrence pure et parfaite, au travers des divers canaux précités, les effets néfastes d'une fuite des cerveaux peuvent être amoindris. Dans ces conditions, l'émigration des travailleurs qualifiés apparaît comme une contribution à l'accroissement de l'activité économique du pays de départ sur le long terme. Elle permet la régulation des excès démographiques, du niveau du chômage de la main-d'œuvre qualifiée et également de l'amélioration des niveaux d'éducation. Même si, il faut bien le reconnaître avec Guengant (2002), le lien entre migrations internationales et développement en général, traduisent « une relation discutée ».

Au total donc, le cadre théorique général de l'étude des migrations de travail est constitué à la fois de celui, ancien, de l'analyse classique (où l'on relève que la décision de migrer est une décision personnelle) et de celui, plus récent, des approches issues de la sociologie économique (et où, au contraire, avec la prise en compte des transferts des migrants, l'on privilégie plutôt la décision collective). Néanmoins, dans un cas comme dans l'autre, la dimension spatiale demeure véritablement absente de l'analyse. Alors même que la dynamique de migration fait également apparaître une combinaison des proximités géographique et organisée qui révèlent le caractère foncièrement géographique de la migration. Cette toute récente proposition est alors formulée par ce qu'on appelle « l'économie territoriale[13] ».

# QUELLES NOUVELLES APPROCHES THÉORIQUES ?

Parmi ces nouvelles approches, l'on peut aujourd'hui signaler en effet les avancées prometteuses de l'Économie Territoriale, notamment, à travers son courant de « l'économie des proximités ». Après en avoir présenté les contours, ainsi que les enrichissements et des liens avec l'analyse des réseaux notamment, nous tenterons ensuite d'en apprécier les apports dans l'étude des migrations du travail.

## Bref aperçu des fondements de l'économie des proximités

### *Un outil de « l'économie territoriale »*

« L'économie des proximités » est ce courant de l'Économie Territoriale fondé sur l'analyse des interactions et les modalités de coordination des agents économiques sur un

[13] C. Courlet (2008), *L'économie territoriale*, PUG. Selon l'auteur, l'Économie Territoriale est corpus en construction qui a constitué l'espace en objet d'analyse, définissant « une nouvelle économie spatiale » et dans laquelle l'espace est à la fois « actif » et « contexte ».

espace plan. Ses analyses apparaissent dans les années 90 (Bellet et *al.* 1993 ; Pecqueur et Zimmermann, 2004). Elles se sont développées, plus exactement, dans le cadre de l'étude des dynamique des « systèmes productifs localisés » (ou SPL), version moderne des fameux « districts industriels » de Marshall (1890). Dans ce contexte, le problème de la prise en compte de l'effet des relations de proximité sur les relations de coordination des acteurs va naître de l'intégration, par les théoriciens de l'approche territoriale, de ce qu'on appelle *« la proximité géographique »* ayant cours dans les SPL.

L'apport essentiel de la proximité, c'est de s'être « *affranchie d'une vision unidimensionnelle de la proximité, qui pouvait conduire à postuler les effets territoriaux de la proximité géographique, en retenant d'autres formes de la proximité* » (Riquier-Desjardins, 2009). Car en effet, c'est bien l'articulation des différentes formes de proximités qui peut permettre d'identifier éventuellement un effet territorialisé sur la coordination des acteurs. C'est qu'en réagissant à la tradition dominante de la théorie économique dans son traitement de la question spatiale, la « proximité » s'oppose à la « distance ». C'est en effet dans le cadre marginal d'une théorie de localisation, raisonnant en termes de distance, que cette notion prend un sens. La distance est définie comme un coût attaché à la résistance au déplacement. C'est en fait la peur de l'espace qui, économiquement et financièrement, va être exprimée en coûts de transport. Avec « l'économie des proximités », il s'agit donc bien de reprendre le rapport qui s'est constitué, de manière dominante entre la théorie économique et l'analyse spatiale, avec la signification particulière alors donnée à la distance.

## *Les différentes formes de la proximité*

Depuis Rallet et Torre (2005), par exemple, l'on distingue la proximité géographique et « organisée » et, la proximité physique et « relationnelle ». Cette dernière regroupe toutes les formes de proximité qui ne sont pas reliées à la distance géographique. Et le « territoire », construit par des acteurs, fait référence aux deux premières formes de proximités. D'autres théoriciens (Gilly et Torre, 2000) précisent même le contenu de la proximité non géographique et proposent alors une différenciation entre la proximité géographique, la proximité organisationnelle et la proximité institutionnelle (relations de similitude) et qui est, quant à elle, fondée sur une approche plus institutionnaliste.

Quel que soit néanmoins le prisme par lequel on aborde la proximité, le constat est le même : le territoire n'existe que parce que les acteurs se coordonnent. Ici, la coordination des acteurs apparaît comme la variable permettant « *d'endogénéiser* » l'espace. Et c'est cette variable qui permet d'assimiler le territoire à un système de relations qui, grâce à leurs interactions, conduisent à la construction territoriale.

Mais en quoi cette approche intéresse-t-elle véritablement la migration du travail et pourrait-elle être liée à l'analyse des réseaux sociaux ?

En fait répondre à cette interrogation revient, très précisément, à retrouver quel peut être le rôle de la proximité dans la coordination des acteurs dans la migration. Et pour cela, il faut revenir aux hypothèses de la démarche proximiste, et où l'action économique n'est pas l'œuvre d'un agent économique isolé, mais bien d'un acteur lié à un contexte institutionnel évolutif dans lequel il intervient. Dans cette perspective, il s'agit donc de révéler les modalités de mise en situation de la coordination c'est-à-dire, de montrer l'importance de l'espace géographique et de l'espace social pour percevoir les effets de proximité sur les stratégies des acteurs de la migration.

# Intérêt de la proximité pour l'analyse des migrations

## *Pourquoi la proximité intervient-elle dans l'étude des migrations et en quoi pourrait-elle s'allier l'analyse des réseaux ?*

L'approche de la proximité se révèle intéressante pour l'analyse des migrations parce que ces dernières présentent deux principales caractéristiques : *une dimension territoriale*, puisque le phénomène migratoire affecte non seulement certains espaces économiques mais, au sein même de ces derniers, certaines de leurs régions et, surtout, qu'il se structure, le plus souvent, autour des « *corridors de migration* » qui, par définition, mettent en relation un espace de départ et un territoire de destination. Mais aussi *une dimension réticulaire*, parce que les réseaux des migrations permettent, souvent, une diminution des coûts de la migration tout en accroissant parallèlement son « rendement », notamment, par la recherche d'emploi ou de l'insertion sociale dans la zone de destination. Ce qui permet alors d'obtenir des « externalités de réseaux ».

L'analyse en termes de réseaux sociaux[14] a également proposé des avancées théoriques qui éclairent la démarche proximiste et justifient l'intérêt de cette dernière dans l'étude des migrations. Ainsi, cette théorie développe une approche prenant pour objet l'interaction qui est l'objet principal d'analyse dans la proximité. Pour les deux approches, l'interaction présente la caractéristique essentielle d'être *située*. Comme outil analytique, le réseau va donc permettre d'une part, de mettre en évidence les interactions entre les

---

[14] Voir développements précédents.

individus et, d'autre part, «*de rompre avec une approche substantialiste des groupes de migrants considérés comme des « communautés fermées», d'introduire de la complexité notamment dans les problématiques économiques et, enfin, d'interroger les dynamiques collectives des migrants, producteurs d'initiatives sociales et économiques*» (Hily et al., 2004).

Les deux théories ont aussi en commun la prise en compte du rôle de l'espace géographique dans l'analyse. Puisque les interactions sont situées dans le temps et dans l'espace et demeurent modelées par cette mise en situation : la localisation dans l'espace géographique et dans l'espace social des acteurs apparaissant comme un facteur explicatif de leurs comportements stratégiques et routiniers. Dans le cadre des migrants africains, « clandestinisés » (P. Carnet, 2009 ; Papa Demba, 2007) ou non, la dynamique des trajets met aussi en évidence l'ensemble des espaces traversés. Décrivant ce que Tarrius (1993) appelait «*le territoire circulatoire* » et qui, grâce aux réseaux c'est-à-dire, aux interactions des individus, traduit en même temps *« une certaine socialisation des espaces supports aux déplacements ».*

Dès lors les approches de la proximité apparaissent légitimement interpellées pour formuler des réponses aux interrogations concernant la contribution de la migration et des transferts pour le développement des espaces et territoires d'origine[15]. De ce point de vue, la question du local

[15] Comme le dénote J.P. Guengant (2002), même si la relation entre migrations internationales et développement est une « *relation discutée* » en effet « *Il reste que, pour les pays les moins avancés, l'exportation de surplus de main-d'œuvre non qualifiée, comme celle de cadres au chômage, constitue une soupape de sécurité à des troubles sociaux potentiels. Les envois de fonds sont aussi une source de devises pour les balances de paiement des pays d'origine et une source de revenus pour les familles restées sur place. Ces émigrés contribuent aussi à créer un marché extérieur pour un certain nombre de produits locaux. Tout bien pesé, donc, la plupart des pays pauvres du Sud n'ont guère intérêt à empêcher l'émigration légale ou illégale de leurs*

versus transnational, par exemple, ne s'aborde plus désormais sous l'angle pays d'origine/pays d'installation. Puisqu'il y a lieu de tenir compte du mouvement circulaire qu'effectuent les migrants : la mobilité qui entraîne des configurations sociales et territoriales n'est possible que par le fait de réseaux migratoires qui organisent la circulation au gré des politiques migratoires des pays traversés.

*Dans ce contexte : quel peut donc être le rôle de la proximité dans la coordination des acteurs de la migration ?*

## *La proximité dans la coordination des acteurs dans la migration*

L'on doit recourir à un concept opératoire de « réseau » pour la recherche en migration, notamment celle qui se donne pour ambition de cerner « l'entreprenariat ethnique » ou immigré. Ce dernier est un phénomène relativement récent qui est à comprendre avec l'évolution de la dynamique migratoire mondiale. Les analyses sur le sujet sont, de plus en plus, importantes. Et, bien que les théoriciens n'aient pas la même approche, tous semblent néanmoins reconnaître l'importance désormais grandissante de l'entreprenariat dans le milieu immigré.

Les migrations internationales et les transferts qui en résultent apparaissent caractérisés par une combinaison particulière à la fois, de la proximité géographique et, de la proximité organisée. L'on considère que la perspective ouverte dans l'analyse des migrations par le courant des proximités permet de progresser sur plusieurs points. Tout d'abord, elles permettent de dépasser la conception classique du transfert comme simple « couverture de risques », pour proposer d'autres aspects de la coordination entre les migrants et leur communauté d'origine (par exemple, la diffusion des

---

*ressortissants : ils contribuent à leur manière, sinon au développement, du moins à l'amélioration des conditions de vie dans leurs pays »*

connaissances dans le cadre des réseaux). Ensuite, elle évite l'assimilation de la proximité en favorisant la prise en compte des éléments différenciés de l'analyse de la distance. Enfin, elle va au-delà de la vision réductrice qui ne considère que la relation du migrant avec sa famille et ce, en intégrant d'autres facteurs de proximité organisée.

Certes, les analyses des migrations avaient déjà permis, comme nous l'avons vu précédemment, de dépasser le prisme des facteurs *push-pull* économiques en privilégiant les logiques de mobilité des migrants eux-mêmes. Il en a découlé plusieurs concepts comme le «*migrant network*» (Massey, 1998), ou encore de «*circulation migratoire*» (De Tapia, 1996), voire de ce que Tarrius, (1993) nommait «*le territoire circulatoire*» en constatant « une *certaine socialisation des espaces supports aux déplacements* ».

Nonobstant la diversité des analyses, l'on s'accorde pour reconnaître que les relations sociales permettent aux migrants de circuler dans des territoires qui débordent largement les territoires étatiques. Le relationnel, et au-delà du familial ou de l'origine communautaire, apparaît alors ici comme un facteur majeur du parcours du migrant qui, en réalité, développe des stratégies qui s'inscrivent véritablement dans des univers socioéconomiques qui rappellent, à peu de choses près, les «*mondes sociaux*» de Strauss (1992). Tout ceci pour signifier que le migrant se situe bien dans un tissu de relations.

Au total, ce qui constitue « l'avantage différenciatif » du courant de la proximité, par rapport aux analyses théoriques précédentes, c'est la prise en compte de la proximité géographique à côte des différentes autres formes de proximité organisée. Se faisant, elle replace le territoire au centre de l'analyse et permet, par la même occasion, de rendre compte de la structure géographique, par essence, de la migration.

# CONCLUSION

Hier « *réservoir des matières premières* », et avec près d'un million de ses diplômés de l'enseignement supérieur qui la quittent chaque année en vue de s'installer dans les pays industrialisés, l'Afrique apparaît bien aujourd'hui comme « un pourvoyeur de compétences » pour les pays les plus avancés. Même si, par exemple, la mobilité internationale des compétences voire, des étudiants et autres enseignants-chercheurs est un phénomène universel connu depuis l'aube des temps, le problème de la fuite des cerveaux devient, à juste titre, une question préoccupante en Afrique sub-saharienne. Eu égard au nombre, de plus en plus, élevé et à la qualité de ses ressortissants qui vont offrir leur savoir-faire à l'étranger. Au-delà de la simple problématique du siphonage du savoir ici posée, ce phénomène apparaît également inquiétant parce qu'il ébranle même les fondements économiques et politiques de nombre des pays africains. Alors même que, comme le montrent les exemples des « vieux pays » et les expériences récentes des « nouveaux pays industriels » asiatiques, voire celles des « nouveaux tigres », la compétence, « *ressource construite et spécifique* » par excellence, demeure une variable indispensable du module cumulatif qui génère le développement autonome dans l'intérieur d'un espace économique.

Sur le plan théorique enfin, la science économique a d'abord conceptualisé la migration du travail dans le cadre de l'étude des facteurs de décisions individuelles. L'on a néanmoins assisté, depuis, à « un glissement » de ce cadre de la stricte analyse de l'économie dualiste néoclassique à l'intégration des outils de la sociologie économique, et qui débouche, *lato sensu*, sur la prise en compte des réseaux et des transferts des migrants en vue de lutter contre la pauvreté et pour le développement. Les analyses en termes de réseaux sociaux et des proximités proposent aujourd'hui un abord pertinent de l'étude des migrations, notamment, à travers la mise en évidence des interactions des migrations. L'approche proximiste intègre toutefois la dimension géographique dans l'analyse, en définissant l'espace comme la résultante de la coordination des acteurs de la migration : l'espace géographique existe du fait de l'existence de la coordination des migrants c'est-à-dire, du fait de leur proximité géographique et organisationnelle.

Ce sont là quelques résultats, parmi d'autres, d'une analyse qui se propose de donner quelques pistes réflexives sur l'étude comparative des approches des réseaux sociaux et des proximités, et dont une étude fouillée du nombre des soucis communs pourrait augurer d'un dialogue enrichissant pour la compréhension du fait migratoire.

# BIBLIOGRAPHIE

BANQUE MONDIALE, 2008 : Rapport sur le Développement dans le monde, Washington. DC.

BARNES J. A., 1954: "Class and Committees in a Norwegian Island Parish", in *Human Relations*, n° 7, pp 39/58

BELLET M. et *al.*, 1993 : « Économie des proximités », in *RERU*, n° Spécial n°3, pp. 357/603

BECKER G. S., 1974: "A theory of social interactions", in *Journal of Political Economy*, vol. 82, n° 6, pp 1063/1093

BOYD M., 1989: "Family and Personal Networks in International Migration: Recent Developments and New Agendas", in *International Migration Review*, vol. 23 n 3: Special Silver Anniversary Issue: International Migration In Assessment for the 90's, pp. 1063/1093

BULLETIN DU CRDI, 2005 : l'exode des cerveaux africains et le renforcement des capacités, Montréal, février.

CARNET P., 2011 : Stratégies d'activation et de construction de réseaux sociaux dans la migration. L'exemple des migrants africains clandestinisés à la frontière sud-espagnole, in

*REDES,* Vol.20,#10b, Junio 2011, http://revista-redes.rediris.es,

C.E.A., 2007 : Conférence sur l'amélioration de la participation de l'Afrique à la science et au développement, Addis-Abeba, 3/7 Mars.

CNUCED, 2007 : Rapport sur les pays les moins avancés, Genève.

COURLET C., 2008 : L'Économie territoriale, Ed. PUG.

ELLIS F. et FREEMAN H.A., 2005 : Rural livelihood and powerty reductio policies, Routledge, London.

ESSOMBÈ EDIMO J.R. Nya Bonabébé, 2007: Spatialité et développement économique à Douala : entre le hasard et la nécessité, Paris, L'Harmattan.

FERRIÉ J. N., BOETSCH G., 1993 : « L'immigration comme domaine de l'anthropologie » (note de recherche), in *Anthropologie et Sociétés,* vol. 17, n°1-2, pp. 239/52

GUENGANT J. P., 2002 : Quel lien entre migrations internationales et développement ?, Ceras - revue *Projet* n°272, Décembre 2002, PP. 72/81.

GILLY J. P., TORRE A., 2000 : dynamiques de proximité, Paris, L'Harmattan.

GRUBEL H.G. et SCOTT A., 1966 : The international flow of human capital, dans *American economic review*, 56, 1-2, pp. 268/74

HARRIS J., TODARO M., 1970 : Migration, unemployment and development: a two sector analysis, Dans *American Economic review*, vol. 60, pp. 126/42

HILY M.-A. et *al.*, 2004 : La notion de "réseaux sociaux" en migration », in Revue *Hommes et Migrations,* n° 1250, Réseaux sociaux en migration, Juillet- Août, pp. 6/12.

HUGON P., 1993 : L'économie de l'Afrique, Paris, La Découverte.

KOUVIBIDILA G. J., (2009 : La fuite des cerveaux africains : le drame d'un continent réservoir, Paris, L'Harmattan.

LEWIS W. A., 1954: Economic growth with unlimited supplies of labour, Manchester School, Mai.

OIM, 2005 : Rapport sur les migrations Internationales, Genève.
PAPA DEMBA F., 2007: "La dynamique migratoire ouest africiane : entre ruptures et continuities", IFAN-UCAD, Paper for the African Migrations Workshop organised by the International Migration Institute, Oxford University and the Centre for Migration Studies, University of Ghana on *'Understanding Migration Dynamics in the Continent'*. Accra, Ghana from 18/21 Sept.
PEA, 2012 : Que coûte la migration des cerveaux aux pays africains ? www.africaneconomicoutlook.org
PECQUEUR B., ZIMMERMAN J. B. (éds), 2004 : Economie de proximités, Paris, Hermès, Lavoisier.
PLATTEAU J. P., 1997 : « Mutual insurance as an eclusive concept in traditional rural communities », dans *Journal of Developement Studies*, vol. 33, n°6, pp. 764/96.
PECOUD A., 2004 : « Réseaux, ethnicité et institutions dans les économies immigrées », dans *Hommes & Migrations*, n° 1250, pp. 13/23
RALLET A., TORRE A., 2005: "Proximity and localization", in *Regional Studies*, vol. 39, pp. 47/59
RAVENSTEIN E. G., 1889: "The law of migration", in *Journal of the Statistical Society of London*, Vol. 48, n°2, pp. 167/236
RIQUIER-DESJARDINS D., 2009 : Migration, transferts de migrants et développement : quel apport de l'économie des proximités? L'exemple du Mexique, Communications aux « 6èmes journées de la proximité », Toulouse, 14, 15, 16, Oct.
SEN A., 1991: On Ethic and Economics, Oxford, Blackwell Publishers.
STARK O., BLOOM D., 1985: "The new economics of labour migration", in *American Economic Review*, vol. 75, n°2, pp. 173/78.
STARK O., LUCAS R., 1988: "Migration, remittances and the family", in *Economic Developement and Cultural Change*, vol. 36, n°3, pp. 465/81

STRAUSS A., 1992 : La trame de la négociation : sociologie qualitative et interactionniste, Paris, L'Harmattan.
TALBOT D., 2009 : L'approche par la proximité : quelques hypothèses et éléments de définitions, Communication à la XVIIIème conférence de l'AIMS, Grenoble, 2-5 juin.
TAPIA de S., 1996 : Mobilités et investissements des émigrés : Maroc, Tunisie, Turquie, Sénégal, Paris, L'Harmattan.
TARRIUS A., 2002 : Mobilités, identités, territoires, Éditions de l'Aube.
UNESCO, 2004 : La fuite de compétences en Afrique francophone : état des lieux, problèmes et approches de solutions, Paris

**Webographie**

www.worldbank.org/prospects/migrationandremittance

# *Chapitre 2*

# Institutionnalisation de la mobilité transfrontalière et dynamiques migratoires clandestines en Afrique centrale

André TCHOUPIE

En tant qu'acteur revendiquant le monopole de l'énonciation des modalités légitimes de la circulation dans et à travers ses frontières, l'État tente en permanence de s'ériger en producteur exclusif de la politique migratoire. Dans cette perspective, il procède à l'organisation, à la réglementation et au contrôle des entrées et sorties des personnes et des biens de son territoire, dans l'optique de préservation de la prérogative de l'étreinte. L'exercice du pouvoir politique consistant surtout à « conduire des conduites », ce sont les autorités gouvernementales qui prétendent à chaque instant déterminer ce qui est licite ou illicite, légal ou illégal, clandestin ou non clandestin, etc. Les barrières à l'entrée comme à la sortie du territoire de l'État étant chargées de la sélection et du filtrage des déplacements des individus, la population flottante, définie par sa mobilité (contrebandiers, réfugiés, éleveurs nomades, travailleurs transfrontaliers, immigrés « sans-papiers », etc.) incarne une menace potentielle pour l'État et surtout pour son économie. Elle est considérée comme impliquée dans la subversion de l'intégrité nationale (Bennafla, 1999 : 30) et dans l'informalisation de l'économie.

Mais face à la dynamique régulatrice du haut, les individus et les réseaux réévaluent le plus souvent les technologies politiques de contrôle étatique de l'émi-immigration. À cet égard, ils s'efforcent de faire valoir une relative capacité d'autodétermination de leur conduite migratoire, notamment à travers le développement et l'entretien d'une mobilité transfrontalière qui échappe largement à la réglementation étatique. S'inscrivant dans une logique de transformation de l'État comme point de totalisation, ils se livrent à une production de catégories parallèles de circulation des personnes et des biens à travers les frontières étatiques. L'illusion statocentrique semble à bien des égards avoir vécu, tout comme la prétention de l'État à s'ériger en producteur exclusif des politiques de migration à l'intérieur et à travers ses frontières. La mise en crise de l'État a en effet fréquemment lieu, notamment à travers le contournement et/ou l'esquive des barrières érigées au niveau de ses frontières afin d'assurer le monopole des moyens légitimes de la circulation (Chouala, 2005b : 107).

Au niveau de l'Afrique centrale qui est le cas qui nous intéresse particulièrement dans le cadre de cette étude, l'analyse des déplacements des personnes et des itinéraires de circulation des marchandises laisse en effet apparaître une dynamique de reconfiguration, de redécoupage, de redistribution de l'espace régional entre un inter-étatisme toujours prégnant et un ensemble de mouvements et d'activités transfrontaliers qui contredisent le principe de territorialité. La référence à un territoire fini doté de frontières étanches et servant de fondement au contrôle étatique des flux migratoires semble ne plus totalement faire sens ici. Il s'en suit une structuration de pratiques réelles de la circulation des personnes et des biens qui est le plus souvent en déphasage avec les logiques officielles.

Les migrants en général et ceux qui exercent dans la clandestinité en particulier, en tant qu'habitants d'un espace transnational, interrogent et rendent en effet possible l'acceptation d'une citoyenneté dynamique et évolutive. Opérant comme acteurs économiques d'un espace multidimensionnel concrètement vécu, ils revisitent le concept classique de la citoyenneté par leur expérience concrète. La définition même de cette citoyenneté se trouve bouleversée. Elle devient de plus en plus transnationale et plurielle.

Ce qui a assurément cours dans la transformation migratoire du lien citoyen, c'est le redéploiement de la citoyenneté à l'extérieur des frontières nationales de l'État (Chouala, 2005b : 138). L'apparition des « citoyens au-delà de l'État » (Badie et Perrineau, 2000 : 21) est sans doute le fait le plus marquant du nouveau modèle multiculturel de la citoyenneté en cours d'invention et de banalisation. Ce nouveau modèle de citoyenneté intègre une diversité de postures qui se juxtaposent, s'interpénètrent et parfois s'excluent. Le modèle de citoyenneté qui se forge sur les routes migratoires combine en effet allégeance à la communauté politique d'origine, solidarités transnationales, réinvestissements particularistes et participation au « charisme collectif distinctif » de la société d'installation.

Etant donné que les questions soulevées par les migrations sont complexes et appellent rarement des réponses simples d'une part, et que de nombreux analystes ont établi un lien étroit et plus ou moins mécanique entre migrations et développement d'autre part (Guilmoto et Sandron, 2003 : 121-136), il devient intéressant de s'interroger, en s'appuyant sur le cas de l'Afrique centrale, sur le point de savoir comment sont construites les situations génératrices des migrations transfrontalières et comment les migrants qui ne respectent pas la codification étatique de la mobilité internationale sont envisagés et traités dans les politiques de développement au sein de leurs pays d'accueil. Autrement dit, les migrants internationaux qui sont victimes des dynamiques à la fois historiques et conjoncturelles de « clandestinarisation » de leurs activités économiques sont-ils intégrés comme acteurs dans le processus du développement au sein de leurs État de destination?

Contrairement à une idée répandue, les flux migratoires, surtout au XXIe siècle, ne se cristallisent pas seulement dans le sens Sud-Nord. Ils se sont mondialisés et presque toutes les régions du globe se trouvent aujourd'hui concernées, qu'il s'agisse du départ, du transit ou d'accueil (Badie et al., 2008 : 20). Ces migrations sont favorisées au niveau de l'Afrique centrale[16] tout comme dans de nombreuses autres régions du monde par l'entrepreneurship de certains acteurs socio-politiques qui, non seulement produisent à travers leurs diverses actions et interactions les situations qui les génèrent, mais également entretiennent une constante dialectique de l'exclusion et de l'inclusion des migrants étiquetés de « clandestins » du (dans le) champ des acteurs du développement au sein des pays d'accueil.

## LES DYNAMIQUES DE CONSTRUCTION DES SITUATIONS GÉNÉRATRICES DE LA MOBILITÉ TRANSFRONTALIÈRE ET DES SCHÈMES DE PERCEPTION DES MIGRANTS CLANDESTINS

Si l'une des plus grandes réussites symboliques et pratiques de l'État est l'imposition de la sédentarité ou de l'identification à un point d'ancrage comme norme d'appréciation des groupes et des individus (Sindjoun, 2005 : 5), il est illusoire de croire que le territoire étatique est un donné. Il apparaît plutôt comme un construit, et son usage comme instrument de l'action politique correspond à une

---

[16] Précisons que l'Afrique centrale est appréhendée dans le cadre de cette étude comme un ensemble sous-régional composé de 8 États, à savoir, l'Angola, le Cameroun, le Congo, le Gabon, la Guinée Équatoriale, la République Centrafricaine (RCA), la République Démocratique du Congo (RDC) et le Tchad,

histoire, à un ensemble d'inventions (Badie, 1997 : 11). C'est en effet au milieu du XVIIe siècle que la paix de Westphalie inaugure un ordre territorial rigoureux et érige le territoire en principal mode de contrôle sur les personnes, les processus et les relations sociales. C'est la transposition de cette invention occidentale en Afrique qui catalyse aussi bien la production historique du principe de la mobilité transfrontalière et des ferments de la considération/déconsidération des migrants clandestins comme acteurs du développement dans les pays d'accueil que la sécrétion des facteurs conjoncturels de ladite mobilité.

# La production du principe et des ferments de la mobilité transfrontalière :

## dialectique de la considération/déconsidération des migrants clandestins comme acteurs du développement

La mobilité transfrontalière en tant que principal générateur de la double dynamique d'exclusion et d'inclusion des migrants irréguliers du ou dans le processus de développement dans les pays d'accueil n'est pas un donné. Elle est sécrétée par un certain nombre de facteurs qui sont historiquement et conjoncturellement produits par des entrepreneurs socio-politiques. Les plus significatifs de ces facteurs semblent être, d'une part l'institutionnalisation de la culture de confinement territorial des populations et de « clandestinarisation » de certains migrants transfrontaliers, et d'autre part l'institution de disparités situationnelles dans les économies et dans les ordres socio-culturels des États.

## *L'institutionnalisation de la culture de clôture territoriale et de « clandestinarisation » de certains migrants transfrontaliers*

L'un des principaux traits caractéristiques de l'Afrique noire précoloniale c'est l'absence de barrières dans les pratiques circulatoires. Avant la conquête européenne, le continent apparaissait en effet comme un espace largement régulé par l'échange, celui-ci étant sous-tendu par la libre circulation des personnes et des biens. Les frontières entre royaumes, chefferies ou villages, qui fluctuaient au gré des guerres intra ou intercommunautaires, remplissaient moins la fonction de limitation du mouvement migratoire des populations que celle de démarcation des zones de compétence des différents souverains.

On mesure alors les équivoques qui accompagnent les mutations politiques issues de la colonisation et des indépendances des États africains. L'une et l'autre de ces entreprises ont eu pour entre autres corollaires l'enfermement des populations dans des territorialités répondant essentiellement aux besoins de l'administration coloniale, puis à ceux des États. Le nouveau maillage politique a fonctionné comme une barrière et a profondément obstrué la mobilité des citoyens. La conférence de Berlin de 1884-1885 est en effet au fondement du cadastre étatique du continent africain, la « fabrication » des territoires étatiques dans le cadre de cette conférence ayant balancé dans le domaine de l'informel, du délinquant et de la contrebande tout ce qui relevait des réseaux ou du libre mouvement transfrontalier (Badie, 1997 : 79).

Il n'y a en effet pas d'État sans projet de fixation d'une population dans un cadre territorial précis. L'État en tant qu'instrument de domination politique institutionnalisé va de pair avec l'institutionnalisation d'une collectivité humaine par et dans la sédentarité (Sindjoun, 2005 :5). C'est une institution de mise à distance de l'autre, d'entretien et surtout de durcissement de la dichotomie eux/nous. Ceci implique une redéfinition du rapport à l'autre, et le contrôle des entrées et sorties du territoire s'impose comme modalité de préservation et de manifestation d'une identité imaginaire.

Étant donné que l'État a revendiqué avec succès « le monopole des moyens légitimes de circulation » (Torpey, 1998 : 63), c'est lui qui, à travers sa politique migratoire, va désormais fixer les modalités d'aller et venir aussi bien à l'intérieur de son territoire qu'à travers ses frontières.

Au niveau du Cameroun par exemple, les décrets n°62-DF-23 du 17 janvier 1962 et n°75-5 du 22 janvier 1975 réglementent et fixent les conditions d'obtention des passeports qui apparaissent comme des instruments capitaux du dispositif étatique de contrôle des mouvements migratoires de la population. Ces textes ont été réadaptés dans la conjoncture de libéralisation politique au Cameroun, notamment par le décret n°90-1245 du 24 août 1990 et surtout par la loi n°90/043 du 19 décembre 1990 fixant les conditions d'entrée, de séjour et de sortie du territoire camerounais. Ce dernier texte dispose en effet, non seulement que « Tout Camerounais qui désire quitter le territoire national doit présenter à l'autorité compétence de police un passeport en cours de validité » (article 2 alinéa 1), mais également que tout étranger résident qui désire quitter le territoire national doit présenter à l'autorité compétente de police un passeport ou tout autre titre de voyage en tenant lieu, revêtu d'un visa de sortie (article 2 alinéa 2).

Ce qui se joue ici, tout comme d'ailleurs dans les différentes dispositions similaires au niveau des autres États en général et de ceux de l'Afrique centrale en particulier, c'est la maîtrise, le contrôle et l'organisation de la mobilité transfrontalière. L'exclusivité de la compétence migratoire de l'État, c'est-à-dire son aptitude à déterminer le légal et l'illégal, l'autorisé et le clandestin, bref, les déplacements légitimes des individus et des biens est au cœur de la posture souverainiste de l'État (Chouala, 2005a : 110).

Les activités économiques à travers les frontières et celles exercées par les migrants à l'intérieur de leurs États d'accueil ne sont dans ces conditions considérées comme licites et formelles que si elles sont exercées par des personnes dont le déplacement transfrontalier s'est conformé à la réglementation étatique en matière d'émi-immigration. Par contre, celles qui ne se conforment pas à cette réglementation connaissent une permanente disqualification, notamment à travers la mobilisation d'une grammaire s'articulant autour des concepts « d'illicite », de « clandestin », de « parallèle », de « souterrain », « d'illégal », «d' informel », etc.

## *L'institution de disparités dans le niveau de développement économique et socio-culturel des États*

Comme on le sait, les frontières internationales en Afrique centrale tout comme d'ailleurs dans les autres régions africaines sont le reflet, non pas de la volonté de la mise en place d'entités politiquement et économiquement viables, mais plutôt d'une grille spatiale héritée des compétitions coloniales. Elles enveloppent ainsi des entités étatiques qui ont été inventées, créées de toutes pièces par des puissances européennes sur la base de cartes à crédibilité incertaine (Bennafla, 1999 : 27) et dans un but purement instrumental. L'échelle des territoires étant dans une large mesure déterminante pour la viabilité politique et économique de l'État, les entités étatiques issues de la colonisation en Afrique paraissent tantôt trop grandes pour être facilement gérables, tantôt trop petites pour être économiquement viables, à l'instar des pays-comptoirs du golfe de Guinée dont le Bénin en Afrique occidentale constitue une parfaite illustration. Certains

États se trouvent profondément enclavés tandis que d'autres ont des façades maritimes particulièrement longues et difficiles à surveiller par les forces de sécurité. La sous-région est également caractérisée par des densités nationales très inégales.

La République Démocratique du Congo par exemple dispose d'un territoire particulièrement étendu (2 345 000 Km2), tandis que celui du Burundi se distingue surtout par son étroitesse (27 830 Km2 seulement). Sur le plan démographique, le Gabon par exemple n'a qu'une population d'environ 1,4 millions d'habitants, celle-ci étant manifestement insignifiante par rapport à celle de la République Démocratique du Congo qui s'élève à 60,8 millions d'habitants.

**Tableau N°1 : Quelques paramètres sur les pays d'Afrique centrale et des grands lacs en 2004**

| Pays | Superficie (Km2) | Population en millions en 2005 | Taux de mortalité infantile (2001) | Indice de Développement Humain (IDH) | Aide par habitant (en USD ) |
|---|---|---|---|---|---|
| **Angola** | 1 200 000 | 15,4 | 154 | 0,439 | 19,9 |
| **Burundi** | 27 830 | 7,8 | 114 | 0,384 | 18,8 |
| **Cameroun** | 475 4000 | 16,4 | 96 | 0,506 | 26 |
| **Congo** | 342 000 | 4,0 | 81 | 0,520 | 24 |
| **Gabon** | 267 000 | 1,4 | 60 | 0,633 | 6,8 |
| **Guinée Équatoriale** | 28 051 | 0, 720 | | | |
| **République Centrafricaine** | 623 000 | 4,2 | 115 | 0,353 | 20 |
| **République Démocratique du Congo** | 2 345 000 | 60,8 | 129 | 0,391 | 4,8 |
| **Rwanda** | 26 340 | 8,7 | 96 | 0,450 | 33 |
| **Tchad** | 1 300 000 | 9,7 | 117 | 0,368 | 22,6 |

Sources : Commission Économique pour l'Africaine (CEA) (2004) ; Investigations de l'auteur.

Ces déséquilibres engendrent une multiplicité de grammaires sur l'aménagement de l'espace et exposent les populations à des migrations et à des conflits dans les milieux de destination, lesquels conflits s'articulant surtout autour de l'accès au sol et aux ressources qu'il génère (Lututala Mumpasi, 2007 : 3-4).

Les potentialités économiques en Afrique centrale sont également très inégalement réparties entre les États. Les pays tels que le Congo, la Guinée Équatoriale, le Gabon et le Cameroun sont traversés par l'équateur et ont une pluviométrie particulièrement abondante. Ils sont également couverts par une vaste et dense forêt équatoriale : 85% de la superficie du Gabon, 60% de celle du Congo, 50% de celle de la RDC, et une bonne partie du Cameroun et de la République centrafricaine. Leurs réserves en bois font d'eux d'importants pôles d'attraction migratoire, surtout en ce qui concerne les migrations inhérentes à la main d'œuvre. Le Tchad de son côté se trouve dépourvu de toutes ces potentialités pluviométriques et forestières. Sur le plan des minerais, l'on relève également une grande disparité dans leur exploitation. L'Angola, le Congo et le Gabon ont et produisent le pétrole à grande échelle. Ils ont récemment été rejoints par le Tchad et la Guinée Équatoriale. De leur côté, le Cameroun et la RDC n'exploitent pas encore à plein régime l'ensemble de leurs potentialités pétrolières. Par ailleurs, la RDC et la RCA se distinguent par une intense activité d'exploitation du cuivre, de l'or, du manganèse, de la bauxite, ce qui contraste avec la timidité de la production minière dans les autres États de la sous-région.

Certains États disposent ainsi de territoires fortement polarisants, qui correspondent aux espaces socio-économiques particulièrement dynamiques. L'examen des soldes migratoires révèle en effet que les États disposant des conditions socio-économiques favorables sont aussi les plus attractifs, tandis que ceux dans lesquels lesdites conditions sont défavorables paraissent plutôt répulsifs. Ceci suggère que les disparités qui marquent la circonscription des territoires des États d'Afrique centrale et qui débouchent sur une sorte de dichotomisation de la région entre une géopolitique de l'abondance et de l'opulence et une géopolitique de la rareté (Ntuda Ebode, 2010 : 153) figurent parmi les déterminants essentiels de la mobilité transfrontalière et des dynamiques d'exclusion/inclusion des migrants clandestins du champ ou dans le cercle des acteurs du développement des pays d'accueil dans la sous-région.

## Causes des mobilités transfrontalières et dynamiques d'exclusion/inclusion des « migrants clandestins » du champ des acteurs du développement

La plupart des pays d'Afrique centrale ou leurs voisins connaissent de temps en temps des crises politiques et/ou sociales débouchant le plus souvent sur l'escalade de la violence. Ceci pousse conjoncturellement une importante partie de la population à traverser les frontières pour rechercher le refuge et la sécurité dans les États d'accueil.

L'histoire des pays tels que l'Angola, le Congo, la République centrafricaine, le Tchad, la République Démocratique du Congo ainsi que celle de nombreux États limitrophes de l'Afrique centrale se trouve marquées par des épisodes d'affrontements politiques et ethniques, sources de déplacements transfrontaliers massifs et non formalisés des populations. Au Congo par exemple, des conflits se sont multipliés après l'accession du pays à l'indépendance et se sont surtout cristallisés autour de la guerre civile comme celle qui a débouché sur le retour du président Sassou-Ngouesso au pouvoir en 1997. La République centrafricaine a connu des événements presque similaires (Lututala Mumpasi, 2007 : 9-10), les évènements les plus marquants ici étant les affrontements sanglants qui ont opposé les musulmans aux chrétiens à la suite de la rébellion armée qui a porté Michel Djotodia à la tête du pays en mars 2013.

L'Afrique centrale apparaît dans ces conditions comme l'une des plus importantes plaques tournantes des réfugiés au Monde. La plupart des États ici servent tantôt de pays de refuge face aux crises socio-politiques qui éclatent dans les pays voisins, tantôt de points de départ des réfugiés vers les pays voisins du fait de l'escalade de la violence en leur sein. La RDC par exemple en accueille presqu'autant qu'elle n'en envoie dans d'autres pays.

**Tableau 2 : Effectifs des réfugiés dans quelques États d'Afrique centrale en 2002**

| Pays | Nombre de réfugiés accueillis | Nombre de nationaux refugiés |
|---|---|---|
| Angola | 12 000 | 432 800 |
| Burundi | 40 500 | 574 400 |
| Congo | 109 200 | 27 100 |
| République centrafricaine | 50 700 | 25 400 |
| République démocratique du Congo | 333 000 | 414 500 |
| Rwanda | 30 900 | 75 000 |

*Sources : HCR : Annual Stattistical Report, 2002; Lututala Mumpasi, 2007: 13.*

L'intégration de ces réfugiés dans le pays d'accueil s'avère d'une importance capitale pour faire face aux difficultés socioéconomiques, psychologiques et juridiques. Elle se réalise essentiellement à travers leur acceptation et leur protection par les communautés des zones d'installation. Il est en effet aisé pour un migrant clandestin appartenant à un groupe ethnique transnational de s'appuyer sur la solidarité communautaire pour se fondre dans la population du pays d'accueil (Watang Zieba, 2013 : 81). Passant dans ces conditions du statut de réfugié jouissant de la couverture qu'offrent les conventions internationales à ce type de déplacé à celui de migrant clandestin, il se trouve généralement impliqué dans les processus socio-économiques du pays d'accueil.

Les crises socio-politiques qui traversent de temps en temps certains États d'Afrique centrale font également affluer vers les pays voisions des migrants spécialisés dans le grand banditisme et dans le trafic de stupéfiants. L'espace frontalier triangulaire entre le Cameroun, le Tchad et la République centrafricaine par exemple est écumé par des grands bandits et de mouvements politico-militaires constitués essentiellement par des ex-combattants et des éléments démobilisés des forces armées ou de la rébellion tchadienne et centrafricaine. Ils entretiennent dans la région une insécurité qui prend plusieurs visages et se décline dans la plupart des cas sous la forme des actes des coupeurs de route, de trafic et circulation illicite des armes légères et de petit calibre à travers les frontières, de vol de bétail, de prise d'otage avec demande de rançon de braconnage (Ntuda Ebode, 2010 : 74-75). Usant et abusant de la porosité des frontières et des solidarités transfrontalières dans des aires culturelles qui transcendent les limites des États, ces « professionnels de la gâchette » procèdent à une constante transmigration d'un État à un autre (Saibou Issa, 2006 : 119-120).

## LES LOGIQUES PRATIQUES D'EXCLUSION/INCLUSION DES « MIGRANTS CLANDESTINS » DU (DANS LE) CHAMP DES ACTEURS DU DÉVELOPPEMENT

Malgré leur prétention de procéder à une régulation rigoureuse de la mobilité transfrontalière, les voies étatiques de circulation des personnes et des biens n'ont jamais supplanté totalement les lignes et les pistes traditionnelles de circulation à travers les frontières. Ceci oblige les États, non seulement à procéder à une prise en compte à géométrie variable des migrants clandestins dans les politiques et les actions de développement, mais également à entreprendre un certain nombre d'actions tendant à lever l'informalité de leurs activités socio-économiques.

## Prise en compte différenciée des migrants clandestins dans les politiques et actions de développement

En tant que personnes ayant transgressé la codification étatique en matière de circulation à travers les frontières, les migrants clandestins sont traités de manière ambivalente par rapport aux enjeux du développement dans leurs pays d'accueil en Afrique centrale. Ils sont au centre d'une véritable dialectique de l'exclusion et de l'inclusion. L'instinct stratégique tant de l'État que de la société conduit en effet, au gré de la fluctuation des exigences économiques, à envisager les « migrants sans papiers » tantôt comme des éléments nocifs pour le développement, tantôt comme des opérateurs socio-économiques comme les autres.

### *La structuration d'une vision péjorative et négative des migrants clandestins*

L'immigration étant le cadre d'expression d'une tension permanente entre l'intérêt national du pays d'accueil et les intérêts propres des immigrés (Chouala, 2005b : 101), l'on assiste de temps en temps à la rupture de l'équilibre desdits intérêts. C'est sous l'angle de la nocivité par rapport au développement que sont dans ces conditions perçus et traités les migrants clandestins.

Dès son arrivée au pouvoir en Guinée Équatoriale en 1968, le président Macias Nguema par exemple va estimer que son pays subit le pillage et une exploitation anarchique au profit des seuls intérêts des immigrés qui exercent pour la plupart dans la clandestinité. Des expulsions massives des étrangers, notamment des Espagnols, des Camerounais et des Nigérians seront ainsi organisées. Et depuis le début de l'exploitation à grande échelle du pétrole dans les années 1990, ce pays est devenu l'un des plus grands expulseurs des immigrés dans le Golfe de Guinée. Du côté du Gabon, en dépit d'une politique d'immigration particulièrement incitative pratiquée pendant longtemps par ses autorités dirigeantes, le premier ministre de ce pays a eu à annoncer en novembre 1991 les chiffres de 1 890 refoulements et de 1 034 expulsions réalisés au courant de 1990.

Les difficultés socio-économiques qui frappent la plupart des pays d'Afrique centrale ainsi que le boom économique que connaissent certains États entraînent ainsi assez fréquemment des actions xénophobes. Il s'agit ici de dénoncer des boucs émissaires étrangers ou d'origine étrangère. Par ailleurs, l'investissement présumé des étrangers dans la criminalité dans ces États a conduit à la structuration d'un discours officiel et d'une opinion particulièrement hostiles aux immigrés, et plus particulièrement ceux qui exercent dans la clandestinité. En dépit du dynamisme économique et marchand qui marque généralement les milieux des immigrés, ces milieux sont d'abord considérés comme des milieux de la contrebande, de la contrefaçon, de la criminalité et de diverses autres activités illicites. Parlant des Camerounais et des Nigérians de Malabo en 2000 par exemple, le président Theodoro Obiang Guema, après avoir dénoncé leur implication dans des actes délictueux tels que le feymania, la multiplication des billets de banque et le vol, proposera la solution radicale de la « machette ». « Chacun de vous, conseilla-t-il à son peuple, doit disposer d'une machette, de bâtons et de barres de fer pour frapper les voleurs à la tête et qu'ils disparaissent » (cité par Chouala, 2005a : 157-158).

L'instabilité socio-politique que connaissent des États d'Afrique centrale tels que le Tchad, la République centrafricaine, le Congo et la République Démocratique du Congo fait épisodiquement drainer vers des pays voisins une masse impressionnante de réfugiés, avec pour principal corollaire l'exacerbation des difficultés économiques et des problèmes sociaux, infrastructurels et environnementaux des zones d'accueil. Ces réfugiés défient l'État d'accueil en ce sens que leur entrée échappe aux dispositifs classiques de régulation des migrations transfrontalières, notamment en ce qui concerne le visa. Ce sont donc des insoumis, des subversifs, qui ébranlent la clôture territoriale des États de départ et d'accueil (Sindjoun, 2002 : 99).

La crise née de la conquête armée du pouvoir en République centrafricaine et qui a débouché sur le renversement du président François Bozize le 24 mars 2013 et son remplacement par le chef de la coalition rebelle Seleka (Michel Djotodia) par exemple a poussé près de 50 000 Centrafricains à traverser précipitamment la frontalière pour se déferler dans les différents villages camerounais situés le long des frontières avec ce pays voisin. Les conséquences de cette mobilité transfrontalière massive n'ont pas tardé à apparaître. Elles s'articulent essentiellement autour des fléaux tels que la transformation prolongée et en pleine période scolaire des salles de classes en foyers de résidence, l'utilisation des tables-bancs trouvés dans les écoles comme bois de chauffage, l'accentuation du banditisme, le développement des épidémies et de la famine, etc.

Un phénomène presque similaire fut observé en République Démocratique du Congo (RDC) en 1994 lorsqu'une marée humaine de plus d'un million de réfugiés prit d'assaut la petite ville de Goma au lendemain de l'assassinat des présidents rwandais Juvénal Habyarimana et burundais Cyprien Ntaryamina. Cette localité s'est ainsi trouvée profondément perturbée du fait de la soudaine et considérable augmentation de sa densité humaine, de la pression foncière et du degré de l'insécurité.

De manière générale, comme le relève Luc Sindjoun (2002 : 99), les flux des réfugiés affectent l'État d'accueil de diverses manières : ils mettent à l'épreuve ses capacités matérielles au point de constituer un fardeau pour les pays ; ils sont des vecteurs de la *transnationalisation* des conflits internes aux États.; et enfin, ils sont des marqueurs de la privatisation de la violence, surtout lorsqu'ils s'accompagnent de la circulation des armes légères.

Les migrants clandestins apparaissent dans ces conditions comme des parasites socio-économiques doublés de propagateurs de fléaux sociaux.

## *Le traitement des migrants clandestins comme maillons importants de la chaîne économique*

Quoique les migrants clandestins en Afrique centrale subissent le plus souvent une stigmatisation collective dans leurs États d'accueil et connaissent une structuration populaire d'une vision péjorative et suspecte de leurs activités, ils contribuent remarquablement à la croissance économique, mais aussi à une dynamique sociodémographique, qui sont largement profitables à leur milieu de destination (Lututala Mumpasi, 2007 : 11). Leur poids dans l'économie est si important que les autorités dirigeantes de leurs pays d'accueil hésitent généralement à les combattre énergiquement.

Au Gabon et en Guinée Équatoriale par exemple, l'économie populaire se trouve fortement pénétrée et contrôlée par des immigrés constitués en grande partie de migrants clandestins. Le commerce des vivres ici est presque entièrement aux mains des immigrés camerounais qui en maîtrisent les principales filières d'écoulement ainsi que les lieux d'approvisionnement qui sont situés au Cameroun. Les marchés, les boutiques, les petits bars, le petit commerce, les petits métiers de la rue, le transport urbain, etc. sont les symboles du dynamisme des immigrés dont la plupart se trouvent en situation irrégulière. En ce qui concerne particulièrement le Gabon, 4 000 microentreprises dans le pays évoluaient en 1981 dans le secteur informel tenu essentiellement par des migrants clandestins, contre 2 141 seulement dans le secteur formel (Chouala, 2005b : 105). À travers leurs contributions aux impôts et aux taxes, ces opérateurs du secteur informel influencent indéniablement l'économie du pays.

L'apport des migrants clandestins à la dynamique de développement de certains États d'accueil est parfois déterminant au point de contraindre leurs autorités dirigeantes à encourager certaines formes d'activités économiques transfrontalières. Elles mettent à cet égard en place une politique commerciale incitative au niveau des zones frontalières.

La création par les autorités étatiques camerounaises des marchés frontaliers d'Abang-Minko'o en 1993 au Sud du pays et de Mbaiboum au Nord-Est s'inscrit dans ce cadre. Ces marchés se caractérisent en effet par la pratique de taxes modérées sur les produits en circulation et surtout par la tolérance d'une libre circulation des étrangers vers leurs emplacements. La présentation d'une simple carte d'identité suffit au Centrafricains et aux Tchadiens pour aller à Mbaiboum, et aucun papier n'est demandé aux Gabonais se rendant à Abang-Minko'o (Bennafla, 1999 : 44-45). Ceci contribue largement à l'essor économique de cette région du pays

Les frontières entre États passe dans ces conditions d'une posture de frontières barrières à celle de frontières interfaces, propices aux flux humains, matériels et financiers (Ntuda Ebode, 2010 : 45). La politique camerounaise des frontières connaît dans cette perspective une transmutation se traduisant par l'engagement et l'entretien d'une dynamique de promotion transfrontalière des activités économiques.

Par ailleurs, même si l'inondation du marché national par des produits de la contrebande par des migrants clandestins engendre des manques à gagner considérables pour l'économie du pays, l'État est le plus souvent soupçonné de fermer les yeux sur certaines de leurs activités, surtout celles qui apportent des plus-values importantes pour certaines couches de la population ou contribuent au ravitaillement de certaines régions en produits difficiles à acheminer par des voies officielles. Ce qui importe dans ce contexte c'est, non pas l'orgueil souverainiste de l'État, mais, comme le suggérait déjà en 1943 D. Mitrany (cité par Chouala, 2005b : 100), les problèmes à résoudre et les tâches à remplir : bien-être économique et social, satisfaction des besoins exprimés par la population, etc.

L'attitude des autorités étatiques face à la migration clandestine et au trafic de diverses natures qu'elle génère est donc dictée par les exigences de l'intérêt national, ledit intérêt pouvant être vital, stratégique ou tactique. Pour paraphraser une métaphore chinoise assez éclairante, on peut dire ici que l'activité économique des migrants clandestins lubrifierait la machine dans un cas tandis qu'elle la gripperait dans l'autre. Une lutte vigoureuse contre les migrants clandestins et contre leurs activités économiques serait donc parfois problématique.

## Les tentatives étatiques de « déclandestinarisation » des activités économiques des « migrants sans papiers »

L'importance contemporaine de la migration clandestine interdisant désormais d'ignorer le phénomène ou de se contenter d'une stratégie d'endiguement (Badie et al. 2008 : 11), deux logiques complémentaires vont marquer les dynamiques étatiques de « *déclandestinarisation* » de la participation des immigrés irréguliers au processus de développement économique et socio-culturel de leurs pays d'accueil en Afrique centrale. L'une est globalisante et se cristallise autour de la construction d'un espace sous-régional de libre circulation des personnes et des biens, tandis que l'autre est particulière et s'inscrit dans le cadre de la politique migratoire spécifique de chaque État.

### *La construction graduelle d'un espace sous-régional de libre circulation des personnes et des biens*

L'intégration entendue comme « la fusion de deux ou plusieurs entités politiques en une nouvelle entité plus large, par des mécanismes d'association » apparaît comme l'une des principales technologies politiques par lesquelles les États d'Afrique centrale tout comme ceux des autres régions du monde cherchent à lever l'informalité des activités économiques des immigrants clandestins. Le processus de l'intégration implique en effet tour à tour des interrelations sans contraintes d'ordre territorial entre partenaires dans l'espace concerné, une cohérence des politiques et l'uniformisation des pratiques migratoires. Les abandons de souveraineté auxquels conduit la suppression des entraves à la libre circulation des marchandises, des personnes et des biens culturels affranchit les migrants des formalités officielles nécessaires au franchissement des frontières.

Les expériences africaines de cette intégration, surtout au niveau de l'Afrique centrale, sont particulièrement saisissantes. Si cette partie du continent s'est dotée dès les indépendances des institutions intégratives, le volet institutionnel a rapidement pris le pas sur l'économique. Les ressorts des dynamiques d'intégration ici ont été surtout d'ordre historique et politique plutôt que d'ordre économique. L'Union Douanière et Économique de l'Afrique Centrale (UDEAC) instituée par le traité de Brazzaville de 1964 et entrée en vigueur en 1966 n'apparaît en effet que comme un prolongement de l'AEF (Afrique Équatoriale Française) mise en place par la France pendant la période coloniale dans la simple perspective d'essayer d'harmoniser les pratiques administratives et commerciales au niveau de ses différentes colonies de la sous-région. L'intégration n'a épousé dans ces conditions que les contours d'une zone de libre-échange, n'induisant que l'abolition des droits de douane et des restrictions commerciales.

Ce n'est qu'à partir des années 1980 et 1990 que la dynamique de suppression des barrières aux flux migratoires connaît une réelle impulsion dans la sous-région. Deux communautés économiques régionales couvrant des espaces géographiques qui se chevauchent œuvrent en effet depuis ces décennies pour l'intégration complète en Afrique centrale. Que l'on considère le traité de Ndjamena du 16 mars 1994 instituant la Communauté Économique et Monétaire d'Afrique Centrale (CEMAC) qui succède à l'UDEAC ou celui créant la Communauté Économique des États d'Afrique Centrale (CEEAC) qui est entré en vigueur le 18 décembre 1984 et en fonctionnement depuis 1985, l'objectif est presque le même : promouvoir l'établissement graduel d'un marché commun en Afrique centrale grâce à l'élimination des entraves au commerce et à la mobilité intracommunautaires. Cependant, compte tenu des nombreuses tribulations que connaît la CEEAC du fait des multiples luttes hégémoniques entre États-membres, c'est surtout la CEMAC qui a opéré des avancées plus ou moins significatives par rapport à la dynamique de mise en place des principaux éléments facilitateurs de l'intégration à savoir l'union douanière, l'harmonisation des politiques sectorielles et la liberté de circulation des facteurs de production que sont les travailleurs et les capitaux.

En ce qui concerne le cas précis de la libre circulation des facteurs de production (travailleurs et capitaux) dont l'application s'avère déterminante pour la disparition de la clandestinité des immigrés irréguliers, il est préconisé la suppression progressive de toutes les autorisations administratives limitant la liberté de circulation des personnes, notamment les visas (Biao, 2003 : 36). Un pas particulièrement important vers la réalisation de cet objectif a été marqué avec l'institution d'un passeport communautaire pour les ressortissants de la CEMAC. L'engagement des États d'Afrique centrale dans la dynamique de construction d'un espace sous-régional de libre circulation des personnes et des biens vient valider la thèse suivant laquelle avant d'être la cible des politiques nationales, les migrations sont désormais l'objet potentiel de gouvernance globale (Badié et al. 2008 : 14).

### *La prise de mesures administratives exceptionnelles en faveur de certains migrants clandestins*

Le caractère transnational de la plupart des communautés ethniques en Afrique centrale pousse parfois certains États à mettre en place une réglementation des migrations internationales particulièrement libérale pour les populations situées dans les zones frontalières. L'objectif visé ici est de faciliter les déplacements des personnes ayant des parents et des activités de part et d'autres de ses frontières. Entre le Cameroun et le Gabon par exemple, il a été institué une dispense de visa pour les ressortissants de l'un et l'autre pays nés dans les localités frontalières. C'est une manière d'éviter de pousser dans la clandestinité les activités transfrontalières des Fangs de la région, lesquels dans certains cas vivent au Cameroun et ont des parents et/ou des plantations au Gabon (Sindjoun, 2002 : 66). Il est donc surtout question ici d'épargner les populations locales des contrecoups du caractère arbitraire tant décrié des frontières africaines.

Par ailleurs, mesurant le poids des perturbations que pourrait engendrer dans l'économie nationale une expulsion ou un refoulement massif des migrants clandestins exerçant sur leur territoire, certains États d'Afrique centrale optent le plus souvent pour la solution conciliante de la régularisation pure et simple de leur situation. Une campagne d'établissement et de délivrance des cartes de séjour aux ressortissants du Cameroun par le Commissariat général à la documentation et à l'immigration du Gabon par exemple a permis de traiter pas moins de 1 967 dossiers de cartes de séjour entre octobre 1998 et août 2000. Ceci a permis aux migrants clandestins concernés d'accéder à des documents officiels à travers lesquels ils peuvent désormais contribuer en toute quiétude au développement économique, social et culturel de leur pays d'accueil.

Le chef de la mission diplomatique camerounaise à Libreville travaille dans cette perspective en synergie avec les services officiels gabonais prenant en charge les questions d'émi-immigration. En tant que représentant attitré des structures gouvernementales officielles de son pays au Gabon, il use de sa maîtrise de la langue d'État pour orienter ou pour essayer d'orienter ses concitoyens vers une conduite de civilité au sein de leur pays d'accueil, en leur demandant de « faire preuve de civisme » et de « respecter les institution, les lois et les règlements de la République gabonaise », surtout en ce qui concerne sa politique migratoire. À ce sujet, M. Koe Ntonga (Ambassadeur du Cameroun au Gabon), agissant dans l'optique de la formalisation *ex post* des mouvements migratoires initiaux fortement irréguliers, conseille à ses concitoyens résidant sur le territoire gabonais de favoriser « l'immatriculation systématique des Camerounais à l'ambassade et l'obtention des pièces y relatives ». Le chef de la mission diplomatique du Cameroun au Gabon travaille ainsi de concert avec les autorités gabonaises pour faire sauter les verrous de la clandestinité qui précarisent la situation de nombreux Camerounais sur le territoire gabonais et fragilisent leur participation à la dynamique de développement socio-économique et culturel de ce pays.

# CONCLUSION

La mobilité transfrontalière ayant été historiquement et conjoncturellement institutionnalisée en Afrique centrale, l'on assiste dans la sous-région à des logiques complexes et parfois contradictoires d'appréhension et de traitement des migrants clandestins par rapport aux exigences du développement dans leurs différents pays d'accueil. Car s'ils sont le plus souvent perçus comme de véritables dangers et combattus dans le champ socio-économique, de nombreuses actions tendant à consolider leurs diverses contributions à l'essor économique sont aussi fréquemment entreprises. Le caractère parfois déterminant de leur contribution au développement aussi bien de leurs pays d'origine que de leurs États d'accueil invite à changer de regard sur le phénomène de la migration clandestine et à renforcer les bases d'une gouvernance sous-régionale destinée à en tirer le meilleur parti pour tous. Le défi migratoire pouvant être à la fois une opportunité et une menace pour le développement, la nécessité s'impose d'aller au-delà du splendide isolement de l'État et de la revanche de la société pour bâtir une formule institutionnelle qui soit au plus près des réalités. Ni forcée, ni mafieuse, la bonne mobilité transfrontalière doit dans cette perspective nécessiter une sérénité des activités migratoires en étant gagnante pour l'ensemble des principales parties concernées : États d'origine et États d'accueil, migrants et nationaux (Badie et al. 2008 : 11 et 83).

# BIBLIOGRAPHIE


BADIE B., 1997 : *La fin des territoires : sur le désordre international et sur l'utilité sociale du respect*, Paris, Fayard.

BADIE B. et PERRINEAU P., 2000 : *Le citoyen*, Mélanges offerts à Alain Lancelot, Paris, Presses de Sciences-Po.

BADIE B. BRAUMAN R. DECAUX E. DEVIN G. et WIHTOL de WENDEN C., 2008 : *Pour un autre regard sur les migrations : construire une gouvernance mondiale*, Paris, La Découverte.

BENNAFLA K., 1999 : « La fin des territoires nationaux ? État et commerce frontalier en Afrique centrale », in *Politique africaine* n°73, pp.25-49.

BIAO B., 2003 : « Intégration régionale en Afrique centrale : bilan et perspectives », in H. BEN HAMMOUDA, B. BEKOLO-EBE et TOUNA MAMA (dirs) : *L'intégration régionale en Afrique centrale*, Paris, Karthala, pp.29-41.

CHABAL P. et DALOZ J. P., 1999 : *L'Afrique est partie : du désordre comme instrument politique*, Paris, Economica.

CHOUALA Y. A., 2005a : « La crise diplomatique de mars 2004 entre le Cameroun et la Guinée Équatoriale : fondements, enjeux et perspectives », in *Polis/Revue Camerounaise de Science Politique*, Vol.12, Numéro spécial, pp.155-175.

CHOUALA Y. A., 2005b : « L'installation des Camerounais au Gabon et en Guinée Équatoriale : les dynamiques originales d'exportation de l'État d'origine », in L. SINDJOUN (dir) : *État, individus et réseaux dans les migrations africaines*, Paris, Karthala, pp.93-145.

GUILMOTO Z. C. et SANDRON F., 2003 : *Migration et Développement*, Paris, La documentation française.

LUTUTALA MUMPASI B., 2007 : *Les migrations en Afrique centrale : caractéristiques, enjeux et rôle dans l'intégration et le développement des pays de la région*. [En ligne], ref. du 19/12/2012) URL : <http:/ /www.imi.ox.ac.uk/pdfs/research.

NTUDA EBODE J. V., 2010 : « La nouvelle posture géopolitique de Cameroun et la lutte contre la piraterie dans le golfe de Guinée », in J. V. NTUDA EBODE (dir) : *Terrorisme et piraterie : de nouveaux défis sécuritaires en Afrique centrale*, Yaoundé, Presses Universitaires d'Afrique, pp.43-92.

NTUDA EBODE J. V., 2010 : « L'insécurité transfrontalière dans la zone RCA-Tchad-Cameroun et l'initiative tripartite », in J. V. NTUDA EBODE (dir) : *Terrorisme et piraterie : de nouveaux défis sécuritaires en Afrique centrale*, Yaoundé, Presses Universitaires d'Afrique, pp.149-158.

PONDI J. E (dir), 2007 : *Immigration et diaspora : un regard africain*, Paris, Ed. Maisonneuve et Larose.

SAIBOU I., 2006: « La prise d'otages aux confins du Cameroun, de la Centrafrique et du Tchad : une nouvelle modalité du banditisme transfrontalier », in *Polis/Revue Camerounaise de Science Politique*, Vol.13, N°1-2, pp.119-145.

SINDJOUN L., 2002 : *Sociologie des relations internationales africaines*, Paris, Karthala.

SINDJOUN L., 2005 : « Introduction : Éléments d'analyse relationnelle des migrations et des transactions entre État et individu », in L. SINDJOUN (dir) : *État, individus et réseaux dans les migrations africaines*, Paris, Karthala, pp.5-15.

TORPEY J., 1996 : « Aller et venir : le monopole étatique des moyens légitimes de la circulation », in *Cultures et conflits*, numéro spécial, Sécurité et immigration.

WATANG ZIEBA F., 2013: « Immigration transfrontalière au Nord-Cameroun : intégration et citoyenneté », in *e-migrinter*, n°10, 2013, pp.79-81.

WIHTOL DE WENDEN C., 2013 : *La question migratoire au XXIe siècle. Migrants, réfugiés et relations internationales*, Paris, Les Presses de Science Po.

## *Chapitre 3*

# Parcours familiaux, situations migratoires et stratégies d'autonomie : le cas d'une lignée forgeronne de la vallée du fleuve Sénégal (XX$^{e}$-XXI$^{e}$ siècles)

Saliou Dit Baba DIALLO

## INTRODUCTION

« C'est dès sa sortie de terre que l'arbre façonne son ombre » (Proverbe Soninké).

Dans son document d'Habilitation à Diriger des Recherches présenté en 1999, partant des exemples des migrants maghrébins et chinois, le géographe Emmanuel Ma Mung, nous fournit des détails éclaircissants sur la notion d'autonomie. Il explore en ses différents sens, analyse ses manifestations et met l'accent sur le lien entre autonomie et altérité. Ma Mung retient finalement deux logiques dans l'idée d'autonomie : d'une part, une logique de différenciation et d'affirmation, et d'autre part, une logique d'initiative et d'entreprenariat. À ces deux logiques, cette présente communication tente d'introduire une troisième logique, qui est celle de compétition et de négociation. En partant du cas des populations de la vallée du fleuve Sénégal, nous cherchons à démontrer en quoi l'environnement familial, comme espace de compétition et de négociation, offre aux migrants l'adoption des stratégies d'autonomie depuis la mise en place de leur projet migratoire jusqu'au retour en migration. Nous nous sommes appuyés essentiellement sur le cas d'une famille de forgerons présente au Sénégal et en France. Nous faisons l'hypothèse que l'autonomie est portée à la fois par la volonté de différenciation, le désir d'initiative mais aussi aux tensions propres à l'environnement familial. Cette autonomie surgit dans tout le processus de la migration; elle prend forme dans la mise en place du projet migratoire et se manifeste avec le retour. Notre démarche se veut « micro historique » et notre approche diachronique. Notre communication portera sur trois points : Les germes de l'autonomie/ La sédentarité et la migration, les deux chemins qui mènent à l'autonomie /Les manifestations de l'autonomie au retour en migration.

Le contenu de cette communication provient essentiellement des résultats de deux missions de terrain menées en 2012 et 2013 dans le cadre de notre recherche doctorale en cours depuis 2011 mais aussi des observations de terrains et de nos expériences personnelles. Ils s'appuient sur les entretiens semi-directifs retraçant les parcours biographiques individuels de migrants mais aussi sur des témoignages oraux sur l'histoire familiale des migrants. Trois grandes caractéristiques peuvent être retenues à propos de cette lignée : l'extrême mobilité à l'échelle locale et sous régionale, la diversité des ouvertures professionnelles en dehors de l'activité de forge mais aussi l'attachement au système endogamique même en situation migratoire.

# GENÈSE DU PROJET MIGRATOIRE ET GERMES DE L'AUTONOMIE

Au lieu de se cantonner sur la diversité de facteurs qui expliqueraient le départ des acteurs en migration, il s'agit de voir comment le projet migratoire prend forme. En nous intéressant aux lignées familiales, on voit que le parcours familial nourrit dans une certaine mesure la mobilité.

## Quand la pauvreté n'explique pas toujours la mobilité

En dehors des indicateurs traditionnels liés à la pauvreté et à la situation socio-économique, la genèse du projet migratoire trouve également sens dans les dynamiques familiales. La famille est un espace d'épanouissement où se nouent des solidarités mais elle est aussi un espace de compétition où se croisent des ambitions. Compétition et épanouissement influent sur le désir de partir. Ce sont à la fois dans la contrainte extérieure comme dans la liberté de choix des acteurs les leviers du projet migratoire doivent-être statués. Croiser les différentes expériences à l'intérieur d'une famille permet d'éclairer le départ de certains, la sédentarité d'autres et les moments de bifurcations dans les choix de migrer. Il s'agit aussi de montrer que l'idée d'autonomie est bien présente avant le départ en migration et qu'elle est portée par ce climat familial.

L'histoire des trois familles qui vont suivre nous donne une idée de la genèse du projet migratoire dans l'espace familial. Les analyses et observations qui suivent portent sur quelques cas singuliers.

Dans la lignée Cissokho, une fratrie a retenu notre attention. Elle offre un schéma intéressant. Ils sont au nombre de trois. Ils sont migrants à la retraite résidant en France. Le premier Samba circule aujourd'hui entre la France et le

Sénégal. Le deuxième Diakoye est installé au sud de la France avec sa famille. Un troisième installé à Paris, leur cousin. Le projet migratoire de Samba a particulièrement été intéressant du fait d'une enfance et d'une jeunesse instables. Cette enfance mouvementé de Samba trouve son explication dans l'activité de potière et de tresse de sa mère dans les mariages au niveau des villages environnants de Bakel mais aussi jusqu'au Mali et dans d'autres pays africains. À cela, il faut ajouter que les parents de Samba ont divorcé quand il avait trois ans. Cette séparation parentale a causé son premier départ de la grande maison. Sa mère ayant connu un autre mariage au Congo et son père s'installant à Dakar du fait de son activité de cheminot, il se retrouve dans la maison de ses oncles Cissé. C'est là où il passa une partie de son enfance avec son frère Diakoye. Après être relativement initié à la forge et à l'activité de la forge dans la famille Cissé, celle de ses oncles, son père l'amena à Dakar puis en Côte d'Ivoire auprès de son oncle paternel. C'est de là que l'idée d'un voyage vers la France arrive à se réaliser après quelques années de formation professionnelle en mécanique. On voit que c'est le départ vers la France précède d'un ensemble d'éléments parmi lesquels on retient la séparation de ses parents, le départ précoce de Bakel mais aussi à une mobilité locale et sous régionale. On voit aussi qu'il a subi une formation avant son arrivée en France.

L'autonomie comme initiative émerge également en situation conflictuelle. Dans ce cas, le départ du « *Faabanka* » put s'expliquer par une stratégie d'évitement des conflits, mais aussi elle peut être portée par la perte de ses parents où l'on fait face à une situation d'isolement dans la famille et même dans la fratrie. L'histoire de la famille Kanté est ce titre illustratif. Cette famille, au départ était installée à Tuabou. Le personnage qui revenait dans les discours était Gandé. Il fut l'oncle paternel et l'homonyme du migrant retraité qui nous intéresse dans cette famille. Ce dernier a perdu sa mère très tôt. Cette perte précoce de sa mère alors qu'il n'avait que six ans est suivie de moments pénibles allant de son échec scolaire mais il dit recevoir d'une éducation hostile différente provenant des coépouses de sa mère. Une situation qui l'oblige à quitter le « *Faabanka* » (maison paternelle) pour dit-il « se réaliser ». Il quitta finalement de la maison sans n'en informer personne. Il se retrouva chez ses oncles. De là, il est initié à l'activité de forge pendant plusieurs années avant d'aller s'installer en milieu urbain à Dakar en particulier au métier de bijouterie. Tirant des revenus importants de cette activité, il épousa une de ses cousines à Dakar. C'est après son mariage que son projet migratoire vers France naquit. Ne trouvant pas dans le métier de la bijouterie « de l'avenir même s'il gagnait bien sa vie », il s'engagea dans la migration avec toujours ce projet d'ouvrir un atelier de bijouterie en France comme il a fait à Dakar.

Dans un autre registre, il convient de souligner que la situation de pauvreté du paysan a toujours été avancée comme une raison essentielle de la migration. En portant un regard sur la lignée Cissé, on voit que la migration a été un chemin parmi d'autres. Et que la pauvreté ne permet pas de comprendre la mobilité de cette famille. Deux raisons expliquent ce mécanisme. D'une part, les revenus importants de cette famille provenaient de l'activité de la forge et d'autre part l'introduction du métier de la mécanique par Thiondy a aussi accentué le pouvoir économique élevé de la famille. Cette ouverture professionnelle a certes entrainé le recul de l'activité de la forge mais a donné une certaine marge de manœuvre des composantes de cette famille à se former dans le métier de mécanique. C'est dans cette ascension professionnelle qu'il faut expliquer la forme de mobilité empruntée par certains membres de la famille. Thiondy qui est le pionner de la mécanique dans la famille, lui-même l'ayant appris auprès de ses oncles Cissokho, n'a pas été travailleur migrant. Après sa formation militaire, il retourne vivre dans la famille en continuant dans la mécanique. Étant chef d'équipe de l'atelier mécanique, il décide de créer aussi son propre atelier où il forme plusieurs jeunes de la famille dont ses enfants. Baignant dans cet environnement son fils ainé Lassana Thiondy a voulu s'inscrire dans la même dynamique après un brillant et bref parcours scolaire, il se replia dans l'atelier familial. À la différence de son père, il suivait des cours à distance depuis la France sur la mécanique grâce à son cousin Samba (qui lui a trouvé une école) et payant lui-même cette formation et faisant la pratique dans l'atelier familial, il a pu se réaliser un parcours professionnel plus ou moins exceptionnel. C'est dans ce cadre qu'il choisit d'aller en France dans le but de continuer la formation et d'y travailler.

La trajectoire sociale et la trajectoire professionnelle des parents influent aussi sur le choix des enfants. L'histoire de la lignée Cissokho est profondément liée à l'activité de chemin de fer. Être cheminot est à inscrire presque dans l'ordre de l'héritage dans cette famille. Le père de Mody s'est le plus illustré du point de vue de la mobilité géographique. Il a exercé ce métier au Sénégal avant de s'installer à Abijdan. Mody lui-même était attiré par ce métier par le biais de son père. Le statut de fonctionnaire du père lui a accordé plusieurs privilèges dans son parcours scolaire mais aussi dans son choix professionnel. Il donne une idée de l'environnement familial de Mody. Tout porte à croire qu'il n'a pas subi une certaine pression parentale dans sa jeunesse allant dans le sens de suivre le chemin de la migration. Au contraire des encouragements lui étaient adressés à chaque fois qu'il excelle dans les études.

## L'image du migrant-paysan à déconstruire

La vision collectiviste des travaux sur la migration soninké fait croire l'idée que les premiers migrants soninké en France ont un parcours scolaire professionnels médiocres. En confrontant les expériences entre sédentaires et migrants et en inscrivant le migrant dans « une configuration familiale », l'image du paysan illettré, célibataire des années 1960 semble limitée. Les deux indices sur lesquels il est possible d'inverser cette croyance sont les parcours scolaire et professionnel du migrant.

L'institution scolaire dans la famille Diakhité relève de l'ordre chose sacrée. L'éducation scolaire reçue dans la fratrie était bien assise. Comparés aux hommes de la fratrie, le parcours scolaires des femmes semblent moins riches. Chez les Diakité, l'ainé n'a pas connu une trajectoire scolaire riche. Ses études se sont limitées au niveau du primaire. N'empêche son niveau dans la langue est relativement élevée dans l'expression. Cela est sans doute lié à sa longue installation en France et peut-être un désir de perfectionnement à travers ses activités politiques. Il a mené et continue de mener en France un combat citoyen. Il s'est lancé dans le syndicalisme en France pour la défense des droits des migrants dans les foyers de migrants. Contrairement à l'ainé, les cadets ont eu parcours scolaires riches. Le deuxième Samba commence l'école primaire à Diawara et à Bakel avant d'aller à Saint-Louis. Il termine les études secondaires à Dakar où il décrocha son Bac. Après le Bac, il entra à l'université où il obtient sa licence en sciences économies avant de passer un concours administratif d'entrée à la Banque centrale des États de l'Afrique de l'Ouest. Bakary lui a connu un sort scolaire plus avantageux. Passant ses études à Diawara entre 1968-1974 puis à Saint-Louis entre 1974-1976, il termine à Dakar en 1976, année où il obtient le Bac. Après le Bac, il passa deux années à l'ex-ESP avant de décrocher son DU en 1978. Il obtient une bourse en 1981 et poursuit ses études au Japon. Il devient Ingénieur et retourne au Sénégal. Il finit par créer son propre entreprise au Sénégal après avoir longtemps exercé dans des sociétés privées.

Dans la famille Cissokho, un lien peut-être établi entre les parcours scolaires et les bifurcations dans l'activité de chemin de fer. Diakoye lui a arrêté les études pour exercer le métier de la mécanique avant d'aller en France. Après des études jusqu'au niveau de la troisième, leur cousin Mody est tourné vers la navigation après avoir effectué des études relativement poussées puis une formation professionnelle en France.

La trajectoire scolaire dans la famille Cissé est relativement féconde. La plupart ont fait des études relativement poussées. Mais la forge pousse plusieurs parmi eux à se détourner des études. Nous avions identifié un qui a réussi à combiner les deux à la fois à savoir la mécanique dans l'atelier familial mais aussi les études. Lassana, une distinction dans la qualification professionnelle. Il était jusqu'au niveau de la troisième. Après un échec scolaire auquel il n'arrivait pas à surmonter, il quitta les bancs pour faire une formation à distance depuis la France. Il est le seul dans la famille Cissé à connaitre un destin professionnel particulier. Il finit par rejoindre son école de formation pour la perfectionner.

## LA SÉDENTARITÉ ET LA MIGRATION, DEUX CHEMINS MENANT À L'AUTONOMIE

L'idée de migrer dans cette lignée a été un choix parmi d'autres. La migration internationale n'a pas constitué également une rupture. Un lien existe entre la migration internationale de ce lien et la mobilité locale. La migration vers la France précède une forme de mobilité locale. En dehors des activités traditionnelles de l'agriculture et de la forge, des ouvertures professionnelles se sont offertes à cette lignée. Avant la migration en France, la pratique de la forge était accompagnée de celle de la mécanique et de l'activité de chemin de fer. Il s'agit alors de mesurer cette continuité professionnelle familiale et de chercher à comprendre les voix de transmissions au fil des générations.

# De l'initiative dans la sédentarité

Le schéma identifié dans la famille Diakité montre non seulement l'orientation vers d'autres activités en dehors du travail migrant et mais aussi déconstruit le schéma de la « noria ».

Originaire de Tuabou à une époque ancienne, cette famille s'installa à Diawara au début du XIXe siècle. L'installation à Diawara a commencé avec leur père, une génération avant eux. Ils sont six enfants vivants dans la fratrie. L'ainé Nafi, la soixantaine n'a pas connu un succès scolaire du fait de son statut de fille à l'époque. Elle n'a pas non plus eu de descendance. Mariée à une autre famille Diakité, forgeronne à Diawara, elle s'occupe des enfants d'une de ses sœurs décédée jeune. Le statut d'ainée fille n'est pas forcément synonyme d'autorité. Il est juste symbolique car dit-on « une femme va toujours construire la maison d'autrui ». Elle est suivie de Sindé, de Fanta, de Samba, de Bakary et du cadet handicapé. Cependant trois parmi eux ont un parcours professionnel et scolaire plus ou moins exceptionnel.

Sindé plus enclin à migrer après un échec scolaire dans les années 1960 à Bakel a décidé de suivre le chemin de l'exil pour dit-il « se sacrifier car étant l'ainé du côté des garçons ». Ce qui est intéressant à retenir est son départ au lieu d'alimenter celui des suivants les a freiné.

Dans ces propos, il avance : « Quand j'ai décidé de partir en France en 1963, j'avais en tête l'idée d'empêcher mes frères suivre le même chemin que j'ai pris. Cela a été une bataille féroce. Ils affichaient un désir de venir en France. J'ai tout fait pour qu'ils restent au pays et qu'ils continuent leurs études. Aujourd'hui, ils ont compris. Moi, je vis dans une petite chambre du foyer avec tout ce que cela incombe comme nostalgie dans l'exil. Eux sont devenus cadres au Sénégal. Et vivent à l'aise ».

Ce schéma s'oppose à celui de la noria des années 1960 qui caractérisait essentiellement la migration soninké vers la France. Sinde devient le seul migrant de la fratrie, marié et polygame et installé dans un foyer à Paris, il s'illustre dans le chemin du syndicalisme. Le départ de Sindé l'aine n'a pas eu un effet d'entrainement sur les suivants. Au contraire il a entrainé une bifurcation vers d'autres carrières, la poursuite des études. Une seconde voie est engagée par Samba, devenu employé au niveau de la Banque Centrale des États de l'Afrique de l'Ouest pendant plusieurs années et a presque connu une sédentarité passive. Installé définitivement à Dakar, il y vit avec la famille élargie et se retrouve à la retraite après sa carrière professionnelle continuelle de Banquier. Une troisième chemin est celui suivi par Bakary. Lui n'a pas eu de sédentarité passive. Il a migré par la voix des études au Japon mais a effectué des séjours d'affaires dans plusieurs pays du monde. Après ces études, il devient ingénieur et travaille dans plusieurs entreprises sénégalaises avant d'avoir sa propre entreprise. Il est plus engagé dans le monde entrepreneurial. Il a sa propre entreprise transformée quelque peu en entreprise familiale dans lequel travaillent plusieurs membres de la lignée. Installé à Dakar et engagé dans l'entreprenariat, il s'est également investi dans l'immobilier et dans l'agriculture.

## De la forge à la mécanique, une trajectoire sociale ascendante

Dans cette lignée la forge a commencé à être délaissée au profit de la mécanique à partir de la génération de Thiondy. Ce dernier est un des pionniers de l'introduction de la mécanique dans la famille. Il faut ajouter qu'il fut chef d'atelier mécanique de la préfecture de Bakel et finit par ouvrir un atelier familial qui a formé plusieurs générations à Bakel. Son neveu s'est inscrit dans la même voie. Après une activité militaire dans l'armée, il retourne au Sénégal pour reprendre la mécanique. Yamadou, sédentaire, polygame et marié, exerce le métier de mécanicien hérité de son frère Thiondy auprès duquel il a grandi. Les deux enfants de Yamadou se lancent aussi dans les métiers manuels. L'un, mécanicien et l'autre, dans l'électricité. C'est le cas aussi du fils ainé de Thiondy Lassana parcours professionnel plus qualifié. Alliant forge, travail agricole et études, il a connu une graduation professionnelle à travers une formation à distance depuis la France avant même d'aller, choisit la migration scolaire à travers une formation scolaire.

## Cheminots et mécaniciens en France

A quelques différences près, nous avons pu noter sur le terrain la présence symbolique d'un atelier de forge devant la grande maison, contrairement à la famille Cissé, l'activité de forge n'est pas aussi pratiquée par les Cissokho. La démarcation et l'ascension est plutôt faite de côté de l'activité de cheminots, un métier très tôt introduit dans la famille. Selon nos informations, les premiers cheminots de cette famille remontaient au débat du XIXe siècle depuis la période coloniale au Sénégal et dans certaines régions de l'Afrique. Aujourd'hui, nous avons repéré trois migrants en France dont les parents ont exercé ce métier en lien avec le chemin de fer. Ce métier s'est transmis par génération. Samba, ayant effectué un passage dans les années 1960 en Côte d'Ivoire et ayant subi une formation mécanique auprès du père de Mody qui est aussi son Oncle paternel. Il a connu un sort professionnel stable en France. Il a passé toute sa carrière dans une seule entreprise en France jusqu'à la retraite. Mody a aussi exercé le métier de cheminot qu'il a quelque part hérité de son père, ancien cheminot de la ligne Dakar-Niger. Il vit aujourd'hui à Paris depuis sa retraite et fait des séjours réguliers au Sénégal.

Ayant une maison à Bakel, il n'a toujours pas effectué un projet de retour au pays. Diakoye, à Bézier, lui a grandi avec Samba dans la famille de leur oncle et était aussi initié au métier de la mécanique avant son départ de la France. Il était reconnu à Bakel et dans les villages environnant comme l'un des meilleurs mécaniciens à l'époque. Nouha, leur cousin lui a exercé la mécanique dans une structure qui se charge de projets de développement sur la vallée du fleuve. Étant à la retraite, il s'est installé à Bakel avec sa famille.

### L'armée, une autre possibilité

Du fait d'une enfance très agitée, il n'a pas été initié aux métiers de la forge mais aussi n'a pas connu un parcours scolaire fameux. La voix militaire est la seule issue possible en ce moment pour Issa. Son père fut un ancien chauffeur dans la subdivision de Goudiry et sa mère de Mali, il a connu une mobilité infantile très forte. Il finit par s'installer à Goudiry. Il a passé son enfance entre Bakel, Mali, Goudiry. À Dakar, il finit par s'engager dans l'armée et est devenue chevalier de la légion d'honneur. Il vit aujourd'hui à Dakar et se dit représentant de la famille élargie à Dakar.

## LA PHASE FINALE DE L'ACTIVITÉ MIGRATOIRE : LES MANIFESTATIONS DE L'AUTONOMIE ?

Tout migrant est confronté au projet de retour si tenté que cette idée ne ressort pas du mythe. Les analyses ont montré que les intentions de retour étaient présentes depuis la mise en place du projet migratoire. Cela ressort également dans le discours des migrants. Au-delà des raisons qui peuvent porter ou empêcher la réalisation du retour, il s'agit de voir les enjeux qui sous-tendent le projet de retour. Autrement, faire ressortir à la fois ce qui crée le retour et ce que le retour crée.

C'est dans ces deux sens qu'il est intéressant de faire le lien entre retour et autonomie.

Si le retour est quelque part synonyme d'un attachement à la communauté et à la terre d'origine, il n'en est pas moins une preuve de fidélité entière. En analysant la trajectoire familiale, économique, résidentielle ou sociale du migrant de retour, des indices d'autonomie sont identifiables dans le rapport que migrant entretient avec le pays d'origine. Mieux le migrant adopte des stratégies de distanciation, de différenciation et d'affirmation vis-à-vis de la communauté villageoise ou de la famille. Ces comportements engendrent parfois des tensions avec les sédentaires, trouvant leurs sources bien avant le départ en migration. Le migrant retourne pour négocier une place mais aussi pour l'affirmer. Mais cette place n'est-elle pas déjà prise ou mérite -t-elle vraiment d'être reprise ?

C'est principalement autour des enjeux de distanciation géographique et de différenciation sociale que l'autonomie s'affirme, se négocie et se manifeste. La distanciation géographique par exemple se manifeste en deux temps. D'un part, on assiste à l'installation du migrant en milieu urbain. Après y avoir construit une maison, le migrant soit vit définitivement en ville et ne retourne pas (sauf à de rares occasions) dans le *Ka hoore* (grande maison) soit il adopte une vie circulatoire entre le village et la ville. D'autre part, il décide de résider dans la grande maison tout en ayant des comportements allant dans le sens de la différenciation. Il faut savoir que le choix de résider dans la grande maison (au village ou en ville) n'efface pas cette différence résidentielle. Au contraire, il peut la renforcer. Nos observations de terrain montrent que le plus souvent à l'intérieur du *Ka* (maison), le *follaque* (bâtiment) du migrant et ses modes de vie sont relativement différentes du reste de la famille.

Le prestige économique acquis en migration installe aussi cette différenciation et prend parfois une dimension ostentatoire. Dans le village de Moudéry, nous avons été témoins de faits parfois curieux relatifs aux achats de marchandises où les migrants eux-mêmes augmentent les enchères sur un produit donné. L'autonomie se manifeste aussi à travers les dépenses familiales, des sollicitations financières et l'investissement personnel. Des initiatives sont entreprises le plus souvent dans l'immobilier, dans l'agriculture et dans le commerce.

En dehors de la logique de clôture du système endogamique qui caractérise le groupe social des forgerons, le statut monogamique aussi participe à cette individualisation. La plupart des migrants de la lignée forgeronne (en France comme au Sénégal) que nous avons rencontrés avaient des liens de parenté (directe ou indirecte) avec leurs épouses. Ils sont aussi dans plusieurs une seule épouse, d'où le caractère nucléaire de leur famille.

Ces observations montrent comment le retour en migration participe à la transformation de l'espace mais porte des enjeux de conflit dans les rapports familiaux entre sédentaires et migrants. Il faut cependant souligner que cette affirmation et cette différenciation peuvent même aller jusqu'à la rupture (partielle ou totale). L'histoire de la famille Cissé nous donne quelques éléments de réponses sur le degré d'autonomie de ses membres notamment ceux qui ont connu une mobilité locale et internationale. Cette famille n'a pas été très affectée par la mobilité. Tous (migrants et sédentaires) se réfèrent à la grande famille de Bakel. Le désir d'autonomie est moins exprimée et moins visible avec le retour de la migration. Toutefois il ne faut pas tomber dans le piège de la pureté. L'ouverture vers l'autonomie a commencé avec Thiondy. Ce dernier a acheté sa propre maison jouxtant la grande maison. La raison évoquée par les membres de la famille de Thiondy est l'encombrement. Mais cet achat participe à une volonté d'autonomie. Puisque ce sont ces enfants et petits-enfants qui occupe la maison aujourd'hui. C'est la prise du repas commune qui nourrit moins l'autonomie.

Un autre cas qui est révélateur de l'autonomie est celui d'Issa. Sa distance résidentielle s'inscrit dans son parcours personnel lié à son isolement dans la famille et sa mobilité infantile instable (son père étant installé à Goudiry et sa mère au Mali). Ses activités professionnelles peuvent participer aussi à cette individualisation. Son neveu Nouha, fils ainé de Biyagui, est aussi écarté volontairement de la grande maison pour éviter des conflits dans la fratrie. Ce qui est intéressant à retenir dans cette famille Cissé, c'est à la fois la capacité de ses membres à maintenir les liens familiaux mais aussi sa capacité à gérer les conflits internes. Ceux-là affaiblissent dans une certaine manière le processus d'autonomie.

Les comportements résidentiels des migrants, comme nous l'avons souligné peuvent être révélateurs de conflit négocié entre migrants et sédentaires (et non immobiles) vivant de la grande famille mais aussi une forme de « coupure générationnelle » installée avec l'absence. C'est ce que nous avons observé dans la famille forgeronne Cissokho de Bakel. Possédant des biens à Paris, Samba a construit une maison à Dakar et une autre à Bakel. Mody, lui possède aussi une maison construit à Bakel occupée par son neveu qui se charge de la gestion. La maison de Samba est confiée à son neveu de la famille Kanté. Ce qui est intéressant à observer est la proximité géographique entre leurs maisons et la grande maison. Leurs maisons avoisinent de part et d'autre de la grande maison. En dehors de la raison d'encombrement évoquée par les acteurs pour justifier la construction de leurs maisons d'à côté, cette décohabitation familiale témoigne d'une volonté de garder à la fois les liens familiaux mais aussi un désir d'autonomie négociée de la part de deux migrants préparant certainement leur retour. Mieux elle témoigne de la nature conflictuelle des relations entre migrants et sédentaires de cette famille. Puisque nous avons observé que la grande famille comparée aux maisons des migrants n'a pas subi une transformation architecturale. Nos échanges informels avec un jeune de cette famille (hostile aux migrants) illustre bien cette situation de crise familiale provoquée par le processus d'autonomie. Pour lui : « La famille n'existe pas. C'est la parenté qui existe. ». Vivant mal cette différenciation sociale et cette relative démarcation résidentielle instaurées par les migrants, ces propos traduisent le déficit d'investissement (moral, social et financier) à l'encontre de la grande maison.

Rappelons que la famille Kanté, une composante de la lignée forgeronne, est caractérisée par sa dispersion géographique. Contrairement à la famille Cissé, la famille Kanté a été très affectée par la mobilité. La dispersion géographique a davantage affaiblie les liens dans la fratrie. Cette décohabitation est déclenchée depuis la mort de leur personnage référent Gandé, installé à Tuabou (où il y a toujours une famille Kanté). À sa mort, les liens familiaux n'ont pas pu être maintenus. Une dispersion qui a davantage nourrie l'autonomie. En tout cas, une volonté de se « réaliser » individuellement s'installe. Cette faiblesse des liens se traduit par la non installation dans la grande famille (dont l'existence est presque symbolique) même après le retour en migration. Gandé Kanté tient un discours critique vis-à-vis de la grande famille : « C'est moi qui rendait visite à toute la famille en France et ici, je ne le fais plus. Quand je suis tombé gravement malade personne n'est venu me rendre visite. J'ai aussi décidé de ne plus rendre visite aux gens ».

Cela témoigne de la profondeur de la crise familiale et la fragilisation des liens entre ses membres. La migration peut certes favoriser une certaine autonomie financière et mais elle peut aussi fragiliser l'investissement familial. Si l'on s'en tient compte à ses origines familiales, ce migrant à la retraite devait s'installer à Tuabou, village de son père non loin de son village actuel, Gandé. N'oublions pas que ces rapports avec la grande famille (étant isolé dans la fratrie) ont commencé à se distendre depuis le décès de son père et le remariage de sa mère. Son départ camouflé et précipité du village de son père est alors ancien. Il faut rajouter qu'il a été socialisé auprès de ses oncles chez qui il avait appris le métier de la forge avant de faire la bijouterie à Dakar. Il a finalement décidé de s'installer à Gandé. C'est là où il construit sa maison. Cette distance sociale et géographique ancienne ont accentué son degré d'autonomie. Depuis son retour final en migration, il vit seul (avec ses épouses et ses enfants) dans sa maison à Gandé et entretient des relations ambigües avec les membres de la famille à Tuabou.

Avec la famille Diakhité, c'est autour de la sédentarité qu'il faut chercher les manifestations de l'autonomie. Ceux-là qui n'ont pas connu une migration internationale se sont plus inscrits dans un processus d'individualisation. L'aîné lui vit dans un foyer de migrant à Paris dans une petite chambre de retraite. Ce choix résidentiel est à mettre en lien avec son projet migratoire dans lequel « il s'était déjà considéré comme le sacrifié volontaire ». Il s'inscrit dans un projet de retour au pays. Tout porte à croire que la probabilité de son retour au village. À notre connaissance, il n'a pas de maison autre que celle de la grande maison. Son installation au village est aussi probable. Le suivant Samba a passé toute son activité professionnelle dans les grandes villes sénégalaises et africaines. Après sa retraite anticipée, il s'installe à Dakar avec sa famille. Ce que nous avons observé dans sa maison est révélateur de son désir d'autonomie même s'il porte l'image de chef de la « grande famille ». Même si cette fonction est visible (à travers les réunions familiales ou la composition des membres de la famille), il n'en reste pas moins l'existence d'autonomie négociée. Il s'exprime en français avec ses enfants. Sa maison a un décor moderne. Et le bas de l'immeuble est occupé par ses parents de la famille élargie, lui est au milieu (premier étage) et les vieilles personnes sont installées en haut. Cette séparation résidentielle n'est pas à inscrire dans l'ordre social de la cohabitation mais aussi une volonté de différenciation. À cela, il faut ajouter que la maison est équipée d'une caméra surveillance. Le cas de Bakary s'inscrit aussi dans ce processus d'individualisation. Certes, il fait des va-et-vient fréquents dans son village de Diawara, lui vit également à Dakar dans un quartier résidentiel avec sa famille dans le quartier et héberge quelques membres de la grande famille. Ses activités professionnelles renforcent son projet d'installation à Dakar. Après l'échec d'un premier mariage, il se remarie en dehors de la famille. Ce qui caractérise plus son action, c'est sa capacité d'initiative. Après son retour du Japon, il crée son propre entreprise. En plus de cela, il a investi dans l'immobilier. Il a concédé une autre maison à d'autres membres de la famille dont certains travaillent dans son entreprise. Il a un terrain à Diawara en dehors de la grande maison où vit leur frère cadet. Ce dernier lui a connu une trajectoire résidentielle passive. Mise à part quelques déplacements temporaires dans les villages environnants pour la forge et la circoncision et à Dakar parfois, il n'a pas connu une migration à l'échelle internationale et a toujours vécu dans l'habitat dans la grande famille à Dakar avec ses épouses. L'idée d'autonomie est située dans les mécanismes ordinaires notamment dans les habitudes alimentaires et les fréquentations amicales et professionnelles. Il faut une observation très fine pour en déceler des indices.

# CONCLUSION

En conclusion, à travers l'étude de la trajectoire migratoire de cette lignée forgeronne, nous pourrons dire que la logique d'autonomie est fondamentalement une logique de différenciation, d'affirmation et d'initiative. Et que cette logique s'accompagne bien de compétition et de conflit. C'est dans cet environnement que l'autonomie prend une forme négociée. Ces tensions à l'échelle familiale prennent leurs sources depuis la mise en place du projet migratoire et nourrie des stratégies d'autonomie à l'intérieur d'une famille et même dans une fratrie. La migration nourrit cette idée d'autonomie mais celle-ci la précède et les signaux sont visibles et perceptibles dans la mobilité locale.

# BIBLIOGRAPHIE


ADAMS A., 1977 : *Le long voyage des gens du fleuve*, Paris, Maspero.

BAROU J., 2001 : « La famille à distance. Nouvelles stratégies familiales chez les immigrés d'Afrique sahélienne » *Hommes et Migrations*, N°1232, pp.16-25.

BERNARDOT M., 2006 : « Les foyers des travailleurs migrants à Paris. Voyage dans la chambre noire. » Revue *Hommes et Migrations*, N°1264, pp. 57-67.

BOYER F., 2005 : « Le projet migratoire des migrants touaregs de la zone de Bankilaré: la pauvreté désavouée » in Stichproben. Wiener Zeitschrift für kritische Afrikastudien Nr. 8/ 5. Jg.

BREDELOUP S., 2007 : *La diam'spora du fleuve Sénégal. Sociologie des migrations africaines*, Presses Universitaires du Mirail.

CHASTENET M., 1988 : « Le pays soninké, traits communs et diversité » *Soninkara*, 1, 3é trimestre, pp.6-9.

DAUM C., 2007 : « Migration, retour, non-retour et changement social dans le pays d'origine » in *Migrations Internationales de Retour et pays d'origine*, pp.157-170.

DESCAMPS F., 2001 : *L'historien, l'archiviste et le magnétophone. De la constitution de la source orale à son exploitation*, Paris, Comité pour l'Histoire Économique et Financière de la France.

DIARRA S., 1968 : « Les travailleurs africains noirs en France » *Bulletin de l'Institut fondamental d'Afrique Noire*, t. XXX, n° 3, pp. 884-1004.

DIOP A. B., 1985 : *La famille Wolof : tradition et changement*. Paris, Karthala.

DIOP M. C., 2008 : *Le Sénégal des migrations : Mobilités, identités et sociétés*, Paris, Karthala 2008,434 p.

DUBRESSON A., 1975 : *« Les travailleurs soninké et toucouleur dans l'ouest parisien »* Cahiers, ORSTOM, série Sciences Humaines, vol. XII, n° 2, 1975, pp. 189-208.

GINZBURG C., PONI C., 1981 : « La micro-histoire » *Le Débat*, 10-n°17, p.133-136.

GONIN P., 1997 : « D'entre deux territoires. Circulations migratoires et développement entre le bassin du fleuve Sénégal et la France ». Lille, Université des Sciences et Technologies de Lille, Document présenté en vue de l'habilitation à diriger des recherches, Tome 1 : 383 p., Tome 2 : 470 p., Tome 3 : 27 p., sous la direction de Monsieur Jean-Pierre Renard.

GONIN P., KOTLOK N., LIMA S., 2011 : « Entre réseaux et territoires, des mobilisations multiséculaires pour le développement. Réseaux migratoires et communes rurales dans la région de Kayes, Mali » *Espaces Populations sociétés,* 2, pp.

PETIT A., 2002 : « L'ultime retour des gens du fleuve » in Hommes et migrations, N°1236, pp.44-52.

POIRET C., 1997 : *Familles africaines en France : ethnicisation, ségrégation et communalisation*, Paris : CIEMI- L'Harmattan.

POLLET E., WINTER G., 1971 : *La société soninké (Dyahunu, Mali)*, Bruxelles, éditions de l'Institut de Sociologie.

QUIMINAL C., « Du foyer au village : enquête sur les projets de transformations villageoises » *Google*, pp.131-142.

SAYAD A., 2006 : « Le retour, élément constitutif, de la condition de l'immigré » in L'immigration ou les paradoxes de l'altérité. L'illusion du provisoire.

SCHAEFFER F., 2001 : « Mythe du retour et réalité de l'entre-deux. La retraite en France ou au Maroc » *Revue Européenne de Migrations Internationales,* volume 17, N°17, pp.165-176.

SY Y., 2000 : « L'esclavage chez les soninké : du village à Paris » *Journal des africanistes*, tome 70 fascicule ,1-2, pp.43-69.

TIMERA M., 1996 : *Les Soninké en France d'une histoire à l'autre,* Paris, Karthala.

TIMERA M., 2001 : « Les migrations des jeunes d'Afrique noire : affirmation de soi et émancipation » *Autrepart,* Paris (IRD), N°18.

*Chapitre 4*

# La migration des Konkomba du Togo vers le Ghana : stratégie de survie ou facteur de développement ?

Padabô KADOUZA

## INTRODUCTION

La migration constitue actuellement une des problématiques majeures de l'économie mondiale (DIENG A.S., 2009). Elle demeure au cœur des débats de politique économique et sociale tant dans les pays de départ que dans ceux d'accueil. En effet, la nature et l'importance des flux migratoires ont un impact significatif aussi bien sur les économies des pays de départ que sur ceux d'arrivée.

Dans les pays sous-développés, la pauvreté, les inégalités de développement entre les régions et la dégradation des conditions de vie exercent une grande influence sur les mouvements de la population, notamment les mouvements migratoires. En effet, dans ces pays où le développement intégral est relativement lent, la pauvreté prend de plus en plus de l'ampleur, tandis que les disparités entre les régions suscitent la mobilité spatiale des populations. Ainsi, en Afrique, la plupart des pays sont confrontés à ces problèmes de pauvreté et de sous- développement, conduisant certaines populations plus touchées à migrer à la recherche d'un mieux-être. C'est le cas du Togo qui a connu différents types de mouvements migratoires parfois sous la contrainte (au cours de la période coloniale) et de nos jours de plus en plus volontaires.

Carte n°1. Le Northern Region et la Volta Region : zones d'immigration privilégiées des Konkomba au Ghana

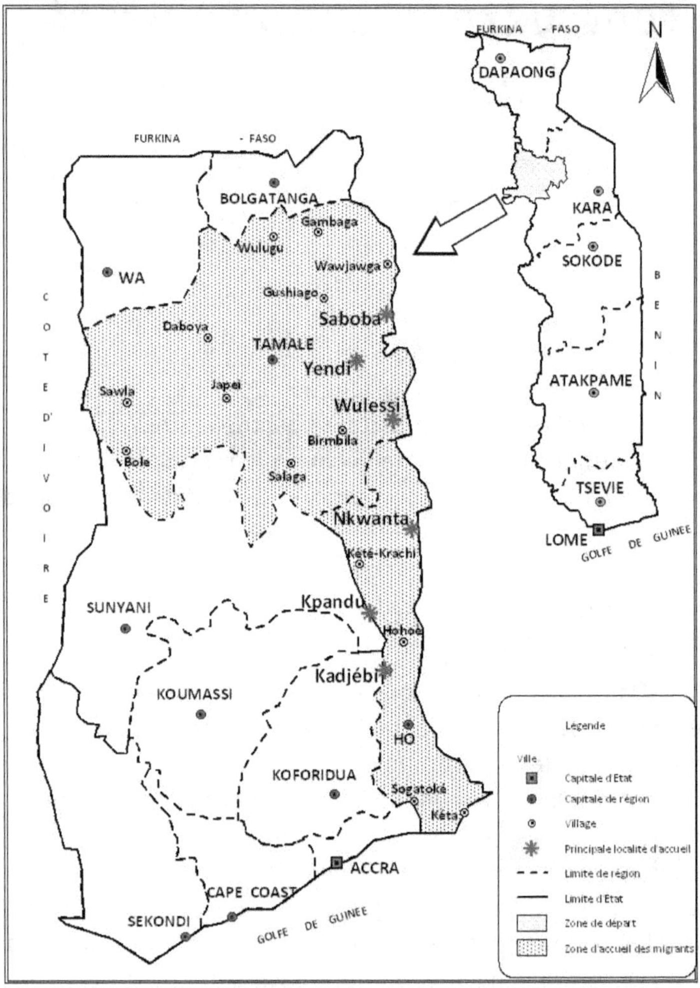


*Source : P. PUY-DENIS, 1994*

Au Togo comme dans beaucoup de pays d'Afrique au Sud du Sahara, la culture du coton constitue l'un des moyens les plus sûrs pour les paysans pour se procurer un revenu monétaire appréciable. Ceci, n'est plus le cas dans la préfecture de Dankpen qui connaît depuis quelques années à l'instar de tout le pays une baisse remarquable de la production cotonnière. En effet, cette production est passée de 149 tonnes en 2004-2005 à 18 tonnes en 2005-2006 soit une baisse de 88 %. Le nombre de producteurs a connu une baisse similaire passant 1116 à 61 au cours de la même période (NSCT, 2007). En réponse à cette situation, il a été enregistré de nombreux déplacements des ruraux vers d'autres régions notamment la Volta Région et le Northern Region (carte n°1) au Ghana, frontaliers à la zone d'étude.

La question principale à laquelle tente de répondre cette étude est de savoir si la migration des Konkomba de la préfecture de Dankpen au Togo vers le Ghana est-elle une stratégie de survie ou un facteur de développement ? De cette question principale découlent d'autres questions secondaires qui orientent notre réflexion. Quels sont les facteurs déterminants de la migration des Konkomba vers le Ghana ? Quelles en sont les incidences sur la zone de départ des migrants ?

L'objectif de cette étude est d'analyser l'impact de la migration des Konkomba vers le Ghana sur le développement local. Pour atteindre cet objectif, nous avons mené une enquête sur le terrain à l'aide d'un questionnaire aussi bien en pays Konkomba (préfecture de Dankpen) qu'au Ghana en complément à la recherche documentaire sur le sujet. La population-cible est constituée de l'ensemble des migrants Konkomba dans la Volta Region et dans le Northern Region et des chefs de ménage de la préfecture de Dankpen. S'agissant de l'échantillonnage, la population des migrants étant numériquement indéterminée, nous avons opté pour le type d'échantillonnage non probabiliste. Au total, 69 migrants ont été enquêtés dans les districts de Nkwanta, Kadjebi, Kpando (Volta Region), Yendi, Saboba, Wulensi (Northern Region), tandis que 54 chefs de ménage choisis de façon aléatoire ont répondu à notre questionnaire dans la zone de départ où des interviews ont également eu lieu, afin de compléter les informations recueillies par questionnaire individuel.

Cette étude s'articule autour de trois parties. La première traite des facteurs déterminants de la migration des Konkomba du Togo vers le Ghana. La deuxième aborde les caractéristiques sociodémographiques des migrants, les principales formes de mobilité et les activités menées dans la zone d'accueil. La troisième partie essaie de dégager les effets induits de la migration des Konkomba vers le Ghana aussi bien dans la zone d'arrivée que dans celle de départ.

# LES FACTEURS DÉTERMINANTS DE LA MIGRATION DES KONKOMBA DU TOGO VERS LA VOLTA REGION ET LE NORTHERN REGION AU GHANA

Les facteurs déterminants des migrations Konkomba vers le Ghana sont nombreux. Cependant, l'explication la plus simple, la plus immédiate et sans doute la plus proche du sens commun de la migration, est de dire que ces populations vont là où elles peuvent espérer améliorer leurs conditions et leur qualité de vie. Dans cette perspective, on convient aisément que les inégalités dans la répartition géographique des richesses et du travail entre la préfecture de Dankpen (pays Konkomba) et les provinces ghanéennes d'accueil (Volta Region et Northern Region) sont parmi les déterminants essentiels de l'émigration des populations Konkomba. Comme le souligne AMIN S. (1995), *"It is obvious that migrants are rational beings who move towards those regions where there is a chance of earning better money"*. Mais les migrations des Konkomba vers le Ghana trouvent aussi leurs racines dans l'histoire coloniale.

## Les facteurs historiques des migrations Konkomba vers le Ghana

Selon des travaux de chercheurs concordants (FROELICH J.-C., 1954 ; CORNEVIN R. et al, 1963 ; GAYIBOR, N. L., 1997 ; KANTCHO, T. K., 2010 ; PECLA, O., 2010, etc.), les Konkomba qui vivent au Togo viennent d'après leurs traditions, de certaines localités du Ghana, en particulier de Yendi et de ses environs. On peut estimer leur présence dans l'actuel territoire du Togo dès le début du XVIII$^{è}$ siècle pour les premiers immigrants (GAYIBOR, N. L., 1997). Les derniers s'y seraient installés vers la deuxième moitié du XIX$^{e}$ siècle (FROELICH, J. C., 1954). « En réalité, les migrations Konkomba se sont poursuivies jusque dans la période coloniale, en dépit de l'apparition des frontières. Elles avaient pour mobiles la recherche de nouvelles terres propices à l'agriculture et surtout la chasse et les conflits internes » (GAYIBOR, N. L., 1997). On le voit, l'aire culturelle Konkomba est à cheval sur le Togo et le Ghana. De part et d'autre de la démarcation, ce sont les mêmes groupes ethniques, parfois les mêmes lignages que l'on trouve. Les Konkomba du Ghana et du Togo actuels ont donc vécu sous la même administration coloniale allemande de 1884 jusqu'au déclenchement de la Première Mondiale en 1914. Des localités comme Yendi et Kété- Kratchi se trouvant aujourd'hui sur le territoire ghanéen faisaient partie des centres administratifs du Togo allemand comme le font remarquer SEBALD P. et B. K. TCHAM (2005). En effet, selon ces auteurs le Nord du Togo allemand fut divisé en trois "stations impériales" : Sansanné-Mango, avec une station secondaire à Yendi, Sokodé-Bassari (Bassar constituant une deuxième station) et Kété-Kratchi. Comme on peut s'en apercevoir, les Konkomba du Togo et du Ghana actuels sont unis par une même histoire coloniale.

Carte n°2. Le Togo sous domination allemande (1884-1914

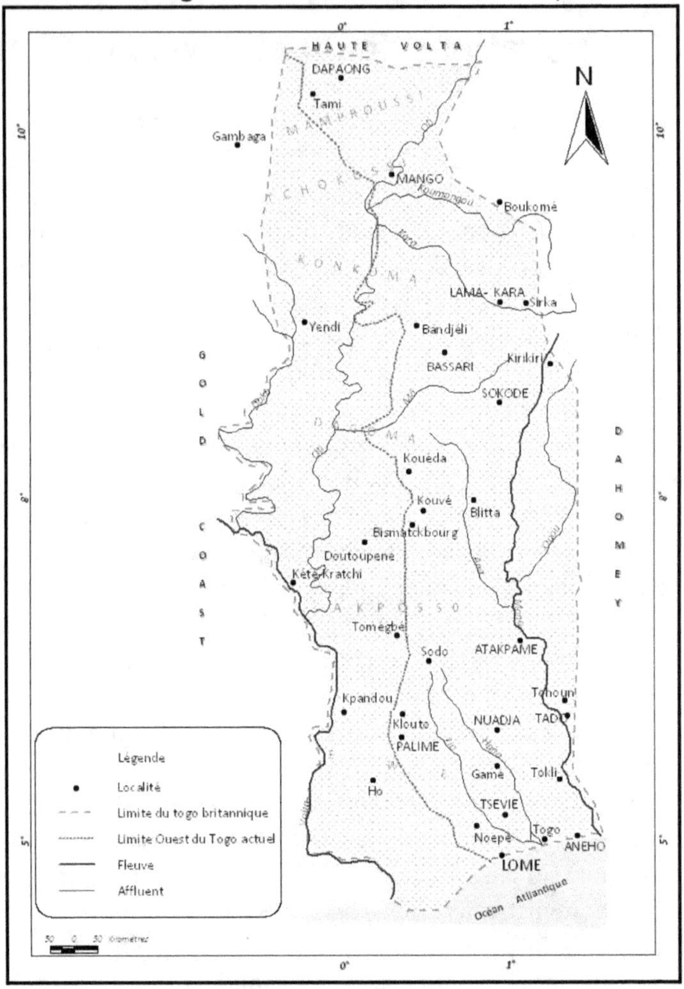


*Source : GAYIBOR, 1987*

C'est la colonisation qui a divisé ce peuple en deux par une frontière artificielle correspondant davantage aux ambitions hégémoniques des puissances européennes qu'aux identités et solidarités des populations locales. Il existe donc des liens de fraternité entre les Konkomba des deux pays. Ces liens de fraternité constituent des facilités de déplacement pour certains migrants vers la Volta Région et le Northern Region et même vers les autres contrées du Ghana. FALL D. P. (2007) a su bien montré que la présence de membres de la famille ou de voisins à l'étranger constitue souvent un facteur déclenchant de la migration en Afrique. En effet, c'est le capital social dont l'une des formes d'expression est le réseau d'accueil et d'insertion plus ou moins bien structuré qui fonctionne comme un des principaux leviers de l'exode international. De son côté GU-KONU Y. (1993) a montré que l'élan solidaire au profit des migrants togolais au Bénin, suite à la crise sociopolitique des années 1990 dans leur pays s'explique avant tout par la qualité et l'intensité des réseaux de solidarité familiale. Les migrants togolais qui ont pris la route du Bénin l'on fait surtout parce qu'ils ont de la famille de l'autre côté de la frontière. Inversement, ceux qui ont ouvert leur porte ont agi beaucoup moins au nom d'un idéal politique mais du fait que c'est un parent, un cousin, un fils ou un petit-fils de l'autre côté de la frontière qu'ils ont derrière la porte. » (GU-KONU, 1993).

Ces liens de fraternité expliquent dans une grande mesure le courant migratoire enregistré en pays Konkomba en direction du Ghana depuis le début du siècle dernier avec la prospérité économique de ce pays dû au développement de la culture cacaoyère et qui se poursuit encore aujourd'hui.

## La dégradation des conditions socioéconomiques

La dégradation des conditions socio-économiques dans la zone de départ est liée d'une part à la crise cotonnière de 2005-2006 et à l'insécurité alimentaire. S'agissant de la crise cotonnière, la préfecture de Dankpen (pays Konkomba) connaît une baisse remarquable de la production du coton qui est passé de 149 tonnes au cours de la campagne agricole 2004-2005 à 18 tonnes à celle de 2005-2006 soit une baisse de

88 %. Le nombre de producteurs a connu une baisse similaire. Elle est passée de 1116 à 61 au cours de la même période (NSCT, 2007). Le revenu moyen y a également connu une baisse remarquable. En réponse à cette situation, on a enregistré de nombreux déplacements des ruraux vers d'autres régions notamment la Volta Région et le Northern Region au Ghana, frontaliers à la zone d'étude. Plus de la moitié (55, 07 %) des immigrés interrogés dans la zone d'accueil lient leur arrivée à la crise cotonnière. Cette crise a eu des effets sur la production agricole vivrière dans la mesure où elle n'a plus bénéficié des arrières-effets des engrais- coton, alors que la chute des revenus ne permet plus aux paysans de se procurer des engrais vivriers. Cette situation entraîne une insécurité alimentaire, surtout que les récoltes ne sont pas bien gérées par les paysans. En effet, l'enquête de terrain a révélé qu'il existe un gaspillage de nourriture en période d'abondance. Non seulement les récoltes sont vendues à vil prix, mais aussi certains produits comme les céréales (maïs et sorgho surtout) sont utilisés en grande quantité pour la fabrication de la boisson locale à l'occasion des funérailles des parents défunts.

La dégradation des conditions socio-économiques est également liée au manque d'activités génératrices de revenus dans la zone de départ et aux difficultés de commercialisation des produits agricoles. S'agissant du manque d'activités génératrices de revenus, on y note ni les activités commerciales ni les activités maraîchères qui pouvaient procurer des numéraires aux paysans pour résoudre des problèmes quotidiens. Pour ce qui concerne les difficultés de commercialisation des produits agricoles, elles sont essentiellement dues au caractère défectueux des voies de communication. Il faut signaler que la préfecture de Dankpen (pays Konkomba) est la seule au Togo qui n'est pas desservie par une route bitumée. Les quelques rares pistes rurales qui relient le chef-lieu Guérin-Kouka aux autres localités et préfectures sont très étroites et en mauvais état (photo 1).

Cette situation a des répercussions sur les coûts des transports des produits agricoles vers le marché urbain de Guérin-Kouka. Ce faisant, les paysans vendent les produits agricoles à des prix bas et hésitent à augmenter les superficies cultivées.

# CARACTÉRISTIQUES SOCIODÉMOGRAPHIQUES DES MIGRANTS, PRINCIPALES FORMES DE MOBILITÉ ET ACTIVITÉS MENÉES DANS LA ZONE D'ACCUEIL

## Les caractéristiques sociodémographiques

Les caractéristiques sociodémographiques peuvent être appréhendées à partir de quatre principales variables : le sexe, l'âge, le niveau d'instruction et le statut matrimonial. Ces variables permettent de savoir la catégorie de personnes concernées par le phénomène migratoire vers le Ghana.

### *L'âge et le niveau d'instruction des migrants*

Les données d'enquête révèlent une forte proportion de jeunes dans la population migrante (figure 1). Ceci corrobore les propos de YOUNOUSSI Z. (2000) selon lesquels l'âge est un facteur important de migration internationale, puisque note-t-il, aussi bien pour les hommes que pour les femmes, les jeunes sont largement plus enclins à migrer vers l'extérieur du pays. L'analyse de la figure 1 montre que c'est la tranche d'âge la plus active de la population qui migre vers le Ghana (photo 2).

Figure 1. Répartition de l'échantillon enquêté dans les zones d'accueil selon la tranche d'âge

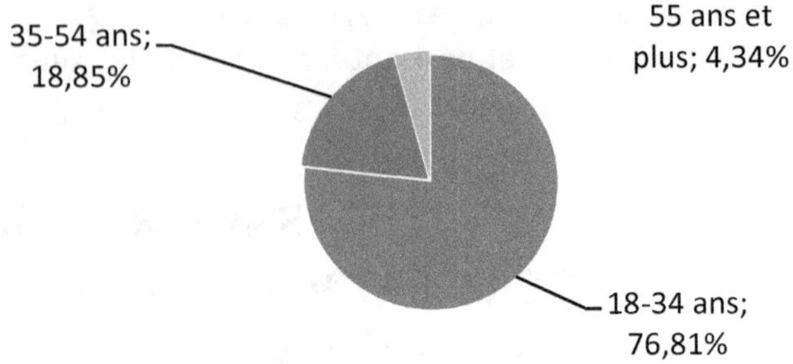


*Source : Travaux de terrain, 2011*

| Photo 1. Route Kabou-Guérin Kouka, presque impraticable en saison des pluies | Photo 2. Jeunes Konkomba à la frontière Togo-Ghana à Tindjassé, attendant un véhicule pour Kpassa (district de Nkwanta) |
|---|---|
|  |  |

*Source : Cliché de l'auteur, 2011*

Concernant le niveau d'instruction, les analphabètes constituent 49, 27% de l'ensemble des migrants enquêtés. Il s'agit de personnes qui n'ont jamais fréquenté l'école. Les individus scolarisés (cours primaire), mais n'ayant jamais obtenu le diplôme du Certificat d'études primaires élémentaires (CEPD) représentent 28,98 % de l'échantillon et ceux qui ont le niveau du Collège d'enseignement secondaire sont 15,95%. Seulement 5,79% des migrants interrogés ont atteint le lycée d'enseignement général avec le diplôme du Brevet d'études du premier cycle (B.E.P.C) (figure 2). Que ce soit les migrants ayant le niveau collège ou ceux qui ont le niveau lycée, il s'agit des élèves qui n'ont plus de moyens financiers de continuer l'école.

Figure 2. Répartition des migrants enquêtés selon le niveau d'instruction

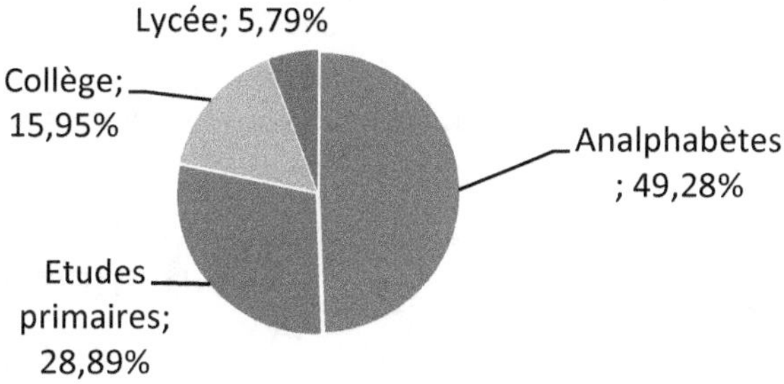


*Source : Données de l'enquête de terrain, 2011*

En somme, plus des trois quarts des candidats à la migration(78, 25%), sont constitués d'analphabètes et de déscolarisés de niveau primaire. Ces résultats rejoignent ceux de PONTIÉ G. (1988) dans une étude faite sur le pays moba-gourma dans l'extrême Nord- Togo.

## *Le statut matrimonial des migrants*

Les résultats livrés par l'enquête de terrain indiquent que les célibataires représentent 56,52 % de l'échantillon enquêté (figure 3). De nombreuses études en Afrique subsaharienne sur les migrations (PONTIÉ G., PILON, M., 1980, YOUNOUSSI Z., 2000), ont déjà montré que chez le jeune homme célibataire, le risque d'émigrer est près de six fois celui du marié.

Figure 3. Répartition des migrants enquêtés selon le niveau d'instruction

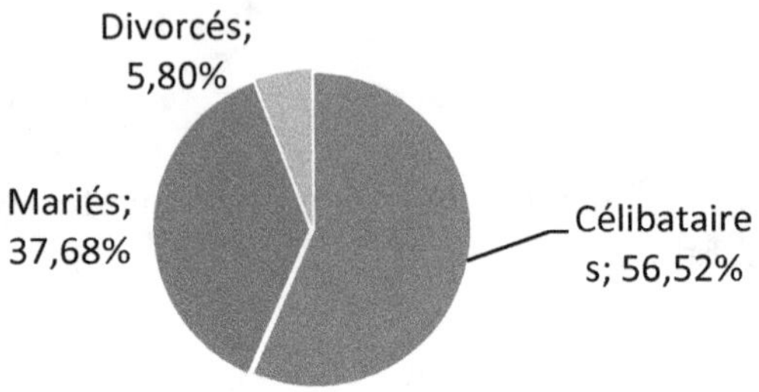


*Source : Résultats de l'enquête, 2011*

## Les principales formes de migration

Les travaux de terrain permettent d'identifier trois principaux types de migration : la migration saisonnière, la migration temporaire et la migration permanente ou définitive.

La migration saisonnière s'inscrit dans le cadre d'une stratégie adoptée par les migrants pour valoriser la saison sèche au cours de laquelle les activités agricoles sont au ralenti dans la zone de départ. Ils quittent leur milieu d'origine généralement au début de la saison sèche et y retournent dès l'annonce des premières pluies. Quant à la migration temporaire, elle se solde par un retour définitif du migrant dans la zone de départ après un séjour de plusieurs années dans la zone d'accueil. Ce sont ces deux formes de migration qu'on observe le plus chez les Konkomba qui font l'objet de cette étude. S'agissant de la migration permanente, elle se traduit par un transfert définitif de la résidence du migrant dans la zone d'accueil. Cependant, cette migration ne constitue pas une rupture avec le pays d'origine. Le migrant y retourne par moment et dans beaucoup de cas, matérialise sa réussite au Ghana par des réalisations.

## *Les activités menées par les migrants dans le Northern Region et la Volta Region au Ghana*

Les migrants Konkomba au Ghana, se dirigent essentiellement vers les milieux ruraux (77, 25%) où ils sont employés comme ouvriers agricoles. Les actes agricoles pratiqués sont surtout la fabrication des buttes d'ignames, le labour en billons, le sarclage et le défrichement. Les travaux de terrain, ont révélé qu'ils sont mal logés, généralement aux champs loin des villages dans un habitat précaire (photos 2 et 3).

Photo 3. Logement des migrants Konkomba, ouvriers agricoles dans une campagne du district de Kpassa

Photo 4. Logement des migrants Konkomba ouvriers agricoles dans les environs de Yendi (Northern Region)

*Source : Clichés de l'auteur, 2011*

En observant les endroits où se logent les migrants, il ne fait aucun doute qu'ils sont dans une grande insécurité, puisqu'ils dorment à même le sol non cimenté dans des cases sans fenêtres ni véritables portes. Ils sont de ce fait, à la merci des reptiles et autres animaux dangereux. Ils sont aussi mal nourris, l'alimentation étant constitué essentiellement d'igname et de manioc cuits au feu. La pâte du sorgho et de maïs, aliment très consommée en pays Konkomba leur est rarement servi. Cette situation alimentaire des migrants a des répercussions sur leurs conditions de travail qui sont très rudes notamment pour les migrants saisonniers qui doivent dépenser beaucoup d'énergie pour atteindre les objectifs qu'il se sont fixés en se déplaçant.

La situation des immigrés qui se dirigent vers les centres urbains (Nkwanta, Yendi, Kpando, etc.) est bien meilleure à celle décrite plus haut. Ces derniers apprennent soit des métiers (menuiserie moderne, tapisserie, couture, etc.) soit sont employés dans les « Secondary schools » comme enseignants volontaires de Français. Il s'agit essentiellement des migrants ayant le diplôme de Brevet d'études du premier cycle (BEPC) et ceux ayant fait le collège. Leur salaire qui atteint 45000 FCFA par mois se révèle être bien meilleur à celui des enseignants volontaires au Togo qui ne gagnent dans le meilleur des cas que la moitié de cette rétribution.

# LES EFFETS INDUITS DE LA MIGRATION DES KONKOMBA VERS LE GHANA

Les mouvements migratoires des Konkomba vers le Ghana atteignent de nos jours une dimension considérable, avec les effets socio-économiques induits faisant d'eux un facteur positif du développement. Les indices de développement sont remarquables aussi bien dans la zone de départ que dans celle d'accueil.

Dans les zones d'arrivée ; 20,28% des enquêtés ont déclaré avoir une amélioration de l'alimentation et du niveau de fréquentation des structures sanitaires. S'agissant de l'alimentation, ils prennent régulièrement trois repas par jour. Ceci n'était pas le cas dans la zone de départ où surtout pendant la période de « soudure » (avril-mai-juin), le nombre de repas se limitait à un seul. Du point de vue qualitatif, ils consomment régulièrement la viande ou le petit poisson fumé.

Dans les zones de départ, la migration constitue une stratégie économique familiale. Les actions entreprises par les immigrés en faveur de leur milieu d'origine sont assez diversifiées. Elles se résument à l'aide financière apportée à leurs familles, à la contribution à l'amélioration de la production agricole, à l'amélioration du cadre de vie, à l'implantation des moulins, etc.

S'agissant de l'aide financière apportée aux familles, une proportion assez importante d'immigrés soit 84,05% envoient de l'argent à leurs familles. Cet argent dont le montant est variable entre 5000 et plus de 50000 FCFA est utilisé par les familles pour les soins de santé, l'achat de vivres en cas de pénurie, l'achat des intrants agricoles, les funérailles des parents défunts, etc. Cette somme est certes en deçà des transferts opérés par les immigrés maliens, burkinabé, etc. de la diaspora au profit de leurs familles dans la mesure où ceux-ci représentent 70 à 80 % des budgets familiaux, mais elles permettent de résoudre beaucoup de problèmes dans des familles qui sont presque en dessous du seuil de pauvreté.

La satisfaction des parents demeure donc une préoccupation primordiale des migrants dans la mesure où beaucoup d'entre eux avaient bénéficié d'une aide financière ou tout simplement d'un soutien moral de leur part. Pour ce qui concerne l'amélioration du cadre de vie, les immigrés construisent dans leur milieu d'origine des maisons soit en parpaing soit en banco couvertes de tôles ondulées qui tranchent avec les cases traditionnelles recouvertes de chaume et constitue des signes extérieurs de réussite sociale. Environ le quart (24, 63%) des immigrés interrogés ont financé la construction de maisons couvertes de tôles galvanisées (photos 5 et 6).

Pour ce qui est de l'implantation des moulins dans plusieurs localités de la zone de départ, les femmes des campagnes effectuent régulièrement des corvées pour écraser des céréales (maïs, sorgho), sur des meules traditionnelles. Certaines parcourent parfois plus de 10 km à pied pour aller dans une agglomération plus importante pour trouver un moulin. L'implantation des moulins par les immigrés dans certaines localités améliore donc les conditions de vie et de travail des femmes, même si la proportion des immigrés qui a pu réaliser cette action n'est que de 7, 24%.

| Photo 5. Maquis très fréquenté construit à Guérin-Kouka par un émigré Konkomba au Ghana | Photo 6. Maison à plan inspiré du modèle ghanéen d'un migrant à Nawaré |
| --- | --- |
|  |  |
| *Cliché de l'auteur, 2011* | *Source : Cliché de l'auteur, 2013* |

Certains migrants reviennent en pays d'origine avec des moyens de transport (bicyclettes, motos, etc.). Un immigré a même pu acheter un véhicule qui assure le transport de voyageurs du Chef-lieu Guérin-Kouka à Lomé la capitale (photo 7). Ils s'équipent aussi en postes radios, en appareils de musique, en téléphones portables, etc. Concernant les appareils de musique, avec la disparition progressive de la danse traditionnelle lors des funérailles et des réjouissances, remplacée par la musique moderne, plusieurs migrants n'ont d'ambition que ces instruments qui leur permettent parfois d'organiser des soirées dansantes payantes à 25 ou 50 FCFA l'entrée. Les fonds collectés leur permettent d'investir dans l'agriculture ou de résoudre les problèmes économiques quotidiens.

Les effets de la migration dans la zone de départ ne sont pas seulement positifs. Les migrants étant constitués en majorité de jeunes, il est fort à craindre que la zone de départ qui a été pendant longtemps un bassin de production d'ignames et de céréales (maïs, riz, etc.) alimentant les villes de Kara, de Bassar, de Sokodé et même Lomé, la capitale connaisse une baisse de la production agricole. Déjà, on enregistre un fléchissement des structures socio-agricoles qui étaient essentiellement composées de jeunes, alors qu'elles constituent une force pour la production agricole en pays Konkomba. En dehors de cela, on note de plus en plus une féminisation des travaux champêtres surtout dans certaines tâches autrefois réservées aux hommes comme la construction des buttes d'ignames et des billons.

Photo 7. Minibus acheté par un migrant Konkomba de Nandouta

Photo 8. Centre de prière créé par un migrant à 5 km de Guérin-Kouka

Photo 9. Le pasteur-fondateur du Centre de prière Bethel

*Source : Cliché de l'auteur, 2013*

L'enquête a aussi montré que la migration constitue un facteur d'émancipation des jeunes. Il s'agit d'un exemple d'impact qualitatif non mesurable, mais que l'observation du terrain permet aisément de constater. En effet, en permettant aux migrants d'être en contact avec d'autres langues, d'autres cultures, d'autres mentalités, d'autres croyances, ils ont désormais une autre lecture des évènements de la vie. Aussi constate-t-on par exemple dans le domaine religieux que certains immigrés qui pratiquaient la religion traditionnelle reviennent du Ghana convertis au christianisme et créent même des églises "dites de réveil" qu'ils dirigent comme pasteurs. C'est le cas du centre de prière Bethel (photos 8 et 9) non loin de Guérin-Kouka, fondé par un ancien immigré dans la Volta Region.

# CONCLUSION

Au terme de cette étude, on peut dire que les facteurs historiques et socio-économiques constituent les principaux facteurs de la migration Konkomba vers le Ghana. Les migrants sont constitués essentiellement de jeunes dont l'âge est compris entre 18 et 34 ans et dont près de la moitié sont analphabètes. Certains se dirigent vers les zones rurales où ils sont utilisés comme ouvriers agricoles. On note trois principales formes de migration en pays Konkomba. Il s'agit des migrations saisonnières, temporaires permanente ou définitives. Si la majorité des migrants sont utilisés comme ouvriers agricoles dans les milieux ruraux, d'autres apprennent des métiers dans les centres urbains ou sont recrutés comme enseignants volontaires dans les « secondary schools ». Les effets d'entraînement de cette migration sont dans l'ensemble appréciables. Elle permet de transférer une partie des revenus dans la zone de départ. Certains migrants font des réalisations insignes. Parmi ces réalisations, la construction des maisons en parpaing ou en banco couvertes de tôles ondulées, l'implantation des moulins à céréales figurent parmi les plus importantes. Ces réalisations en pays d'origine répondent moins à la satisfaction d'un besoin de survie qu'à une volonté de favoriser l'éclosion des conditions minimales de développement. Malgré certains problèmes générés par la migration Konkomba dans la zone de départ, elle constitue au vu des résultats de cette étude un facteur de développement.

## BIBLIOGRAPHIE


ANSELME J., ALHASSAN M., 1976 : *Les migrations africaines*. Paris, Maspero.

BOUKLINAM M. E., 2012 : *Peuples versus frontières : l'exemple des Kuhama et des Piyobè de 1899 à nos jours*, Mémoire de Maîtrise d'Histoire, option Histoire contemporaine, Département d'Histoire, Faculté des Lettres et Sciences Humaines, Université de Kara.

BOUQUET C., 2003 : L'artificialité des frontières en Afrique subsaharienne, turbulences et fermentation sur les marges, *Les Cahiers d'Outre-Mer* [En ligne], 222, Avril-Juin 2003, mis en ligne le 13 février 2008, consulté le 23 juin 2013, p. 181-198

CORNEVIN R., 1981: *Le Togo: des origines à nos jours*, Paris, Académie des Sciences d'Outre-Mer.

FALL D. P., 2007 : La dynamique migratoire ouest-africaine entre ruptures et continuités, communication, Paper for the African Migrations Workshop organised by the International Migration Institute, Oxford University and the Centre for Migration Studies, University of Ghana on '*Understanding Migration Dynamics in the Continent*.

FROELICH J. C., 1954 : *La tribu Konkomba du Nord-Togo*. Dakar, IFAN.

FROELICH J. C., 1963 : *Les populations du Nord-Togo*, Paris, PUF.

FROELICH J. C., 1968 : *Les montagnards "paléonigritiques"*, Paris, éditions Berger-Levrault.

GAYIBOR N. L., dir., 1997 : *Histoire de Togolais*, Volume I, des origines à 1884, Département d'Histoire, Presses Universitaires de l'UB.

GEORGE P., 1975 : *Les migrations internationales*, Paris, PUF.

GU-KONU E. Y., 1993 : Migrations internationales en Afrique de l'ouest, aspects et problèmes, Documents n°3, Fond documentaire IRD, Unité de Recherches Associées/UNB-ORSTOM.

GU-KONU E. Y., 1993 : Connaissances des migrations internationales en Afrique de l'Ouest. Les lieux et les sources d'informations, Documents n°2, Fond documentaire IRD, Unité de Recherches Associées/UNB-ORSTOM.

KANTCHO T. K., 2010 : *Monographie de Takpamba de 1744 à 1960*, Mémoire de Maîtrise d'Histoire, option Histoire africaine, occupation de l'espace, sociétés et cultures, Département d'Histoire, Faculté des Lettres et Sciences Humaines, Université de Kara.

LALOU R., 1996 : Les migrations internationales en Afrique de l'Ouest face à la crise. In *Crise et population en Afrique*, Centre français sur la population et le développement (CEPED), Université Paris VI, pp. 345-373

PECLA O., 2010 : *Culture kpankpamba et colonisation européenne au Togo : incompréhension, violence et adaptation (1897-1960)*, Mémoire de Maîtrise d'Histoire, option Histoire contemporaine, Département d'Histoire, Faculté des Lettres et Sciences Humaines, Université de Kara.

PUY-DENIS P., 1994: *le Ghana*, Paris, Editions Karthala.

SEBALD P., TCHAM K. B., 2005: L'organisation administrative du Togo allemand. In: *Histoire des Togolais*, Volume I, de 1884 à 1960, Département d'Histoire, Université de Lomé, Presses de l'UL, pp.47-99

SORRE M., 1975 : *Les migrations humaines*, Paris, Flammarion.

URA/UNB-ORSTOM.

*Chapitre 5*

# Mutation des rapports entre migrants Burkinabé et leur famille d'origine dans le contexte de la crise de l'ananas à Bonoua

Raphaël OURA KOUADIO

## INTRODUCTION

En fournissant 75% de l'ananas ivoirien, Bonoua est marquée par ce fruit qui a fait d'elle l'une des régions les plus prospères du pays. Représentant près de 40% de la population rurale (INS, 1998), la communauté Burkinabè a fait de l'ananas, son principal produit de rente. Cela s'explique par une adaptation au système coutumier local, très respectueux de la gestion traditionnelle de la terre. Le droit à la possession étant exclusivement réservé aux autochtones, les Burkinabè n'accèdent à la terre que par la location. Il leur est impossible de développer les cultures pérennes ; l'ananas a été pour eux, la seule spéculation d'exportation quand les autochtones disposent d'une gamme variée de cultures pérennes. Les migrants s'identifient par leur forte présence dans l'ananas.

Younoussi (2004) annonce que « l'importance de la migration internationale au Burkina Faso est bien connue depuis longtemps ». Dabiré et Ilboudo (2004) en donnent la raison principale : « Le Burkina Faso, pays sahélien sans débouché sur la mer est essentiellement un pays d'émigration. Il fait partie des pays qui sont les grands pourvoyeurs de main-d'œuvre. » En Afrique subsaharienne, le Burkina est parmi les plus gros fournisseurs de migrants, notamment en direction de la Côte d'Ivoire, Mahamadou (2003), abondant dans le même sens. C'est un phénomène de société dans ce pays, elle n'est ni spécifique à une région, ni à une ethnie (Dabiré, 2007). Des raisons fondamentales qui sous-tendent l'émigration burkinabè figurent la pauvreté et les conditions défavorables de développement de l'agriculture, activité principale de la majorité de la population (MEF, 2000 ; Dabiré, 2007; Dabiré et Ilboudo, 2004 ; Younoussi, 2004). Dabiré (2007) précise que l'agriculture est en effet « dépendante, entre autres, des caprices et des fluctuations pluviométriques. Les conséquences d'une telle situation sont la variabilité très forte des revenus des ménages ruraux d'une année à l'autre, non seulement à cause des aléas de production, mais aussi des fluctuations des prix d'un marché sur lequel ils n'ont aucune emprise ». Dans ce climat d'incertitude, la migration apparaît comme la solution immédiate utilisée par les populations. Cela est exprimé par le même auteur en ces termes : « Dans ce contexte, les populations rurales sont contraintes de développer des stratégies visant à mettre à contribution différents espaces économiques pour tempérer la précarité de leur situation. » Ceci est d'autant plus vrai que « la pauvreté demeure un phénomène essentiellement rural car, en 1998 par exemple, 94% des pauvres sont du milieu rural contre seulement 6% en milieu urbain », selon Younoussi et Piché (2003). À cause de la pauvreté, les campagnes sont les établissements humains les plus vulnérables à l'émigration. Les espaces répondant le plus à de meilleures conditions de production agricole et d'emplois seront privilégiés. En occupant plus de 85% de la population active (MEF, 2000 ; Dabiré et Ilboudo, 2004), le secteur agricole burkinabè est devenu la principale source d'approvisionnement en main-d'œuvre à d'autres pays de la sous-région, singulièrement la Côte d'Ivoire. Plusieurs auteurs confirment l'importance du flux en direction de ce pays (Dabiré, 2007 ; Dabiré et Ilboudo, 2004 ; Blion et Bredelou, 2004 ; Mahamadou, 2003). L'apport des migrants dans l'économie de plantation a été déterminant (Mahamadou, 2003). Ce phénomène migratoire est dû à un déséquilibre socio-économique entre le pays de départ et celui qui accueille. C'est ce qui fait dire à Daffé (2009) que « La migration peut être définie comme un mécanisme d'ajustement des déséquilibres entre l'offre et la demande de travail dans les deux espaces qu'elle met en contact ». Ambrosetti et Tattolo (2008) partent de l'analyse de Lee pour abonder dans ce sens : « Selon Lee (1966) dans l'approche sociologique, la migration est causée à la fois par des facteurs positifs (pull factors) qui caractérisent les lieux de destination et par des facteurs négatifs aux lieux de départ (push factors). Ainsi, tant la zone de départ que la zone d'arrivée sont caractérisées par un ensemble de facteurs positifs et négatifs. Plus grande est la différence entre les deux facteurs dans les lieux de destination et d'origine, plus probable est la migration. »

La Côte d'Ivoire accueille 90% des émigrants burkinabè, selon Dabiré et Ilboudo (2004). « Cette prédominance des migrations vers la Côte-d'Ivoire trouve ses racines dans l'histoire coloniale et le développement des productions agricoles et industrielles ivoiriennes qui a permis par la suite d'assurer la relève », ajoute-t-il. MEF (2000) abonde dans le même sens en ces termes : « L'effritement de la famille africaine en général et burkinabè en particulier, amorcé depuis la période coloniale par des facteurs tels que les migrations, les travaux forcés et autres déportations, s'est poursuivi après 1960 par des éléments récurrents ou aggravés de ces facteurs (la migration extérieure et l'exode rural par exemple) » Les conséquences de l'émigration burkinabè sont diversement interprétées. MEF (2000) considère qu'elle a provoqué « L'effritement de la famille africaine en général et burkinabè en particulier [...] a sérieusement affecté les valeurs qui s'enseignaient dans ce cadre social de base et qui soutenaient et entretenaient la cohésion sociale ». Mais, pour bien d'autres auteurs, la migration est bénéfique pour les individus qui migrent ainsi que pour leur famille. La migration a un facteur socio-économique (Ambrosetti et Tattolo, 2008; Blion et Bredelou, 1997; Dabiré, 2007) et est aussi facteur d'emplois. Le soutien apporté au pays d'origine à travers la migration se fait par investissement individuel ou collectif comme le fait remarquer Younoussi (2008) : « Une fois installés, pour les émigrés qui trouvent du travail, ces liens se manifestent le plus souvent par l'envoi d'argent pour un investissement individuel (la construction de maisons de qualité, latrines aménagées, carrelage et/ou ciment du sol, l'achat de biens) ou collectif (construction d'école, de centre de santé, de forage, etc.) ou pour soutenir le groupe familial resté sur place et parfois un retour définitif après accumulation d'expérience et de capital financier. » Daffé (2009) *considère les transferts de fonds effectués aux parents comme un «* contrat d'assurance, explicite ou tacite, par lequel le migrant protège les bénéficiaires contre toutes sortes de risques ». En somme, « Pour les pays d'origine, elle constitue une aide au développement par le biais des rapatriements de fonds », précise (Dabiré et Ilboudo, 2004). Pour ces raisons, « la migration est souhaitée par le ménage », (Dabiré, 2007). « La migration devenue nécessité intégrée par le groupe familial, et de façon plus générale, par les structures de socialisation de la communauté, s'est donc imposée assez facilement à cause du très fragile équilibre entre, d'une part, les faibles rendements agricoles, et d'autre part, les besoins sans cesse croissants des populations rurales », précise l'auteur. De ce fait, les rapports entre migrants et parents restent étroits. Le lien est d'autant plus avéré que Dabiré (2007) affirme que « l'explication de la migration ne devrait pas s'en tenir aux seules caractéristiques individuelles des migrants en les détachant de tout contexte. On doit remonter au niveau des ménages d'appartenance des individus. » En effet, précise-t-il, « l'individu ne peut se concevoir en dehors du groupe ».

Le rapport entre l'individu et la famille a été étudié sur la base de diverses théories des migrations mais nous retenons avec Ambrosetti et Tattolo (2008), « les deux principales perspectives sociologiques: celle de la macrosociologie, dite aussi structuraliste avec la priorité pour les forces externes (économiques, culturelles, politiques) qui conditionnent et canalisent les initiatives des individus, et celle de la microsociologie basée sur la théorie économique néoclassique, qui en revanche part de l'individu et le considère comme un acteur rationnel en mesure de prendre des décisions visant à l'optimisation de son propre bien-être ». Notre inscription dans ces deux théories s'explique par le fait qu'au-delà des enjeux individuels (recherche de numéraires, amélioration des conditions de vie), l'attachement des migrants burkinabè à la famille et à la communauté d'origine est caractéristique à la migration burkinabè à destination de la Côte d'Ivoire. L'essor de l'ananas à Bonoua s'est accompagné d'une aide remarquable des planteurs à leurs parents. Selon Kouakou (1999), « les exploitants Burkinabè effectuent le plus de transferts faisant ainsi d'eux les principaux donateurs ». Mais, la crise de l'ananas assèche les envois d'argent. Autrement dit, cette crise impacte les relations entre les producteurs Burkinabè et leurs parents restés au pays. Le glissement des rapports migrants/parents vers la réduction de l'aide se place au cœur de cette étude. Il pose le problème du déséquilibre entre les capacités financières des ménages burkinabè de Bonoua et les besoins de leurs familles (d'ici et du Burkina Faso). La question centrale qui guide cette réflexion est la suivante : Quelle possibilité est-elle offerte actuellement aux paysans pour maintenir l'aide aux parents restés au pays ? Autrement dit, la culture du manioc leur offre-t-elle l'opportunité de répondre aux demandes des parents comme ce fut le cas des années de l'ananas ? Comment la substitution du manioc à l'ananas permet-elle aux burkinabè de faire face aux besoins de leur famille sur le territoire d'accueil et de celle de la zone de départ ?

Si on part du fait que « la migration est une stratégie collective de minimisation des risques » comme le dit Dabiré, 2007 et Daffé (2009), il serait important de réfléchir à la question de savoir si les risques sont dans tous les cas minimisés surtout en situation de crise économique dans le pays d'accueil. Peut-on considérer la reconversion en culture de manioc comme une solution permanente à la crise de l'ananas ? Face à cette crise, les planteurs burkinabè se sont-ils mis définitivement à l'abri en investissant dans la culture du manioc ? Dans le contexte de la dynamique agricole dans nos pays du sud, ce papier est une contribution aux débats autour de l'implication du vivrier marchand dans les revenus des paysans ivoiriens notamment en zone forestière.

# MÉTHODOLOGIE

Cette étude est menée sur le territoire de Bonoua notamment sur l'espace de prédilection de l'ananas et du manioc (carte n°1). En effet, l'espace de production de l'ananas a été occupé par la culture du manioc au lendemain de la crise de l'ananas. C'est un espace marqué par la forte présence burkinabè du fait la forte implication de la communauté dans la culture de l'ananas et maintenant dans le manioc. L'objet de l'étude étant le rapport actuel entre les planteurs Burkinabè et leurs parents, nous nous sommes intéressé qu'aux villages d'allogènes. Parmi eux, nous avons choisi les villages de Tchètchimbé, Samo et Abrobakro. Nous avons interrogé le 1/20ème des ménages dans chacun des villages. Ce qui équivaut à 17 ménages Tchètchimbé, 66 à Samo et 12 à Abrobakro. Soit un total de 95 ménages. Seuls les chefs de ménage burkinabè ont été concernés par l'enquête. Le questionnaire a porté sur les rapports entre les migrants et leurs parents aux deux périodes de production de l'ananas et du manioc. Les paysans se sont prononcé sur les opportunités et les difficultés à transférer de l'argent sur les deux périodes. Avec la crise de l'ananas, ils ont sans doute changé de stratégies. Lesquelles ?

Carte n°1. **Dynamique du paysage agricole de Bonoua de 2002-2007**

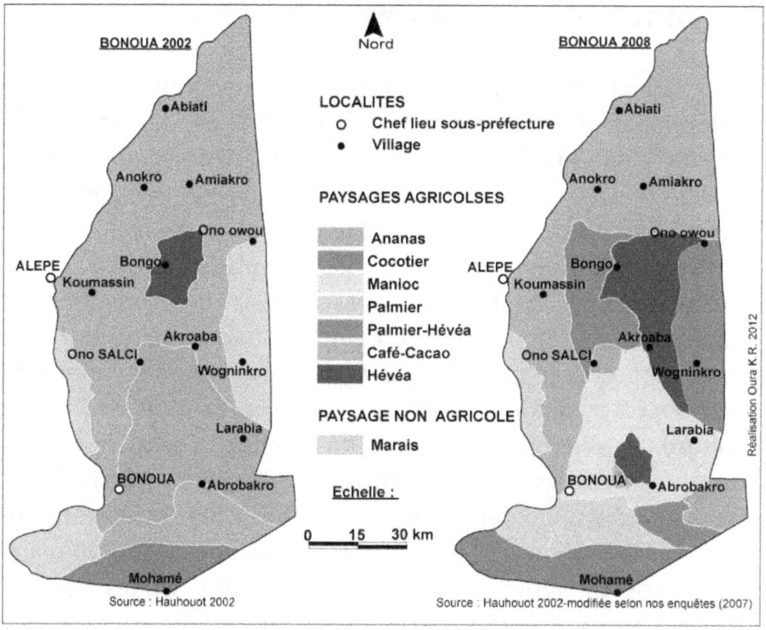


# RÉSULTATS ET DISCUSSION

## Les raisons de la reconversion en faveur de la culture du manioc

La reconversion des cultures est un phénomène courant dans les campagnes africaines notamment en milieu rural ivoirien. Cela se traduit par les dynamiques rurales en cours. En situation de crise dans certaines filières, les paysans s'adonnent à d'autres, jugés plus rentables. C'est ainsi que le manioc a pris de l'essor en se substituant à l'ananas en crise.

## *L'investissement à perte dans la filière de l'ananas au début des années 2000*

L'ananas-culture a démarré à Bonoua bien avant les indépendances. Elle se développait sous la forme de production industrielle par la société de transformation SALCI[17] établie dans le village d'Ono-Salci, non loin de la lagune Ono. Mais, l'ananas de conserve est devenu peu rentable à la fin des années 1970 précipitant ainsi la fermeture de l'usine. Les manœuvres se sont alors investis dans la production de l'ananas-export à leur propre compte. La rentabilité du fruit a tellement été grande que la région est devenue une zone d'accueil de burkinabè. Ils ont pu faire fortune avec cette culture, le produit de marque de Bonoua. Cette situation a donc favorisé les rapports entre les planteurs burkinabè et leurs parents du Burkina Faso. Mais, les conditions de commercialisation de l'ananas sur les marchés occidentaux se sont progressivement détériorées au point où les revenus paysans se sont réduits. Depuis 2002, les producteurs vendent à perte sur ces marchés (Oura, 2010 ; Oura, 2012). Désespérés et convaincus de ne plus pouvoir tirer de profit avec cette culture, ils se sont finalement inscrits dans la logique de la reconversion. Si les autochtones Abouré investissent désormais dans le caoutchouc, culture hautement rentable en ce moment, le manioc est la seule culture qui s'est offerte aux migrants. Ils s'adonnent à ce vivrier par contrainte des règles coutumières locales.

---

[17] Société Alsacienne de Côte d'Ivoire

## *La contrainte foncière conduit les allogènes à recourir à la culture du manioc*

La population autochtone reste attachée à la coutume surtout aux questions relatives à l'héritage et à la gestion foncière. Dans cette région, la terre est le bien de la communauté et reste inaliénable. Dans ce contexte, les non-autochtones n'ont pas droit à la terre pour la pratique des cultures pérennes. Ainsi, alors que les autochtones ont eu la possibilité de diversifier les cultures (cacao, hévéa, palmier à huile, etc.), les burkinabè ont été contraints à ne cultiver que le manioc. En tant que culture annuelle, c'est la seule spéculation qu'ils ont la possibilité de développer en dehors de l'ananas qu'ils avaient l'habitude de cultiver. Face à cette contrainte, les migrants vont exploiter les atouts des marchés locaux notamment celui d'Abidjan.

## *Le marché d'Abidjan, un débouché pour le manioc de Bonoua*

Contraints à la pratique du manioc, les burkinabè investissent dans cette culture ; ils comptent faire des économies à partir des atouts que leur présentent les marchés abidjanais (Oura, 2012). D'après l'auteur, la demande de la métropole en produits alimentaires locaux est très forte. Cela se fait également dans le contexte de la crise alimentaire mondiale qui a provoqué la flambée des prix des denrées importées notamment le riz. Le privilège étant accordé aux produits locaux, le manioc devient une denrée très sollicitée sur nos marchés. Ce vivrier a l'avantage d'être consommé sous forme de divers mets (Oura, 2010). C'est un produit dont la demande sur les marchés locaux ivoiriens a pris de l'importance (Chaléard, 1996). La demande est d'autant plus grande que la population abidjanaise s'est accrue très rapidement. La métropole abrite aujourd'hui, plus de 3 millions d'habitants. L'offre à cette demande ne peut être assurée par la périphérie urbaine, elle est faite par les villes de l'hinterland. Bonoua figure en première place en fournissant plus de 40% du manioc frais vendu sur les marchés de gros d'Abidjan (Oura, 2010). Son poids dans l'approvisionnement est traduit par la part de tonnage fournie par commune (carte n°2).

Carte n°2. **Part de Bonoua sur les marchés de gros du manioc**

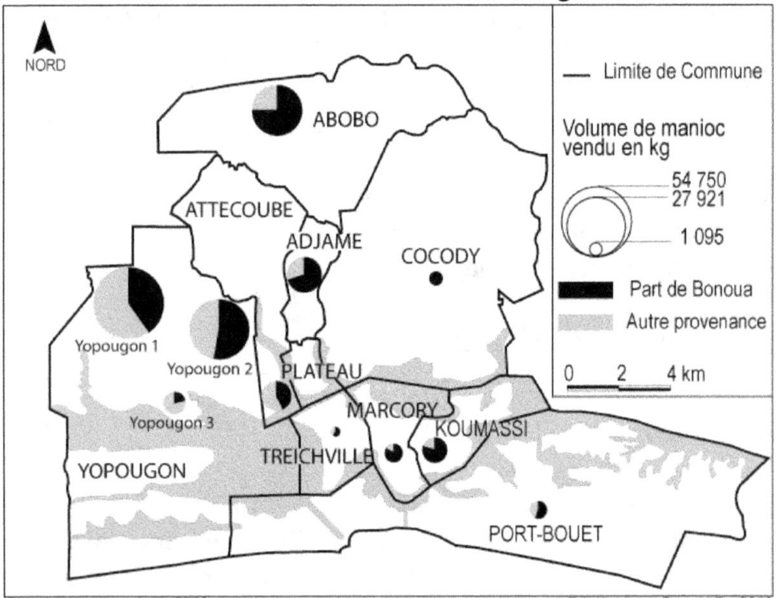


Source : Nos enquêtes, 2008 Réalisarion : Oura K.R., 2012

La distribution se fait autour d'une organisation qui se fait depuis les lieux de production jusqu'aux commerçants établis à Abidjan. Toutefois, les revenus tirés de ce vivrier ne satisfont pas la majorité des planteurs de Bonoua, habitués à faire d'importants bénéfices avec l'ananas.

# L'impact de la crise de l'ananas sur les rapports migrants/parents

La plupart des migrants burkinabè ont maintenu un lien étroit avec leur pays d'origine à travers les transferts et aides accordées aux parents qui y sont restés. Le maintien du lien est d'autant plus nécessaire que ceux qui sont restés veillent sur leurs parents d'âge avancé mais aussi sur certains biens (maisons, activités économiques, etc.). Nonobstant cet intérêt à maintenir le contact avec le territoire d'origine, les relations connaissent une baisse d'intensité. La chute des revenus dans le cas de Bonoua en est la principale cause.

## *Les revenus du manioc insuffisants pour répondre aux sollicitations des ménages*

Selon Daffé (2009), « La décision d'émigrer est directement fonction des perspectives d'emploi et de l'espérance de revenus plus élevés dans le pays de destination. Plus les différences salariales et les opportunités de travail dans les pays d'accueil sont grandes, plus la propension à émigrer est forte. » C'est ainsi qu'entre 1980 et 2000, l'ananas a été un facteur d'attraction de burkinabè. Avec la crise, le manioc a joué un rôle important dans le maintien de la majorité des migrants. En effet, la crise a provoqué le déplacement de certains vers d'autres localités (Nord de Bonoua ou l'ouest ivoirien, retour au pays, etc.). Le manioc est devenu un vivrier dont profitent ceux qui n'ont pu migrer. En effet, les paysans confrontés à la crise dans les filières industrielles s'adonnent au vivrier marchand (Chaléard, 1996). À l'opposé de l'ananas dont la commercialisation reste dépendante des exigences des marchés mondiaux, le manioc présente l'avantage de se vendre localement, avec moins de contraintes. Le manioc est directement écoulé sur le marché abidjanais sans que les tubercules ne subissent de conditionnement ou de contrôle phytosanitaire, deux étapes souvent préjudiciables à l'ananas. Elles sont en effet à l'origine de pertes dues aux refus de certains fruits. En outre, les frais de transport des fruits sont à la charge du planteur, marqués sur leur compte de vente. En dehors de ces atouts qu'on peut reconnaître à la culture du manioc au regard des difficultés de commercialisation de l'ananas, une analyse plus fine permet de dévoiler les faiblesses de celle-là. Il ne fait aucun doute, le manioc est loin de satisfaire les producteurs comme l'ananas a réussi à le faire durant plusieurs années. « Il n'y a pas de comparaison à faire entre ces deux cultures. Le manioc n'arrive pas à faire ce que l'ananas a fait durant des années. Avec le manioc, nous n'arrivons plus à prendre en charge les besoins de nos familles. Nous le faisons parce que nous n'avons pas le choix en ce moment. », disent les producteurs. Si l'ananas ne se vend plus dans les mêmes conditions qu'auparavant au point d'en faire une comparaison avec le manioc, il n'en reste pas moins vrai que les revenus de celui-ci ne permettent pas aux agriculteurs d'assurer certains besoins qu'ils parvenaient à faire avec l'ananas. Ils travaillent désormais sans manœuvre, contraints à la main-d'œuvre familiale que l'éducation des enfants tend à réduire la force. Ils éprouvent également des difficultés à faire face aux prix du louage de la terre. Autant les conditions de travail des paysans se dégradent avec le manioc, autant ils ne parviennent plus à conserver le rythme habituel d'intervention auprès des parents restés au Burkina Faso.

### *Les difficultés pour tenir les engagements habituels entre les paysans burkinabè et leurs parents*

L'agriculture a participé au développement de la ville de Bonoua. Au niveau de l'habitat, alors que les autochtones s'appuient sur les retombées de l'agriculture pour construire la ville, la participation des allogènes est très limitée. Plus de 80%

des propriétaires de maisons sont des autochtones Abouré (Oura, 2010). Par type d'activité, les planteurs représentent 72,66%. En revanche, les Burkinabé se sont illustrés par leur forte implication dans le développement de leurs régions d'origine.

Pour autant, la migration burkinabè est souhaitée et décidée par la famille, il a un caractère social. Il faut dans la même famille, des membres qui doivent migrer et certains qui puissent rester. Dans son fonctionnement, le phénomène de la migration ressemble en fin de compte à une sorte de système dans lequel chacun a un rôle à jouer. En effet, autant le migrant doit envoyer de l'argent comme le soulignent plusieurs chercheurs, autant le migrant n'aurait pu effectuer le déplacement s'il n'est pas en interaction avec d'autres membres de sa famille. Dans ce contexte, aller en aide à la famille originelle, devient une nécessité. C'est ce qui explique l'investissement de ces migrants dans ce rapport qui les lie à leurs parents. Dans le cas de Bonoua, le rapport est entretenu par les nombreux transferts que font les paysans. Les transferts ont été davantage importants pendant les années glorieuses de l'ananas (Kouakou, 1999). Cet acte comme premier signe de maintien du rapport dans le système migratoire est lui-même dépendant de la capacité dont dispose le migrant à transférer de l'argent. Cela dit, le lien entre le rythme de transfert ou la somme transférée et le niveau de revenu des donateurs est essentiel. C'est alors que la baisse du revenu paysan relatif à la crise de l'ananas influence en ce moment les possibilités d'apporter de l'aide à la famille (tableau n°1).

Le premier enseignement qu'on peut tirer du tableau, c'est le changement de fréquence des envois pendant les périodes glorieuses de l'ananas et de celles du manioc. Au temps de l'ananas, les paysans faisaient assez plus régulièrement les transferts contrairement à la période actuelle du manioc où la baisse des revenus ne permet plus aux donateurs de maintenir le rythme de transfert. Le pourcentage de ceux qui n'en font pas du tout, est en augmentation (42,1%). Bref, il est maintenant difficile pour le migrant de tenir les engagements habituels à faire parvenir à la grande famille, une partie des bénéfices tirés de l'activité menée dans le pays d'accueil. Par ailleurs, il serait intéressant de s'interroger sur les motifs d'envoi d'argent.

Tableau n°1. Fréquence des transferts d'argent vers le Burkina Faso

| Fréquence / Epoque | Pas de transfert | Une fois par an | Deux fois par an | Trois fois et plus par an | Total |
|---|---|---|---|---|---|
| Les années de l'ananas | 8 | 21 | 34 | 32 | 95 |
| Les années du manioc | 40 | 25 | 22 | 8 | 95 |

*Source : Nos enquêtes, 2012*

Selon Daffé (2009), trois raisons sous-tendent ce geste. Il peut être fait pour « constituer une épargne en vue de dépenses de consommation ou d'investissement futures » ou par « un comportement altruiste » qui signifie la volonté du migrant à « contribuer à l'amélioration des conditions de vie des bénéficiaires ». Le troisième, selon lui, correspond « aux transferts de fonds effectués en exécution d'un contrat d'assurance, explicite ou tacite, par lequel le migrant protège les bénéficiaires contre toutes sortes de risques. Ce qui voudrait dire qu'en cas de difficultés économiques dans le pays d'accueil, les migrants ont la possibilité d'intervenir selon l'intérêt qu'ils accordent à chacun des motifs d'envoi d'argent. En effet, ce n'est pas dans tous les cas que le souci de venir en aide soit maintenu, comme on peut le constater à travers l'avertissement de Daffé (2009) : « Cependant, le processus décisionnel qui amène l'immigré, une fois son « projet » migratoire réussi, à envoyer de l'argent à sa famille est de nature relativement différente de celui qui l'a conduit au départ. » En outre, « il peut arriver cependant que, par un effet d'aléa moral, les bénéficiaires n'utilisent pas les transferts pour les emplois auxquels ils sont destinés », précise l'auteur. Sans doute que les migrants seraient en train de prendre de nouvelles dispositions, même si la responsabilité de la crise n'est pas à proscrire.

## Les stratégies adoptées par les planteurs

En plus des transferts, les visites aux parents occupent une place de choix dans cette interdépendance entre le migrant et la grande famille. Mais, les difficultés à faire des bénéfices avec la culture du manioc, emmènent les paysans à ne plus privilégier les voyages.

### *Les ressortissants burkinabè renoncent de plus en plus au mouvement de retour*

Avec la crise, ils sont soumis à des contraintes de sorte qu'ils se privent maintenant de certains engagements aussi bien dans l'espace de départ que d'accueil. À l'endroit des parents, il n'est plus nécessaire de leur rendre couramment visite. La crise est d'autant plus ressentie que certains allogènes ont mis fin au retour saisonnier au pays. Quand ce n'est pas le cas, on met désormais un peu plus de temps pour effectuer le prochain voyage. Ils expliquent que les déplacements annuels étaient très coûteux car en plus du coût de transport, ils étaient l'occasion pour les parents de recevoir de nombreux présents. Ils investissent aussi dans l'immobilier et profitent aussi de ce passage pour célébrer des mariages et funérailles.

Le renoncement au voyage obéit donc à un souci de réduire les dépenses que nécessitent les rapports sociaux liés au phénomène migratoire. En effet, en plus du prix du transport qui n'est plus à la portée de tous, le voyageur est tenu d'effectuer d'autres dépenses durant son séjour au Burkina Faso. Les migrants sont obligés d'agir désormais sur le temps de retour au pays ; on y retourne moins régulièrement qu'au temps de l'ananas. En prolongeant donc le temps de retour, ils comptent ainsi augmenter la somme annuelle transférée tout en se passant encore de certaines dépenses que leur présence aurait pu susciter. L'espacement des voyages est remarquable (tableau n°2) et s'explique également par la crise dans la filière de l'ananas.

Non seulement, les migrants envoient moins régulièrement de l'argent à la famille d'origine, ils ne parviennent pas non plus à maintenir le contact qui se faisait assez plus régulièrement avec les voyages. S'il s'agit de solutions immédiates apportées aux contraintes actuelles, les migrants comptent s'en sortir avec des solutions durables, ils maintiennent l'investissement dans l'éducation de leurs enfants.

Tableau n°2 : Fréquence des déplacements vers le Burkina Faso

| **Fréquence** / **Epoque** | Aucun déplacement | Une fois par an | Un voyage tous les deux ans | Un voyage tous les trois ans | Après quatre ans et plus | Total |
|---|---|---|---|---|---|---|
| Les années de l'ananas | 9 | 24 | 29 | 19 | 14 | 95 |
| Les années du manioc | 10 | 11 | 20 | 27 | 27 | 95 |

*Source : Nos enquêtes, 2012*

## *L'investissement dans l'éducation des enfants et dans l'activité informelle au niveau de la ville*

Malgré la crise, les paysans accordent encore une place de choix à l'éducation. Nous avons enregistré des cas où certains enfants (7 sur l'ensemble des enquêtés) n'ont pu aller à l'école du fait des difficultés que rencontrent les parents à assurer la scolarité. Selon les parents concernés par ces cas, ils parvenaient auparavant à assurer parfaitement la scolarité des enfants. En dehors de ces cas, les paysans manifestent dans l'ensemble de l'intérêt pour l'éducation des enfants. Ils expliquent leur investissement dans l'école en dépit des difficultés qu'ils rencontrent en ce moment, par leur volonté d'apporter des solutions durables aux crises récurrentes qui secouent l'activité agricole. Les propos de l'un des paysans d'Abrobakro expliquent bien cet état de fait : « Ce n'est pas maintenant que nous avons compris l'importance de l'école. Nous sommes maintenant à la troisième crise de l'ananas et il nous faut comprendre que la solution n'est pas dans l'agriculture. Chacun de nous a envie de sortir un jour de ces calvaires. C'est pour ça que malgré le départ des manœuvres, nous sommes obligés d'envoyer les enfants à l'école. Tant qu'on aura les moyens de le faire, l'éducation va occuper une place prépondérante dans nos dépenses. » Cette tendance à privilégier la famille nucléaire s'inscrit dans l'analyse de Dabiré (2007) lorsqu'il fait remarquer que « La migration serait, sur un plan micro, une réponse individuelle aux déséquilibres des rémunérations du travail entre régions ou pays ». Ambrosetti et Tattolo (2008) abondent dans le même sens lorsqu'ils expliquent à partir de la théorie économique néoclassique qu'en migrant, l'individu prend des décisions visant à l'optimisation de son propre bien-être : « Au niveau micro, l'émigration constitue un fait personnel de l'individu qui entend de cette façon à maximaliser son propre revenu dans le cadre d'un bilan positif coûts/bénéfices concernant le transfert ».

En contribuant au renforcement des capacités des membres de la famille nucléaire, l'importance accordée à l'éducation apparaît comme une volonté des paysans à trouver des solutions durables à la crise. Toutefois, cela s'oppose au principe collectif de la migration qui commande une aide accrue des migrants à l'endroit des autres membres de la grande famille. Les exigences de la scolarisation dans un contexte où la crise ne permet plus de disposer d'assez de moyens, influencent les relations entre les migrants et les parents. Bien que les paysans se soient inscrits dans une logique salutaire, il n'en reste pas moins que la scolarité des enfants renforce les difficultés de transférer de l'argent, comme le dit un paysan de Samo : « L'école demande beaucoup plus de moyens mais nous sommes aujourd'hui obligés de faire le choix entre envoyer de l'argent et s'occuper de l'éducation de nos enfants. Très souvent, l'école est privilégiée et les contraintes de voler au secours de nos parents qui sont restés deviennent grandes. » Sur cette base, les migrants seraient en train de privilégier les intérêts de la famille nucléaire au détriment de ceux qui sont restés au pays. Pourtant, d'après Mahamadou (2003), aux premières crises agricoles au niveau national, la réaction des migrants burkinabè a été différente de celle des ivoiriens : « Contrairement aux autochtones, les immigrés burkinabés n'ont pas adopté une stratégie de sortie de l'économie rurale par la scolarisation massive des enfants. » Mais, la plupart estiment qu'ils n'ont pas encore la solution à leurs problèmes. Ne pas tenir leur engagement vis-à-vis de la grande famille, devient pour eux le début d'une nouvelle crise à laquelle, il faudra faire face. « Nous allons retourner tôt ou tard au pays. Et comment allons-nous regarder les parents ? Eux-aussi, ils ont leurs besoins et souvent plus grands que les nôtres, ici. Cela signifierait que nous n'avons plus de racine. Nous ne pouvons pas vivre longtemps dans cette situation », témoigne l'un des paysans. Les migrants sont toujours à la recherche de solutions car ils considèrent qu'« elles ne seraient pas dans la réduction des relations avec la base ». S'il semble que la majorité des paysans comptent résoudre le problème de la baisse de leur revenu par l'école, il en existe qui veulent y arriver par d'autres chemins.

Certains investissent désormais dans le secteur informel. Ils envoient leurs enfants en ville pour trouver du travail dans divers métiers (menuiserie, mécanique, conduite, etc.). Ce sont des raccourcis que ces paysans prennent pour réduire les charges du ménage. En effet, dans l'informel, les enfants parviennent à se prendre rapidement en charge tout en faisant face à certains besoins de la famille. Les petits métiers prennent de plus en plus de l'importance dans la ville du fait de la crise agricole à Bonoua (Oura, 2010). Beauchemin et Schoumaker (2004) affirment que « Plusieurs auteurs font … remarquer que la migration rurale-urbaine peut avoir des effets favorables sur la performance économique du pays, sur le bien-être des migrants et même sur les populations rurales ». Mais, dans ce cas qui nous occupe, l'aide ne sera-t-elle pas destinée aux ménages burkinabè de Bonoua plutôt que de prendre le chemin du Burkina Faso ? En effet, la propension des parents à encourager leurs enfants à apprendre très tôt un métier est encore une preuve que les paysans ne parviennent plus à répondre à certains besoins des familles. Bref, la région ne présente plus les conditions de satisfaire aux besoins sans cesse croissants des ménages. En fin de compte, il est à craindre dans les années à venir un délestage démographique dans les campagnes de Bonoua. Les facteurs sont l'importance accordée à l'école, la tendance des déscolarisés à s'adonner aux activités informelles et la migration de certains paysans causée par les contraintes foncières.

## CONCLUSION

Après la crise de l'ananas, les burkinabè ne produisent que le manioc dont les revenus sont moins importants. Le recours au manioc semble ne pas avoir suffisamment résolu le problème. Les conditions de vie des migrants se détériorent progressivement et cela est ressenti sur les rapports migrants/parents. La crise de l'ananas réduit les relations habituelles entre membres de familles migrantes mais crée progressivement des conditions pour ces allogènes de rechercher des solutions durables aux crises agricoles. Cette communication met non seulement en relief les capacités des paysans à surmonter les crises agricoles mais aussi révèle l'existence d'un rapport étroit entre la conjoncture économique dans le pays d'accueil des migrants et la capacité qu'ils auront à soutenir les parents laissés au pays. Pour ne pas faire suffisamment d'économie à Bonoua, la zone d'accueil, les planteurs burkinabè ne parviennent plus à répondre aux besoins de leurs familles. Mais dans cette mauvaise passe, la majorité positionne l'éducation comme l'une des charges primordiales auxquelles il faut faire face.

## BIBLIOGRAPHIE

AMBROSETTI E., TATTOLO G., 2008 : « Le rôle des facteurs culturels dans les théories des migrations », *Démographie et cultures*, Actes des colloques de l'AIDELF, p.3-16.

BEAUCHEMIN C., SCHOUMAKER B., 2004 : « La migration vers les grandes villes au Burkina Faso. Le développement des régions d'origine a-t-il un impact ? », Université catholique de Louvain, Département des Sciences de la Population et du Développement, Document de Travail n° 21, Décembre 2004.

BLION R., BREDELOUP S., 1997 : « La Côte-d'Ivoire dans les stratégies migratoires des Burkinabè et des Sénégalais », in *Le modèle ivoirien en questions*, 1997, pp. 707-737.

CHALEARD J-L., 1996 : *Temps des villes, temps des vivres. L'essor du vivrier marchand en Côte d'Ivoire*, Collection « Hommes et Sociétés », Éditions Karthala.

DABIRÉ B., ILBOUDO F., 2004 : *Etude sur les statistiques des migrants aux Burkina Faso, Migration de la main-d'œuvre pour l'intégration et le développement en Afrique de l'Ouest*, Projet OIT – UE *RAF/02/M12/EEC*, décembre 2004.

DABIRÉ B., 2007 : « Les Déterminants Familiaux de l'Emigration Rurale au Burkina Faso », *African Population Studies* Vol.22 n°1/Etude de la population africaine vol. 22 n° 1, 2007, pp. 107-135.

DAFFÉ G., 2009 : « Les transferts d'argent des migrants sénégalais : entre gains de bien-être et risques de dépendance », Globelics, 7ème Conférence internationale, 2009, 6-8 Octobre, Dakar, Sénégal.

HAUHOUOT A., 2002 : *Développement, aménagement, régionalisation en Côte d'Ivoire*, Abidjan, Editions Universitaires de Côte d'Ivoire (EUCI).

KOUAKOU N., 1999 : *Analyse économique des transferts inter ménages : le cas de Bonoua*, Rapport de stage, ENSEA, Abidjan.

MAHAMADOU Z., 2003 : « La diaspora burkinabé en Côte d'Ivoire : trajectoire historique, recomposition des dynamiques migratoires et rapport avec le pays d'origine », *Politique africaine* n° 90 - juin 2003, pp. 113-126.

MINISTERE DE L'ECONOMIE ET DES FINANCES (MEF)- BURKINA FASO, 2000 : *Politique nationale de population du Burkina Faso*, Révision n°1, Décembre 2000.

OURA R., 2010 : *Agriculture et urbanisation : le cas de Bonoua,* Thèse de doctorat unique en géographie, Université d'Abidjan-Cocody.

OURA R., 2012 : « Crise de l'ananas et reconversion à la culture du manioc dans la sous-préfecture de Bonoua », *Les lignes de Bouaké-La-Neuve*, n°4, 2012, pp. 128-151.

YOUNOUSSI Z., 2008 : « Emigration internationale et pauvreté au Burkina Faso : Qui reste, qui part et qui retourne ? », Chaire Quetelet, Louvain la neuve, 2008.

YOUNOUSSI Z., PICHÉ V., 2003 : « Migration et emploi urbain : le cas de Ouagadougou au Burkina Faso », *African Population Studies* Vol.20 n°1/Etude de la population africaine vol. 20 n° 1, 2003, pp. 69-87.

## *Chapitre 6*

# Les dynamiques migratoires ouest-africaines comme facteurs de structuration des pêches maritimes en Afrique centrale : le cas du Gabon

Guy-Serge BIGNOUMBA

## INTRODUCTION

*« Les migrations de pêche constituent un phénomène ancien dans l'histoire du littoral ouest-africain. Elles sont même une des formes de peuplement de ces États ... »* (Diop, 2004, p.14). Ce constat, propre à l'Afrique de l'Ouest, s'applique également à l'Afrique centrale où les dynamiques migratoires dues à la pêche maritime artisanale sont une réalité ancrée profondément dans l'histoire de ces pays.

Confronté à la désaffection de son secteur halieutique maritime par les populations autochtones au profit des pêcheurs migrants, le Gabon se trouve face à ce que Delauney (1989) considère, au-delà de la gravité sémantique, comme une forme de « colonisation halieutique » en évoquant le cas ivoirien. Si la pêche artisanale reste dominée principalement par les migrants ouest-africains (Bénin, Togo, Nigeria, Ghana) et plus modestement par ceux d'Afrique centrale (Sao-Tomé &

Principe, Cap-Vert), la pêche industrielle demeure, quant à elle, sous l'emprise asiatique et européenne[18].

La pêche artisanale, centre d'intérêt de la présente réflexion, place les pêcheurs migrants en position dominante sur l'ensemble des activités de la filière, depuis la capture jusqu'à la distribution via la transformation des produits. De par leur omniprésence, ils se positionnent comme principaux acteurs de structuration de la pêche artisanale, dont ils façonnent l'organisation spatiale, technologique, sociale et économique.

La première partie donne un aperçu de la pêche maritime artisanale au Gabon. Elle retrace les quantités débarquées, le nombre de pêcheurs, le type de pirogues ainsi que la nature de certaines techniques de pêche. La seconde s'intéresse à l'influence des migrants dans la structuration de la pêche maritime artisanale, au travers de leurs aménagements, leur apport technologique et leur organisation socio-économique.

## APERÇU DES PÊCHES MARITIMES ARTISANALES AU GABON

Les pêches artisanales maritimes au Gabon sont dominées par trois faits majeurs : un faible volume de mises à terre, une pénurie de main-d'œuvre locale, des moyens techniques limités. À cela s'ajoute une faible organisation de la filière, aussi bien au niveau institutionnel que socio-professionnel.

---

[18] Chine, Japon, Union Européenne

# Volume, évolution et distribution spatiale des captures artisanales

Le Gabon dispose d'un potentiel de ressources biologiques marines estimé à 770 tonnes[19]. Il se compose de 630 000 tonnes de poissons pélagiques, 140 000 tonnes de poissons démersaux, 2000 tonnes de crevettes et 150 tonnes de langoustes. Les captures enregistrées sur la période 2001-2010, comprises annuellement entre 26 000 et 46 000 tonnes, sont moindres en regard des disponibilités. La pêche artisanale y contribue, chaque année, pour près des trois quarts du volume total des prises (Fig.1)[20].

Fig. 1. Débarquements de la pêche industrielle et artisanale maritime, de 2001 à 2010

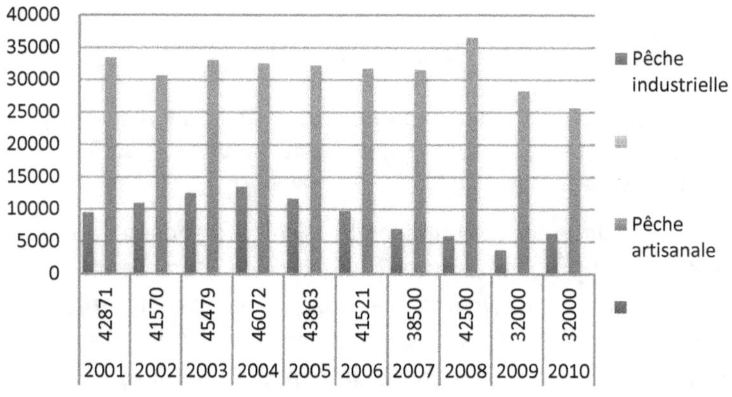


**Sources** : FAO/DGPA, 2010

L'évolution des apports n'est pas linéaire. Elle laisse apparaître une forte tendance à la baisse des captures à partir

[1919] Ce potentiel ne concerne que les ressources animales.

[20] Même en intégrant les captures, non débarquées au Gabon, issues des bateaux de l'Union Européenne et du Japon, la contribution de la pêche artisanale à la production halieutique reste prépondérante.

de 2006 et une hausse spectaculaire en 2008 avant de chuter à nouveau en 2010 (Fig.2). Cette évolution en dents de scie est à verser au passif des perturbations qu'a connu la pêche maritime artisanale suite à la destruction de plusieurs villages de pêcheurs par l'administration en 2002 (Sindzi, 2007).

Fig. 2. Evolution de la production artisanale, de 2001 à 2010
(en tonnes)

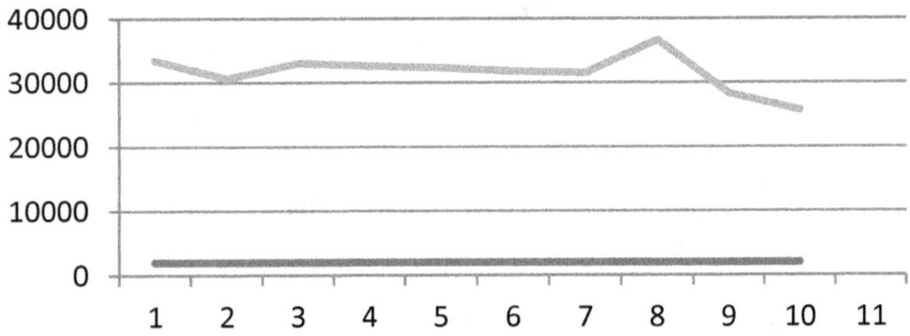


*Sources : DGPA, 2011*

La répartition des captures est inégale sur l'ensemble du territoire national, l'Estuaire dominant nettement sur l'Ogooué Maritime et la Nyanga (Fig.3).

Si l'Ogooué-Maritime et la Nyanga disposent de stocks plus importants, notamment au sud de Port-Gentil où les phénomènes d'upwelling favorisent la prolifération des espèces pélagiques, leurs captures demeurent cependant limitées à cause d'un marché de consommation étroit et peu incitatif. En revanche, l'Estuaire s'appuie sur Libreville, capitale administrative et politique du pays, ville la plus peuplée du Gabon, et plus grand centre de consommation, pour concentrer un surcroît de pêcheurs (Fig.4) et enregistrer des débarquements supérieurs à ceux des autres provinces.

Fig. 3. Distribution provinciale des captures artisanales en 2010

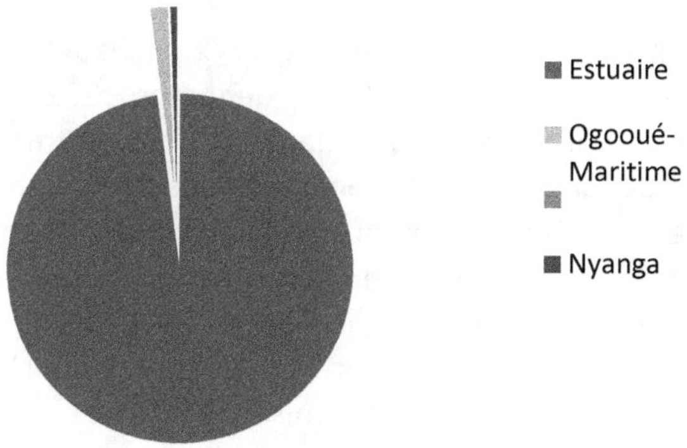


**Source** : DGPA, 2011

Fig. 4 Répartition provinciale des pêcheurs artisans en 2010

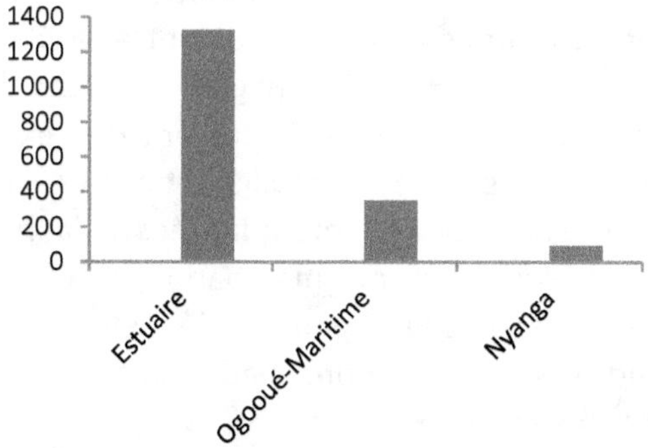


*Source : Rapport d'activité 2010 du Ministère de l'Agriculture*

## Nombre, nationalités et répartition géographique des pêcheurs

En 2010, il a été enregistré 1772 pêcheurs dans la pêche artisanale (DGPA, 2010). On y dénombre 231 femmes, qui travaillent principalement dans la transformation et la commercialisation du poisson. Quelques-unes d'entre elles, de l'ethnie Idjo (Nigeria), épouses de pêcheurs pour la plupart, s'adonnent à la capture pendant que les époux restés à terre se chargent d'administrer le foyer. Cette pêche féminine a pour cibles, de petites crevettes (*Panaeus notialis*) par la suite séchées ou fumées avant leur mise en marché.

Les Gabonais occupent une place marginale dans la pêche maritime. Les enquêtes faites sur le terrain et les déclarations des pêcheurs indiquent que les nationaux ne constitueraient qu'à peine 10 % des effectifs globaux. Ces derniers s'affirment davantage comme propriétaires de pirogues que comme marins pêcheurs proprement dit. Cette marginalité résulte de leur faible tradition maritime (1995), bien que certains auteurs soutiennent le contraire. C'est le cas d'Ambouroué-Avaro (1981), qui souligne que dès le XV$^{\text{ème}}$ siècle, les Orungu du Cap-Lopez effectuaient des expéditions régulières entre Port-Gentil et Libreville à bord de kokongos, pirogues de fabrication locale, fort adaptées à la navigation maritime pour le transport de marchandises. C'est le cas également de Chauveau (1991), pour qui les Vili de Mayumba, à l'extrême sud-ouest du Gabon, s'adonnaient à la pêche maritime au XIV$^{\text{ème}}$ siècle.

Qu'il s'agisse des Orungu ou des Vili, cette tradition maritime n'a pas réussi à s'imposer et à se terrer dans les pratiques sociales. Elle n'a pas pu constituer une classe de navigateurs ou de marins pêcheurs en nombre suffisant et capables de rayonner au-delà du littoral, en attirant vers eux les populations de l'hinterland.

Si l'hypothèse d'une concurrence exacerbée des industries littorales (pétrole et bois), plus rémunératrices et mieux valorisées peut être convoquée pour justifier la marginalisation de la pêche maritime chez les Gabonais, le sous-peuplement du pays et les besoins en main-d'œuvre dans les secteurs économiques émergents au sortir de la colonisation, n'a pas permis de libérer suffisamment de bras au bénéfice de cette activité. Cela a favorisé l'entrée de pêcheurs migrants, dans un secteur d'activités laissé quasiment à l'abandon par les nationaux.

## Nombre, types et répartition géographique des pirogues

Il a été recensé 763 pirogues en 2011 (DGPA, 2011) dont 613, soit 80%, étaient motorisées. Les pirogues, généralement de type monoxyle, c'est-à-dire façonnées à partir d'un tronc d'arbre évidé, sont d'un équipement sommaire. Ce fort taux de motorisation ne peut cependant masquer le faible rayon d'action et l'autonomie limitée qui caractérise les embarcations. Les pirogues ne sont équipées d'aucun instrument de navigation, de communication ou de manutention, ce qui les contraints à évoluer en rase côtes et condamne l'équipage à user de la force des bras pour l'exécution de tous les actes de pêche à bord.

La motorisation a permis d'affranchir les pêcheurs de l'usage de la rame, en même temps qu'elle est à l'origine d'une réduction du temps mis pour joindre les lieux de pêche ou regagner le village. Là où il fallait des heures pour atteindre la pêcherie, quelques minutes suffisent désormais. Les pêcheurs peuvent ainsi, en période d'abondance, effectuer plusieurs rotations dans la journée pour maximiser leurs captures. Indéniablement, la motorisation a permis une économie de temps, un accroissement des rendements et une amélioration de la rentabilité des opérations de pêche à partir du moment où les marées sont devenues plus courtes, moins pénibles, plus nombreuses et plus prolifiques.

Si l'essentiel des captures marines gabonaises provient de la pêche artisanale, le rôle central joué par les pêcheurs migrants dans l'organisation spatiale, technologique, économique et sociale de cette filière halieutique doit être fortement acté.

# RÔLE DES PECHEURS MIGRANTS DANS LA STRUCTURATION DES PECHES ARTISANALES MARITIMES AU GABON

Les pêcheurs migrants exercent une domination quasi absolue sur la pêche maritime artisanale. Ce qui conforte leur présence dans les dynamiques spatiales, sociales, technologiques et économiques qui structurent ce secteur d'activités.

## La structuration spatiale

L'organisation spatiale de la pêche artisanale donne lieu à un ensemble d'aménagements opérés par les pêcheurs migrants. L'objectif visé est l'amélioration de leur cadre de vie et la création d'un cadre favorable à leurs activités. Le choix d'un site d'implantation de leurs propres villages ou quartiers apparaît prioritaire. Cette tendance à l'isolement fait partie des comportements les plus caractéristiques des communautés de pêcheurs artisans dans de nombreux pays, comme en France (Rieucau, 1996). Dans le cas du Gabon, les pêcheurs s'installent généralement à la périphérie des villes (Libreville, Port-Gentil, Mayumba, Cocobeach), dans des zones non viabilisées, parfois même insalubres[21]. Le manque d'espace dans le périmètre urbain intra-muros et l'hostilité du voisinage à l'égard des pêcheurs dont les activités sont jugées encombrantes, voire inconvenantes, enclin les pêcheurs à la quarantaine. Il s'en suit une forme *d'ethnicisation* territoriale, c'est-à-dire une appropriation de l'espace par les communautés de pêcheurs migrants, similaire à celle vécue à Miami aux États-Unis, du fait de la *caribéanisation* de cette ville (Audébert, 2008).

Les pêcheurs recherchent prioritairement les abords des cours d'eau (mer, lagune, fleuve, rivière). Ce qui permet l'accostage des pirogues à proximité de leur lieu d'habitation, situé lui-même à portée du lieu de travail que constitue la nappe d'eau. Cette localisation répond à des impératifs de sécurité et de confort. Le pêcheur peut ainsi garder un œil vigilant sur son matériel de pêche, dans un milieu où les vols de moteurs sont légion. Il se préserve également du port, sur une longue distance, de son moteur hors-bord en rentrant de pêche ou au moment de prendre la mer.

Si la proximité d'un cours d'eau offre des avantages certains au pêcheur, elle peut, dans certaines conditions, constituer un obstacle pour l'administration si le village est isolé ou difficile d'accès. Dans ces conditions, il devient difficile de mener les opérations de contrôle sur le terrain, notamment pour la collecte des données sur les captures, le matériel utilisé, le nombre de pêcheurs, etc. Moka et Nendé, deux villages de la province de l'Estuaire, qui se trouvent dans ce cas n'enregistrent presque jamais la présence de l'administration.

Les autres aménagements concernent les sites de débarquement des produits de pêche. Les infrastructures y sont des plus sommaires, et ne donnent lieu à aucun investissement d'envergure. Le sarclage de l'espace identifié

---

[21] Des années durant, « Grande Poubelle » et « Petite Poubelles » furent des villages de pêcheurs parmi les plus actifs de l'agglomération librevilloise. Ces villages ont été détruits en 2009 par l'administration pour des raisons de sécurité.

ou le taillage de quelques arbustes suffisent à garantir l'accueil des pirogues et à organiser les transactions. Lorsque le village s'étend en bordure de mer, les pêcheurs peuvent se contenter de hâler la pirogue sur la plage où s'effectue également la vente des produits.

On reconnaît les villages à certains faits, comme la forte odeur de poisson fumé qui accueille les visiteurs à leur abord. Ce fumet particulier provient des nombreux fumoirs à poisson autour desquels s'affairent des femmes exposées à la fumée. Des fagots et amas de sciure de bois, qui servent de combustibles, s'entassent à proximité des foyers tandis que d'imposantes pièces de poisson salé sont exposées au soleil. Par petits groupes, des pêcheurs tentent de remettre en marche des moteurs hors-bords ou s'occupent à la réparation de leurs filets.

Les conditions de vie à l'intérieur des villages sont pour le moins précaires, à en juger par l'inexistence des infrastructures publiques et sociales de base, notamment de santé, d'éducation ou d'adduction d'eau. Sauf en de rares exceptions, les maisons sont construites à partir de matériaux de récupération. Un minimum d'espaces de rencontres ou de convivialité, tels que les lieux de culte, bistrots, échoppes, restaurants, etc., complètent ce paysage aux allures de ghetto.

## La structuration technologique

L'arrivée massive des pêcheurs migrants au Gabon s'est accompagnée d'un apport significatif en matière de technologies des pêches, notamment en termes d'embarcations (photo 1) ou de techniques de pêche au filet. Le « tiré-tiré » et la senne de plage, deux engins de capture caractéristiques de l'Afrique de l'Ouest, dominent ainsi le paysage halieutique gabonais depuis plusieurs décennies (Bignoumba, 1995).

Importées du Ghana et du Bénin, les pirogues mesurent quatorze mètres au minimum, et peuvent transporter jusqu'à seize personnes. Les pirogues sont robustes et d'une grande stabilité grâce à leur fond incurvé. Elles sont surmontées, de chaque bord, par des bordages cloués ou cousus qui s'inclinent vers l'extérieur pour faire gagner la pirogue en stabilité et en profondeur. Les pirogues portent des *ex-votos* peints ou gravés, qui les distingue des modèles gabonais et témoignent de leur caractère culturel au travers de ce système de codification et de valeurs.

La senne tournante s'utilise à partir d'une pirogue de type ghanéen. Cette technique importée d'Afrique de l'Ouest consiste à mouiller à l'aveugle le « tiré-tiré », afin d'encercler un éventuel banc de poisson en comptant sous l'effet de surprise. Une fois mis à l'eau, le filet y est vite retiré, ce qui donne sens à l'expression « tiré-tiré ». C'est une technique très aléatoire, correspondant à *« une pêche aveugle vivant d'un poisson de rencontre fortuite »* (Seinoubi-Fezan, 1987).

Photo 1. Pirogue d'origine ouest-africaine

Ce modèle, pris à Port-Gentil, illustre parfaitement la morphologie des pirogues ouest africaines. On identifie aisément la partie basale, surmontée de bordages qui donnent à la pirogue sa robustesse pour la faire gagner en stabilité. *Cliché : Bignoumba, 2012*

La pêche à la senne de plage est aussi originaire d'Afrique de l'Ouest. Elle se pratique à cheval entre terre et mer et implique jusqu'à une vingtaine de personnes. Le filet est mouillé en arc de cercle puis est ramené à terre pour y être vidé. C'est une technique nuisible à l'environnement et contraire aux principes d'une pêche responsable. Elle détruit la flore sous-marine et n'épargne aucune espèce, ni même les juvéniles. Elle contribue à la dégradation des herbiers, qui servent de nourriture et de refuge à certains poissons. Cette technique est d'autant plus nocive qu'elle vise généralement une certaine rentabilité financière, ce qui conduit à une répétition de l'effort de pêche sur des territoires ciblés.

## La structuration sociale

Les pêcheurs migrants s'organisent en communautés villageoises, sur la base de critères ethniques, linguistiques ou de nationalité[22], avec reproduction du modèle d'organisation sociale de leur pays d'origine. Il s'agit de sociétés très hiérarchisées, au sein desquelles cohabitent les systèmes de gouvernance administrative en vigueur au Gabon avec les formes de gestion traditionnelle propres à chaque communauté.

Quelle que soit la communauté, l'organisation sociale de base se structure autour d'un chef choisi parmi ses pairs sur la base d'une pluralité de critères : charisme, ancienneté dans le pays, leadership religieux ou économique, etc. Les missions du chef vont du règlement des conflits au sein de la communauté à l'intermédiation auprès des autorités politico-administratives du Gabon. Chaque communauté organise en son sein diverses formes de solidarité : accueil, assistance aux indigents, malades, soutien financier, etc. La plus courante est la tontine, c'est-à-dire un système de prêt financier sans intérêt, dont bénéficie à tour de rôle, sur une base mensuelle, trimestrielle ou annuelle, chaque adhérant au prorata de ses cotisations. La

[22] C'est le cas de Matanda à Port-Gentil, Bana à Mayumba ou de Moka à Cocobeach, occupés majoritairement par des Béninois ou Nigerians.

tontine constitue pour de nombreux pêcheurs, la principale source de financement de leurs activités, étant donné les difficultés d'accès aux banques eu égard à la complexité des formalités administratives et des contraintes liées aux conditionnalités.

La communauté est le meilleur cadre de socialisation des pêcheurs migrants. Elle constitue également un cordon de sécurité face aux aléas et contraintes de la vie à l'étranger, rythmée ici par les activités halieutiques : pêche proprement dite, montage et réparation des filets, entretien des moteurs hors-bords, transformation et commercialisation des produits de pêche, etc.

Les villages ressemblent à des enclaves sociales, à cause de leur isolement spatial et social ainsi que de l'absence quasi permanente de l'État. L'insalubrité ambiante ainsi que la pénurie des équipements sociaux de base maintiennent les pêcheurs dans un état de précarité persistante. Leurs conditions d'existence dépendent des actions individuelles ou collectives des membres de la communauté pour améliorer leur quotidien : construction des écoles, dispensaires, lieux de culte, etc. Délaissés par les pouvoirs publics, de nombreux villages de pêcheurs sont devenus des zones d'insécurité et de non-droit, où même les chefs traditionnels ne peuvent y maintenir l'ordre. En 2009, l'État a du détruire plusieurs villages à Owendo, dans la banlieue sud de Libreville[23]. Elle invoquait le fait que ceux-ci étaient devenus des bases arrière du grand banditisme et, non sans une certaine réalité, des points de chute pour immigrés clandestins.

---

[23] Sindzi, *op.cit.*

## La structuration économique

L'organisation économique de la filière artisanale révèle le rôle majeur joué par les femmes, surtout par les femmes de pêcheurs. Si l'essentiel des opérations de capture incombe aux hommes, certaines communautés ethniques acceptent de voir les femmes s'adonner à la pêche. Le mareyage, la vente au détail ainsi que la transformation des produits sous forme salée, séchée ou fumée relèvent par contre du domaine quasi exclusif des femmes.

Les femmes interviennent également comme bailleurs de fonds, y compris auprès de leurs époux de pêcheurs. Elles assurent l'achat du matériel de pêche et reçoivent en priorité, à des prix préférentiels, tout ou partie de la pêche jusqu'à épurement de la dette. Cette formule « gagnant-gagnant » permet aux mareyeuses de sécuriser leurs approvisionnements et aux pêcheurs d'assurer l'acquisition ou le renouvellement de leur outil de travail.

# CONCLUSION

Les pêcheurs migrants ont su, depuis des décennies, façonner la pêche artisanale maritime gabonaise par leur apport technologique et leur mode d'organisation socio-économique. Ils s'y sont investis pleinement en tirant avantage du désintérêt affiché par les populations autochtones à l'égard de la pêche maritime.

Si l'apport des pêcheurs migrants est incontestable dans le développement de la pêche maritime artisanale, l'on ne peut cependant ignorer le fait que ces derniers apparaissent également comme des agents de déstructuration. Certes des communautés de pêcheurs se sont installées le long des côtes gabonaises, certaines depuis le XIX$^{ème}$ siècle (Roux, 1950), y fondant mêmes des familles au contact des autochtones. Pour autant, ces groupes socio-professionnels se caractérisent par leur forte mobilité et instabilité professionnelle. De nombreux pêcheurs ne séjournent que fort peu de temps dans la pêche, qu'ils considèrent comme un palliatif en attendant de trouver mieux. De fait, toutes les initiatives et actions de formation, d'encadrement et d'appui multiforme, en vue du renforcement de leurs capacités par les pouvoirs publics, partenaires au développement ou Organisations Non Gouvernementales (ONG) s'avèrent peu efficaces du fait de cette instabilité.

Par ailleurs, un grand nombre de pêcheurs fait peu cas des lois régissant la pêche au Gabon. Beaucoup ne possèdent pas de carte de pêcheur, ne respectent pas les périodes de repos biologique, fréquentent des zones de pêche non autorisées, font appel à des engins de capture et à des technique de pêche prohibés. La dispersion des villages de pêcheurs, leur accès difficiles et le faible nombre des agents de l'administration sur le terrain ne permettent pas de suivre les pêcheurs et de les contrôler efficacement. Comme c'est le cas dans de nombreux pays, « *les pêcheurs migrants ont une mentalité de prédateurs, épuisant les fonds de pêche puis en cherchant de nouveaux. Ils ne peuvent concevoir une limitation au droit d'accès à la ressource. La conquête de nouveaux espaces constitue leur ressort* » (Cormier-Salem, 1989). Les migrations sont également source de conflits entre pêcheurs migrants et pêcheurs autochtones pour le contrôle des zones de pêches ou des divergences dans leurs pratiques professionnelles.

Malgré tout, la pêche maritime gabonaise ne peut prétendre à aucune existence, à court et moyen terme, sans la présence des pêcheurs migrants, qui ont su investir ce secteur d'activités, avec une forte capacité de transfert de technologies et de compétences en direction des Gabonais. Aucune politique des pêches ne peut être pour l'heure envisagée sans les associer fortement. Ils constituent la clé du succès ou la cause de l'échec des politiques des pêches visant le développement durable.

Les stratégies de développement du secteur des pêches appellent une plus forte implication des migrants à la gestion des pêches, notamment au travers des Comités de Gestion des Pêcheries (CGP)[24], qui constituent des cadres de concertation entre l'administration et les pêcheurs. De même que devrait être suspendu à titre conservatoire, le principe cardinal d'une zone de pêche réservée aux nationaux, c'est-à-dire ceux qui brillent par leur absence ou leur faible capacité de capture.

Aujourd'hui, les pêcheurs migrants ne sont dotés d'aucune force politique, c'est-à-dire élective. Le groupe apparaît davantage fragilisé. La destruction des villages de pêcheurs était une opération d'autant plus aisée que ses initiateurs ne pouvaient craindre aucune action de représailles ou sanction électorale. Aussi, s'agit-il de réhabiliter les pêcheurs au nom du caractère stratégique de leur activité dont la contribution au développement socio-économique du Gabon est indéniable.

## BIBLIOGRAPHIE

AMBOUROUE-AVARO J., 1981 : « Un peuple gabonais à l'aube de la colonisation : le Bas Ogowè au XIX$^{e}$ siècle », Paris, Karthala.

BIGNOUMBA G. S., 1995 : *La pêche maritime au Gabon : contribution à l'étude géographique d'une activité secondaire dans un pays tourné principalement vers l'exploitation de ses ressources continentales*, Thèse de Doctorat de Géographie, NR, Université de Nantes.

CHAUVAU J.-P., 1991 : « Les variations spatiales et temporelles de l'environnement socio-économique et l'évolution de la pêche maritime artisanale sur les côtes ouest-africaines. Essai d'analyse en longue période (XV$^{e}$-XX$^{e}$ siècles) »,

[24] Vingt CGP pilotes ont été mis en place sur l'ensemble du territoire national.

*Pêcheries ouest-africaines : variabilité, instabilité et changement*, Paris, Ouest Editions.

CORMIER-SALEM M. C., 1991 : « Pêcheurs migrants et paysans-pêcheurs : deux modèles de gestion de l'espace irréductible », in *La recherche face à la pêche artisanale*, Symp.Int., ORSTOM-IFREMER, Montpellier, 3-7 juillet 1989, J.-R. Durand, J. Lemoalle et J. Weber (eds). Paris, ORSTOM, 1991, t.II :621-629

DELAUNEY K., 1989 : « Approche historique de l'expansion des pêcheurs ghanéens (Fanté et Ewé) sur le littoral ivoirien », *Actes du Colloque « La recherche face à la recherche artisanale*, Montpellier, ORSTOM, pp.1005-1018

DGPA, 2011 : *Rapport annuel statistiques des pêches*, inédit, np.

DGPA, 2011 : *Rapport d'activités 2010*, Libreville.

DIOP O., 2004 : Migrations et conflits de pêche le long du littoral sénégalo-mauritanien : le cas des pêcheurs de GuetNdar de Saint-Louis (Sénégal), *Recherches Africaines* [en ligne], N° 03-2004, 3 octobre 2004, Disponible sur internet : http://www.recherches-africaines.net/document

RIEUCAU J., 1996 : « Sociétés maritimes et sociétés littorales : quelle maritimité », *La maritimité aujourd'hui*, ss. La dir. PERON Françoise et RIEUCAU Jean, L'Harmattan, Paris, pp.29-51

ROUX C., 1950 : « Les principaux engins de pêche et les pêcheries de côtes de l'A.E.F. », *Actes du Congrès des Pêches et des Pêcheries dans l'Union Française Outre-Mer*, Marseille, Institut Colonial de Marseille, pp. 192-195

SEINOUBI FEZAN J., 1987 : *Les riverains francophones du Golfe de Guinée et le droit international de la mer : un exemple de politique maritime des États africains*, thèse de Doctorat en droit, Univ. De Nantes.

SIMON G., 2008 : « La caribéanisation de Miami : l'exemple des quartiers haïtiens », *Migrants et migrations du monde*, dossier n°8063, mai-juin 2008, Paris, La Documentation Française, pp.34-35

SINDZI SOMBANGOYE P., 2007 : *La destruction des villages de pêcheurs artisans à Owendo et son impact sur l'activité halieutique*, Mémoire de Maîtrise de Géographie, Libreville, Université Omar Bongo.

*Deuxième Partie*

# Retours, remises de migrants et dynamisation des liens migration et développement dans les Afriques de l'Ouest et du Centre

## *Chapitre 7*

# Transferts d'argent et investissements économiques : part de la famille et expérience des Congolais installés en Europe

Albert PHONGI, Crispin MABIKA MABIKA

## INTRODUCTION

La dynamique familiale est à l'origine de plusieurs projets migratoires dans le contexte des sociétés du Sud. La sélectivité migratoire dans ces pays pauvres justifie en partie le départ en migration des plus aptes, compétents, ambitieux et matériellement plus aisés (Martin, 2004 ; Poveda, 2007 ; Ritcher et Taylor, 2008). Mais quelle relation peut-on établir entre dynamique de la famille d'origine du migrant et chances d'investissement de ce denier à partir de son pays de destination ? De manière générale, l'implication de la famille d'origine dans le départ en migration d'un de ses membres facilite le voyage, voire l'établissement dans la société d'accueil. L'expérience montre que cette dépendance peut se révéler contre-productive par la suite pour l'épanouissement du migrant, notamment en termes d'investissements. Il en résulte quelquefois un sentiment de dette morale, matérielle, psychologique inestimable à payer en plus des dettes financières. Le migrant ainsi assujetti devra envoyer régulièrement de l'argent à sa famille d'origine pour assurer la survie, créant ainsi une dépendance de cette dernière vis-à-vis des transferts d'argent. Ce faisant, le migrant voit entravés ses propres projets de réalisation.

L'argent transféré aux proches peut bien servir, selon l'intention du migrant, de fonds de démarrage d'une activité de production économique. Mais il n'est pas rare, dans le contexte des ménages démunis, d'affecter l'essentiel de cet argent transféré aux dépenses de consommation courante. Cette logique de « *transferts – consommation directe* »pose un problème du rôle effectif que joue la migration dans le développement des ménages d'origine. La structure et les conditions de ces derniers peuvent constituer un obstacle à la réalisation des projets d'investissements économiques ou productifs initiés par les migrants.

La présente communication cherche à établir une relation entre la dette morale présumée et souvent inestimable envers la famille d'origine et l'affectation des transferts d'argent effectués par les migrants vers la réalisation des projets d'investissements économiques. Il est généralement admis que l'amélioration du niveau de vie de la famille d'origine est à l'origine des interventions ponctuelles réalisées par les migrants en termes de transferts d'argent (Lucas et Stark, 1985 ; Wanner, 2008). En outre, dans la mesure où la migration relève d'une stratégie de survie au sein des familles pour répondre au mieux aux contraintes locales du milieu de départ, il se pose la problématique d'investissements véritables chez les migrants originaires des pays d'Afrique subsaharienne.

L'accès à plusieurs services sociaux nécessite le concours de la famille et des proches en Afrique subsaharienne. De manière plus ponctuelle, les membres de la famille peuvent être sollicités pour contribuer financièrement, matériellement ou moralement lorsque l'un de leurs membres doit migrer.

Cette sollicitation reste un aspect important qui traduit la solidarité familiale régissant encore les rapports sociaux dans plusieurs familles africaines (Dupont et Dureau, 1988 ; Gubert, 2000). Les avantages ou retours d'investissements d'une telle solidarité familiale ne sont plus à démontrer dans le cadre de la scolarisation et davantage dans le cadre de la migration internationale. Particulièrement pour la migration, des travaux récents indiquent que les retours d'investissements en termes de transferts fréquents et considérables d'argent sont très attendus de la part des migrants ayant bénéficié de l'aide familiale tout au long du processus de migration (Mangalu, 2011). Une telle dépendance des ménages d'origine justifiée en grande partie par le différentiel de niveau de vie entre le milieu de départ et le milieu de destination empêche, de la part du migrant, toute initiative véritable d'investissements (Wanner, 2008).

Deux idées centrales ressortent de ce qui précède. Tout d'abord, une trop grande implication de la famille dans le projet migratoire d'un des membres lie ce dernier à sa famille en matière des transferts considérables d'argent et même d'investissements. Ensuite, la seconde idée montre que la famille pourrait se passer presque de l'intention du migrant pour décider librement de l'affectation de fonds issus des transferts. Ces fonds seront souvent affectés à la consommation courante plutôt qu'à des investissements durables. Cette pratique est d'autant plus importante que le migrant a non seulement bénéficié d'un soutien considérable de la part de sa famille dans son projet migratoire, mais aussi qu'il est issu d'une famille pauvre. Cette communication qui cherche à expliquer le volume des investissements réalisés par les migrants congolais installés en Belgique et au Royaume-Uni. Elle répond à deux questions principales relatives tour à tour à l'implication familiale et au rôle du niveau de pauvreté de la famille d'origine dans les projets d'investissements. Ces deux questions principales se complètent par l'analyse du rôle joué par le genre dans les investissements des migrants dans leur milieu de départ.

## SURVIE DES MÉNAGES ET INVESTISSEMENTS DES MIGRANTS

Les transferts d'argent des migrants jouent aussi un rôle social très remarquable dans le sens de l'assurance-vieillesse et de la survie des membres de la famille d'une manière similaire à des prestations d'aide sociale (Zachariah, et al., 2001 ; Drinkwater, et al., 2003). Les auteurs évoquent la situation de Kerala où le rapport travailleur-population est de 55% dans les ménages n'ayant pas d'émigré tandis que ce rapport tombe à 31,6% dans les ménages ayant au moins un émigré (Zachariah, et al., 2001). Les membres des ménages ayant au moins un émigré comptent beaucoup sur l'apport des transferts d'argent et participent moins au marché de travail dans le pays d'origine. En outre, les auteurs rapportent que le taux de chômage est respectivement de 20,8% et 8,1% dans les ménages ayant au moins un émigré et ceux n'ayant aucun émigré.

Dans un contexte d'accès très limité au crédit financier dans les pays d'origine, l'argent envoyé par les migrants grâce au revenu de l'activité professionnelle dans le pays de destination contribuent, dans une certaine mesure, à constituer le capital financier nécessaire au lancement d'un investissement économique. Comme démontré précédemment ces flux financiers ne sont pas nécessairement utilisées pour accumuler du capital productif (Amuedo-Dorantes et Pozo, 2006 ; Martin, 1991 ;) et que, au contraire, ils favorisent la dépendance des ménages bénéficiaires (Amuedo-Dorantes et Pozo, 2006 ; Diaz-Briquetes, 1991 ;).

Chez les migrants dominicains résidant aux USA, les transferts importants d'argent, source potentielle de capitaux pour les investissements productifs n'ont pas permis de promouvoir l'activité d'entreprenariat dans les ménages bénéficiaires (Amuedo-Dorantes et Pozo, 2006).

Dans les pays en développement, les contraintes du marché local relatives notamment au manque des moyens de financement pour lancer des activités productives conduisent certains acteurs avisés à recourir à la migration internationale. Dans cette optique, pour réagir aux imperfections du marché en capitaux, certains ressortissants des pays du Sud migrent temporairement : ils vont travailler à l'étranger pour un salaire plus élevé, accumulent de l'argent, puis retournent au pays d'origine pour investir dans une petite entreprise. Dès lors, ils peuvent acheter du bétail, des terres agricoles ou initier d'autres activités productives (Djajic, 2010).

Même si la part allouée aux investissements productifs est maigre sinon négligeable (Pérouse de Montclos, 2008), il convient de noter que l'investissement immobilier est la réalisation la plus concrète en dehors de l'aide d'urgence accordée aux parents au moyen des transferts. À ce titre, «... *L'argent des migrants est d'abord utilisé pour assurer des dépenses de consommation dans l'alimentation, la santé et l'éducation. Les investissements immobiliers et productifs, eux, arrivent loin derrière et sont essentiellement financés par les immigrés les plus qualifiés, âgés de plus de 40 ans* » (Bourenane, 2007 cité par Pérouse de Montclos, 2008, 48).

Les transferts d'argent servent quelque peu de capital dans la mise en route des projets d'investissements initiés pas les migrants. Cela a été mis en évidence dans quelques études. C'est le cas d'une enquête auprès des entreprises en Albanie qui a mis en lumière qu'environ 17% de capital requis pour la création d'un business provenaient des transferts d'argent des migrants. Cela est une preuve qui suggère que les transferts de fonds peuvent être perçus comme un moyen pour faire face aux contraintes de financement de l'économie des pays d'origine (Drinkwater, 2003).

Mais de façon presque unanime, les auteurs reconnaissent que seule une faible proportion d'argent transféré par les migrants est affectée aux investissements (Glytsos, 1993 ; Durand, et al., 1996 ; Pérouse de Montclos, 2008 ; Daffé, 2008). Toujours est-il que dans quelques cas, les transferts de fonds ou les petites épargnes des migrants permettent à ceux-ci ou à leurs délégués de lancer des investissements économiques dans leurs pays d'origine. Dans cet ordre d'idées, il est constaté en Tunisie, par exemple, que la plupart des projets d'entreprise initiés par les migrants de retour ont été financés grâce à leurs propres économies (Mesnard, 1999).

Toujours en rapport avec l'origine des sommes d'argent investies par les migrants dans leur pays, des données récoltées sur les migrants de retour en Égypte ont mis en évidence que l'épargne des migrants et la durée de séjour dans le pays d'accueil augmentent la probabilité d'ouvrir une entreprise dans le pays d'origine. Cela est particulièrement vrai pour les migrants instruits (Mc Cormick et Wahba, 2001).

Tous les migrants ne vivent pas la même situation en termes d'intégration socioéconomique dans le pays d'accueil et n'auront pas forcement le même niveau de contribution à l'amélioration des conditions de vie des proches dans la société d'origine. La prise en compte du mode de migration, du degré d'installation à l'étranger, de la génération et du pouvoir financier différent dans le pays d'accueil peuvent expliquer l'investissement ou non des migrants (Dia, 2007).

Certaines études plus récentes notent que les transferts d'argent ne servent plus seulement à honorer le contrat informel familial entre le migrant et les membres de sa famille, mais aussi à financer des investissements économiques initiés personnellement par le migrant (Bounie, et al., 2010). Ces auteurs ajoutent même que, dans le contexte de certains pays d'Amérique latine et centrale où le système financier fonctionne convenablement, « *les transferts sont destinés au 'remboursement d'un prêt' contracté dans le pays d'origine, prêt qui finance pour la plupart du temps un projet immobilier»* (Bounie, et al., 2010).

Dans le contexte des immigrants mexicains aux USA, une étude a mis en évidence que seuls 14% des migrants dépensent une partie de leur revenu sur le logement alors que 76% de migrants ont déclaré que leur revenu n'est dépensé que dans la consommation (Durand, et al., 1996). Ces auteurs ont introduit une catégorisation dans les investissements ; ils ne considèrent pas l'investissement sur le logement comme un investissement économique puisque leur démarche se focalise sur les investissements productifs. Dans le même ordre d'idées, Glytsos (1993) rapporte que, du montant total renvoyé par les migrants en Grèce en 1971, seuls 4% ont été investis dans l'achat d'une machine et 4% dans l'ouverture d'une boutique comparativement à 63% affectés à la consommation, 22% au logement et 7% à l'achat d'un terrain (Glytsos, 1993). Les montants affectés au logement et à la consommation sont presque identiques dans les chiffres communiqués pour le Pakistan en 1981 (Gilani, et al., 1981 cités par Drinkwater, et al., 2003).

Contrairement à ce qui précède, cette étude considère, pour Kinshasa que les investissements sur le logement ou sur la terre sont de vrais investissements économiques au même titre que tout autre investissement productif à l'instar d'une activité commerciale ou même industrielle.

Malgré le fait que seule une petite proportion des envois d'argent peuvent être investis – au sens strict et large – par les migrants ou leurs familles, ces envois d'argent pourraient être orientés vers des usages productifs via le système bancaire (Drinkwater, et al., 2003). Par exemple, dans le contexte des migrants sénégalais, seuls 5,3% des montants transférés sont affectés dans le financement d'un investissement productif (Daffé, 2008). Cette faible proportion traduit bien le niveau d'impact des transferts d'argent sur l'économie du pays d'origine et sur son développement d'une manière générale.

En s'inscrivant dans la logique de la nouvelle économie de la migration du travail, la migration internationale répond à un besoin social réel, celui de permettre aux migrants de réaliser à la fois le soutien financier à leur famille d'origine et leur propre prise en charge. Partant de ce qui précède, il faut admettre que la migration vers les pays du Nord a tout simplement été instrumentalisée dans ce sens que cette dernière est « *considérée comme une source de financement des projets individuels ou familiaux de l'émigrant* » (Marques et Gois, 2008, 150).

Derrière tout projet migratoire se cache le souci d'épanouissement individuel du migrant en même temps qu'il soutient sa famille. De fait, les migrants les plus ambitieux entreprennent parfois des projets d'investissements pour réaliser cet objectif d'épanouissement. Dans le contexte des migrants originaires d'Amérique centrale et latine, les auteurs ont montré que le genre influence énormément le comportement qu'adoptent les migrants concernant les transferts de fonds et les investissements économiques. Ils ont distingué deux types de comportements ou de motivations: l'investissement dans le patrimoine de la famille et l'établissement d'un « contrat d'assurance » entre les parents et le migrant. Il a été mis en évidence que les transferts de fonds réalisés par les jeunes hommes répondent au besoin d'investir dans le patrimoine familial, alors que les femmes sont plus tournées vers la deuxième motivation (De la Brière, et al., 2007 ; Bounie, et al., 2010). Cette tendance ne serait-elle pas aussi observée dans le contexte des migrants originaires d'Afrique subsaharienne ?

Il convient de relever que les pressions familiales et fraternelles, bien qu'ayant incité à migrer, peuvent également constituer un frein considérable aux investissements économiques. Dia (2007) l'affirme en rapportant les faibles investissements des migrants sénégalais de la vallée du fleuve malgré le volume impressionnant des transferts d'argent : « *en tant que seul membre de la famille détenteur des ressources, le migrant doit pourvoir aux dépenses courantes et cela l'empêche de pouvoir conduire à terme ses projets d'investissements* » (Dia, 2007, 33).

Par ailleurs, les faibles investissements des migrants dans leurs pays d'origine peuvent aussi être expliquées par les relations que Dia (2007) qualifie de dyadiques entre les migrants et leurs frères aînés ou leurs parents restés au pays ou leur religieux (marabout dans le contexte du Sénégal) ; relations caractérisées par la vénération des uns vis-à-vis des autres. En effet, les migrants peuvent bien vouloir se lancer dans la réalisation d'un investissement économique, mais l'argent envoyé est affecté à d'autres fins par les membres de leur famille qu'ils responsabilisent. Cela rend impossible la réalisation de l'investissement. Par la suite, les migrants ont beau constater la non-affectation de l'argent au projet d'investissement, mais ils prennent du recul à poser clairement la question à leurs aînés par peur de susciter un climat de mésentente dans la famille. Ils se résignent simplement et n'osent plus entreprendre le moindre investissement économique (Dia, 2007).

En revanche, lorsque les pressions familiales sont réparties entre plusieurs frères ayant aussi migré, le poids est moins considérable pour chacun. Nous pouvons considérer que le fait d'avoir des proches (frères/sœurs) de la famille qui ont migré permet de réduire la pression sur un seul migrant avec pour conséquence logique une meilleure affectation des ressources vers des projets d'investissements économiques. Ainsi, la littérature revient là-dessus en affirmant : « *par ailleurs, mieux la fratrie du migrant est ancrée en France ou ailleurs à l'étranger (Europe du sud, Amérique du nord, Afrique centrale et australe), plus les projets individuels ont des chances de prospérer. Les charges sont alors réparties entre frères et pèsent donc moins sur chacun… Les capacités à la fois d'ascension sociale dans le pays d'accueil et d'investissement au pays sont fortement liées au nombre de migrants dans la fratrie* » (Dia, 2007).

## MATÉRIELS ET MÉTHODES

Les données utilisées sont issues de l'enquête MAFE[25]réalisée en 2009 en Belgique, au Royaume-Uni et en République démocratique du Congo. L'enquête menée au Royaume-Uni a touché 150 migrants congolais vivant dans ce pays. Celle menée en Belgique 279 migrants congolais. L'échantillonnage de l'enquête a procédé par un système de quotas basé sur le sexe, l'âge et le lieu de résidence de la population congolaise dans ces deux pays européens. Les personnes enquêtées répondaient aux quatre critères suivants : avoir résidé en Belgique ou au Royaume-Uni depuis au moins un an, être âgé entre 25 et 75 ans au moment de l'enquête, avoir quitté le continent africain après l'âge de 18 ans et avoir eu la nationalité congolaise à la naissance.

Sur les 279 personnes enquêtées en Belgique, 153 (55 %) sont des hommes et 126 (45 %) sont des femmes. Sur les 150 personnes enquêtées au Royaume-Uni, il y avait 75 hommes (50%) et 75 femmes (50%). En outre, notre étude compte aussi 19 migrants de retour qui répondent aux mêmes critères définis ci-dessus lorsqu'ils ont séjourné en Europe (Belgique ou Royaume-Uni). Au total, les données analysées portent sur un échantillon de 447 sujets dont 279 résident en Belgique, 149

[25]Le projet MAFE (Migrations Entre l'Afrique et l'Europe) est un projet de recherche de grande ampleur qui vise à étudier les migrations entre l'Afrique subsaharienne et l'Europe, à travers une approche comparative entre les migrants originaires de trois pays d'Afrique et se rendant dans différents pays d'accueil en Europe. Des données biographiques ont été collectées dans trois pays d'Afrique (Sénégal, Ghana et RD Congo) et dans six pays d'Europe (Belgique, France, Royaume-Uni, Pays-Bas, Italie et Espagne). Pour plus d'informations, se référer à :www.mafeproject.com

résident au Royaume-Uni et 19 migrants de retour ayant séjourné en Europe dont 18 en Belgique et 1 au Royaume-Uni.

Un questionnaire biographique individuel à plusieurs modules a permis de retracer les trajectoires résidentielle, familiale, administrative et d'occupation. Ce questionnaire permet donc de retracer l'évolution de la situation de ces migrants au cours des années suivant leur arrivée en Belgique ou au Royaume-Uni, et en particulier l'évolution de leur situation administrative, au regard des titres de séjour et des permis de travail successifs qu'ils ont obtenus. Plus spécifiquement le questionnaire a permis de montrer les différentes acquisitions qu'ils ont pu faire en termes d'investissements durant leur séjour en Europe. Les données quantitatives de l'enquête MAFE permettent de connaître le profil des migrants congolais selon leur faculté à investir et de saisir l'évolution de l'accès à la propriété matérielle ou économique en tenant compte de certaines variables telles que l'âge, le sexe et le niveau d'instruction.

Deux niveaux d'analyse sont appliqués. Dans un premier temps, une analyse transversale décrit la situation des investissements chez les migrants au moment de l'enquête au moyen des courbes de transition avant la survenance du premier investissement. La statistique « chi carré » permet de vérifier le niveau de signification des différences observées entre catégories en présence. Dans un second temps, l'analyse longitudinale expliquer la probabilité de réalisation du premier investissement et d'un nouvel investissement au cours de l'année par les migrants congolais enquêtés au fil du temps depuis leur établissement en Belgique ou au Royaume-Uni. Pour. L'avantage de l'analyse biographique utilisée est de tenir compte des variables au moment de la survenance de l'investissement (variables fixes et de celles qui changent dans le temps parmi les facteurs explicatifs). Les variables fixes utilisées sont entre autres le sexe, l'âge à l'arrivée, le rang de naissance et bien d'autres. En dehors du temps qui varie, on considère également le statut administratif dans le pays de résidence, le statut d'occupation, la survie des parents comme variables changeant dans le temps.

# ANALYSE TRANSVERSALE ET LONGITUDINALE DES RÉSULTATS[26]

Cette partie du travail présente succinctement les résultats de l'étude en trois étapes, à savoir : la description des investissements au moment de l'enquête, la présentation des courbes de transition avant la survenance du premier investissement depuis l'installation en Europe et les facteurs explicatifs de la survenance du premier investissement ainsi que la survenance d'un nouvel investissement durant l'année depuis l'arrivée en Europe.

## Description des investissements[27] réalisés

Pour cette description, les deux variables[28]retenues sont le sexe et la capacité à réaliser des transferts d'argent de façon régulière depuis l'installation dans le pays d'accueil. Voici comment se présentent les distributions des investissements et des transferts d'argent selon le sexe au moment de l'enquête.

---

[26]Les résultats présentés dans cet article exploitent les données du projet MAFE. Ce projet a reçu un financement du Septième Programme Cadre de la Commission Européenne.

[27]Les investissements examinés ici englobent les réalisations matérielles et les activités productives que les migrants ont pu entreprendre durant leur séjour en Europe.

[28]Les graphiques qui suivent sont issus des effectifs pondérés. Par exemple, les effectifs bruts observés révèlent environ 65% de femmes et d'hommes qui ont régulièrement transféré de l'argent à leurs proches.

Figure n° 1.Investissements en relation et transferts d'argent selon le sexe

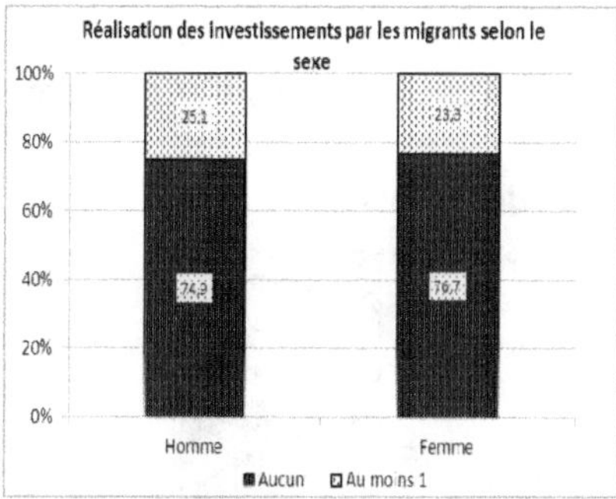


Chi carré=2,500 (p-value=0,114)

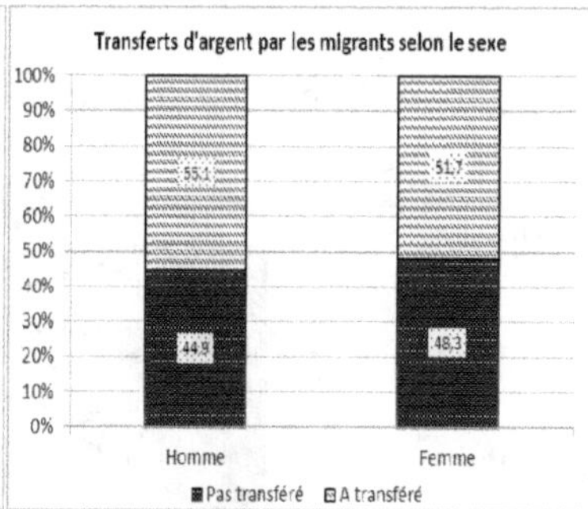


Chi carré=0,038 (p-value=0,846)

Les différences observées ne sont pas statistiquement significatives entre hommes et femmes en ce qui concerne les investissements et les transferts d'argent. Sans distinction de sexe, un migrant sur quatre a entrepris un investissement tel que cela a été défini dans cette étude. En revanche, un migrant sur deux a effectué des transferts d'argent de façon ininterrompu depuis un temps t (début des transferts) après son arrivée. En d'autres termes, les transferts d'argent constituent bien une réponse adéquate à la logique de survie dans laquelle s'inscrit l'immigration des ressortissants des pays du Sud établis dans les pays développés. Les membres de famille d'origine ayant participé d'une manière ou d'une autre à la migration, les transferts d'argent sont une démarche qui tend à soulager leurs difficultés de survie.

À la lumière de ces deux graphiques, nous pouvons imaginer le scénario où tous les migrants qui transfèrent de l'argent affectent la part la plus importante de l'argent envoyé vers la réalisation des projets d'investissements, on aurait près de 50% des migrants qui auraient pu investir. Mais tel n'est pas le cas puisqu'une bonne partie de l'argent envoyé est orienté vers la satisfaction des besoins de consommation quotidienne, comme cela a été démontré dans des études précédentes.

Qu'en est-il si l'on s'intéresse au lien entre transferts d'argent et investissements.

Figure n° 2. Investissements en relation avec les transferts d'argent

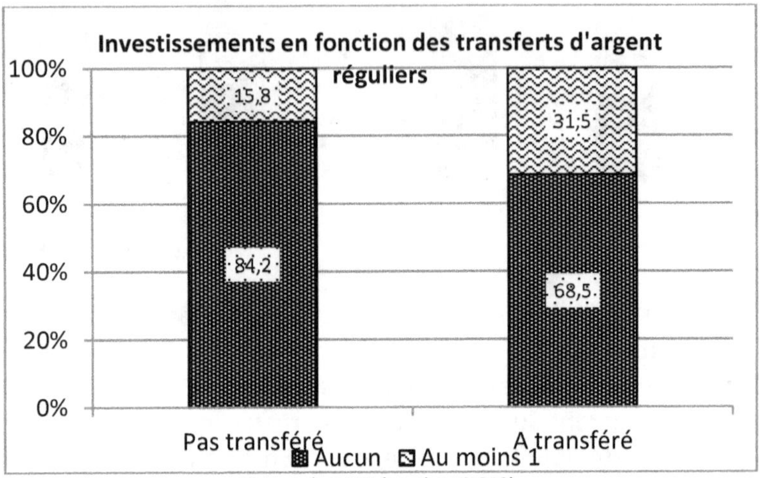


Chi carré=4,124 (p-value=0,042).

La situation des investissements change lorsqu'on tient compte des transferts d'argent. Ici le test du chi carré étant significatif, nous pouvons admettre que la proportion des personnes qui ont réalisé un investissement varie avec la régularité des transferts d'argent. Les migrants qui ont transféré régulièrement sont relativement plus nombreux à avoir investi dans leur pays d'origine. Une fois de plus, même si la part la plus importante de l'argent transféré sert à la consommation quotidienne, il reste évident que c'est à travers les transferts d'argent que se canalisent les fonds de démarrage de la plupart des investissements qui ont pu être réalisés par les migrants. Par extension, nous pouvons affirmer que plus un migrant transfère régulièrement de l'argent à sa famille, plus il est susceptible d'investir dans un projet quelconque. Ça pourrait être dans l'immobilier (plus 80% des investissements recensés) ou dans le business (moins de 20%).

Qu'en est-il de la répartition de ces deux variables si on tient compte du sexe ?

Figure n° 3.Investissements en fonction des transferts d'argent chez les hommes et femmes

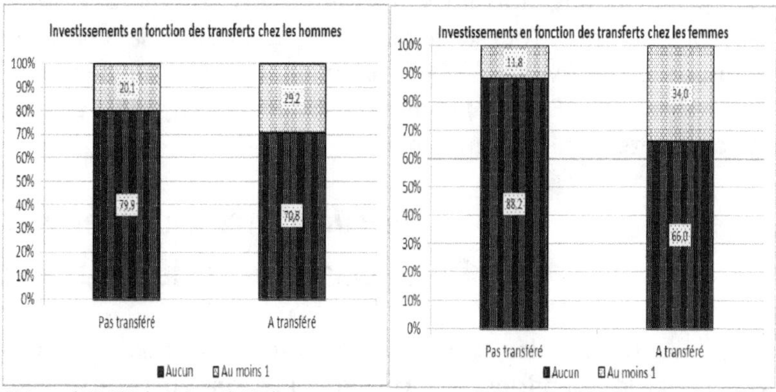


Chi carré=0,600 (p-value=0,439) Chi carré=4,942 (p-value=0,026)

Le test du chi carré est significatif chez les femmes mais pas chez les hommes. Cela sous-entend que la relation parait évidente entre transferts d'argent et investissements chez les femmes, mais pas chez les hommes. La régularité des transferts d'argent revêt une signification bien différente selon le sexe des migrants. En vertu des responsabilités qui incombent à l'homme dans la culture congolaise, l'on peut comprendre cette différence. Sauf si le séjour en Europe a suffisamment mis à mal le niveau d'implication dans la famille d'origine ; en général, l'homme constitue un pilier pour la survie de ses parents et ses proches. La femme peut aussi soutenir ses proches, mais selon la culture congolaise, cette dernière dépend en partie de son conjoint si elle vit en couple. Et dans cette optique, elle est moins mise à contribution pour s'occuper de sa famille et peut se lancer dans les investissements si elle le désire. L'autre aspect qui peut expliquer cette différence, c'est la participation au marché du travail en Europe qui est relativement plus favorable aux femmes qu'aux hommes. Cela est accentué par l'accessibilité des femmes aux emplois d'aide à domicile plutôt favorables aux immigrées qu'aux femmes natives du pays d'accueil. Cet accès au revenu (de plus en plus permanent en cas d'occupation à temps plein) peut largement expliquer la différence observée en faveur des femmes concernant l'implication des transferts d'argent dans la réalisation des investissements. Tout ceci décrit la situation à la fin de la période d'observation. Mais qu'en était-il tout au début de l'installation en Europe ; comment survient le rythme d'accès à la propriété au fil du temps ?

## Survenance du premier investissement du migrant

A travers les courbes de transition, nous saurons examiner le calendrier de survenue du premier investissement depuis l'établissement dans le pays de résidence. Pour faire bref, nous allons examiner séparément en tenant compte du sexe et du pays de résidence, puis nous analyserons la situation selon le sexe à l'intérieur de chaque pays de résidence.

Comme nous pouvons le constater, le calendrier d'accès à la propriété diffère selon le sexe surtout à partir de la dixième année en Europe. Au début du séjour européen, la différence entre hommes et femmes ne semble pas nette, ce n'est qu'après la dixième année que les femmes devancent les hommes. Le calendrier reste tardif pour les deux catégories, mais il se fait qu'au bout de 18 ans de séjour en Europe, environ 60% des hommes n'auront pas encore réalisé le moindre investissement jusqu'à la fin de l'observation. Cette proportion est ramenée à plus de 30% au bout de 31 ans de séjour pour les femmes.

En tenant compte du pays de résidence, nous constatons que la différence est difficile à saisir jusqu'à la 16$^{ème}$ année de séjour. Après cette durée, on note qu'aucun migrant installé au

Royaume-Uni n'a plus réalisé le moindre investissement et on relève environ 60% de migrants dans cet état initial. Chez les migrants congolais installés en Belgique, la barre de 50% de migrants ayant réalisé un premier investissement est dépassé au bout de 25 ans de résidence dans ce pays. Au bout de 32 ans de séjour, la proportion de migrants n'ayant pas encore investi se stabilise à environ 40%.

Figure n° 4. Courbes de transition avant le 1er investissement selon le sexe et le pays de résidence

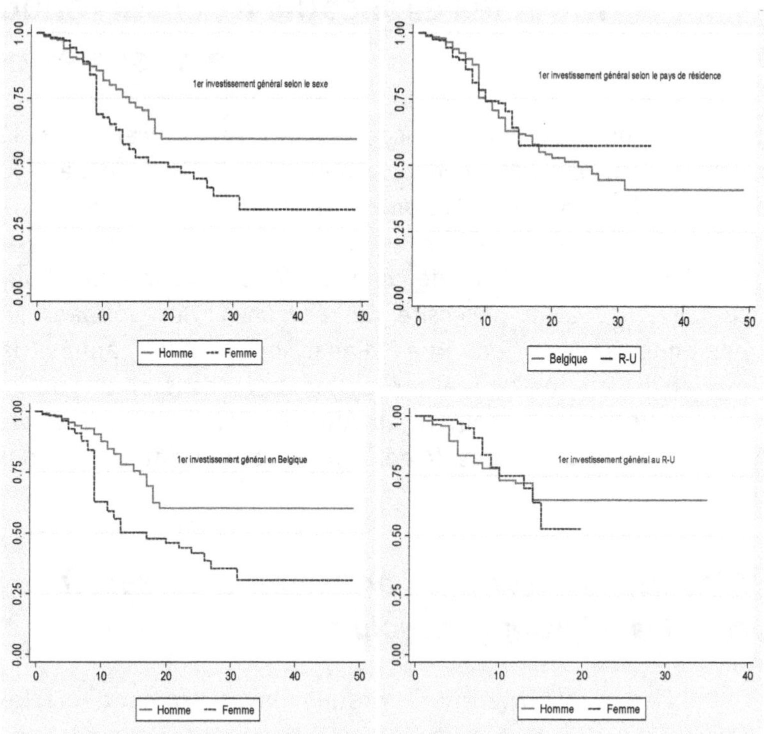


Lorsque nous examinons la différence selon le sexe dans chacun de deux pays de résidence observés, nous constatons qu'en Belgique, les femmes connaissent un rythme plus rapide

que celui des hommes durant toute la période considérée. Au Royaume-Uni, la situation des migrants congolais parait confuse en ce qui concerne la différence selon le sexe de l'accès à la propriété. Les hommes sont légèrement en avance, mais il est difficile de se prononcer sur l'évidence de cette avance. Ceci est un aspect descriptif qui ne tient compte que d'un facteur qui est le temps écoulé depuis l'installation dans le pays de résidence. Est-ce que l'avance prise par les femmes peut se confirmer si l'on tient compte d'autres facteurs explicatifs ? C'est ce qui est expliqué au point suivant.

## Modèles explicatifs de la survenue des investissements

Le premier volet concerne l'analyse explicative de la survenue du premier investissement depuis l'arrivée dans le pays de destination (Belgique ou Royaume-Uni). Le deuxième volet analysera la survenue d'un nouvel investissement supplémentaire au cours de chaque année d'observation. Pour ce faire, il y avait nécessité de réorganiser les données en personnes-années en vue d'analyser chaque année la probabilité ou non de réaliser le premier investissement ou un nouvel autre investissement au cours de l'année. Les résultats des rapports des cotes (*Odds ratio*) permettent de donner l'interprétation.

### *Modèles explicatifs du premier investissement chez les migrants congolais*

L'analyse porte sur le premier investissement que les migrants ont réalisé depuis leur arrivée dans leur pays de résidence. Les migrants qui ont réalisé plusieurs investissements sortiront de l'observation dès qu'ils connaitront l'événement (premier investissement) ; les autres migrants qui n'ont pas pu investir jusqu'au moment de l'enquête resteront en observation jusqu'à la fin puisqu'ils n'ont pas connu l'événement étudié. Dans le tableau n°1 ci-dessous, nous reprenons les *odds ratio* du modèle global ainsi que ceux des modèles stratifiés selon le sexe et le pays de résidence.

Tableau n° 1. Modèles explicatifs du premier investissement chez les migrants congolais

| ***Variables explicatives*** | **Modèle global** | **Modèle Hommes** | **Modèle Femmes** | **Modèle Belgique** | **Modèle ROYAUME-UNI** |
|---|---|---|---|---|---|
| ***Durée depuis l'arrivée***$^{vt}$ | | | | | |
| 0 – 2 ans (MR) | 1,00 | 1,00 | 1,00 | 1,00 | 1,00 |
| 3 – 6 ans | 1,363$^{ns}$ | 1,404$^{ns}$ | 1,133$^{ns}$ | 1,245$^{ns}$ | 1,348$^{ns}$ |
| 7 – 10 ans | 3,888$^{***}$ | 1,236$^{ns}$ | 6,345$^{***}$ | 4,784$^{**}$ | 2,832$^{*}$ |
| 11 ans et plus | 1,977$^{*}$ | 1,003$^{ns}$ | 2,748$^{*}$ | 2,653$^{*}$ | 1,325$^{ns}$ |
| ***Sexe*** | | | | | |
| Masculin (MR) | 1,00 | - | - | 1,00 | 1,00 |
| Féminin | 1,504$^{+}$ | - | - | 1,498$^{ns}$ | 1,392$^{ns}$ |
| ***Pays de résidence*** | | | | | |
| Belgique (MR) | 1,00 | 1,00 | 1,00 | - | - |
| Royaume-Uni | 0,934$^{ns}$ | 0,799$^{ns}$ | 0,836$^{ns}$ | - | - |
| ***Age à l'arrivée*** | | | | | |
| Moins de 25 ans (MR) | 1,00 | 1,00 | 1,00 | 1,00 | 1,00 |
| 25 – 34 ans | 1,229$^{ns}$ | 0,673$^{ns}$ | 1,824$^{*}$ | 1,518$^{ns}$ | 0,933$^{ns}$ |
| 35 ans et plus | 1,321$^{ns}$ | 1,304$^{ns}$ | 1,139$^{ns}$ | 2,580$^{**}$ | 0,816$^{ns}$ |
| ***Instruction*** | | | | | |
| Primaire et sans instruction (MR) | 1,00 | 1,00 | 1,00 | 1,00 | 1,00 |
| Secondaire | 1,206$^{ns}$ | 0,510$^{ns}$ | 1,939$^{ns}$ | 1,315$^{ns}$ | 1,054$^{ns}$ |
| Supérieur 1$^{er}$ cycle | 1,299$^{ns}$ | 1,317$^{ns}$ | 2,023$^{ns}$ | 1,473$^{ns}$ | 1,601$^{ns}$ |
| Supérieur 2$^{ème}$ et 3$^{ème}$ cycles | 1,337$^{ns}$ | 0,764$^{ns}$ | 3,204$^{*}$ | 1,278$^{ns}$ | 2,159$^{+}$ |
| ***Statut professionnel***$^{vt}$ | | | | | |
| Sans emploi | 1,00 | 1,00 | 1,00 | 1,00 | 1,00 |
| Etudiant | 1,022$^{ns}$ | 2,755$^{ns}$ | 0,780$^{ns}$ | 1,554$^{ns}$ | 0,781$^{ns}$ |
| Emploi élémentaire | 0,939$^{ns}$ | 2,252$^{ns}$ | 0,644$^{ns}$ | 0,648$^{ns}$ | 1,243$^{ns}$ |
| Emploi supérieur | 1,275$^{ns}$ | 3,375$^{*}$ | 0,762$^{ns}$ | 0,757$^{ns}$ | 3,377$^{*}$ |
| ***Cohabitant du migrant*** $^{vt}$ | | | | | |
| Seul (MR) | 1,00 | 1,00 | 1,00 | 1,00 | 1,00 |
| Conjoint (e) | 1,947$^{**}$ | 2,349$^{*}$ | 1,527$^{ns}$ | 2,746$^{***}$ | 1,777$^{ns}$ |
| Autrui | 0,925$^{ns}$ | 1,163$^{ns}$ | 0,889$^{ns}$ | 0,769$^{ns}$ | 1,387$^{ns}$ |
| ***Période d'arrivée*** | | | | | |
| Avant 1991 (MR) | 1,00 | 1,00 | 1,00 | 1,00 | 1,00 |

| | | | | | |
|---|---|---|---|---|---|
| 1991 – 1999 | 0,484$^{+}$ | 0,478$^{ns}$ | 0,690$^{ns}$ | 1,110$^{ns}$ | 0,290$^{ns}$ |
| 2000 – 2009 | 1,046$^{ns}$ | 2,691$^{+}$ | 1,186$^{ns}$ | 1,555$^{ns}$ | 0,952$^{ns}$ |
| ***Niveau de vie de la famille d'origine*** | | | | | |
| Plus que satisfaisant (MR) | 1,00 | 1,00 | 1,00 | 1,00 | 1,00 |
| Satisfaisant | 1,049$^{ns}$ | 1,290$^{ns}$ | 1,071$^{ns}$ | 1,244$^{ns}$ | 0,846$^{ns}$ |
| Moins satisfaisant | 1,186$^{ns}$ | 2,021$^{+}$ | 0,725$^{ns}$ | 0,536$^{ns}$ | 1,791$^{ns}$ |
| ***Fratrie à l'étranger*** $^{vt}$ | | | | | |
| Aucun (MR) | 1,00 | 1,00 | 1,00 | 1,00 | 1,00 |
| Au moins 1 frère à l'étranger | 1,247$^{ns}$ | 1,986$^{**}$ | 1,022$^{ns}$ | 1,247$^{ns}$ | 1,370$^{ns}$ |
| ***Transfert d'argent*** $^{vt}$ | | | | | |
| Non (MR) | 1,00 | 1,00 | 1,00 | 1,00 | 1,00 |
| Oui | 1,118$^{ns}$ | 1,207$^{ns}$ | 1,172$^{ns}$ | 1,168$^{ns}$ | 0,957$^{ns}$ |
| ***Investissement précédent*** $^{vt}$ | | | | | |
| Aucun (MR) | 1,00 | 1,00 | 1,00 | 1,00 | 1,00 |
| Au moins 1 investissement | 0,794$^{ns}$ | 0,783$^{ns}$ | 0,843$^{ns}$ | 0,287$^{**}$ | 1,626$^{ns}$ |
| ***Rang de naissance*** | | | | | |
| Aîné (MR) | 1,00 | 1,00 | 1,00 | 1,00 | 1,00 |
| Autre rang | 1,289$^{ns}$ | 0,909$^{ns}$ | 2,008$^{+}$ | 1,007$^{ns}$ | 1,444$^{ns}$ |
| ***Survie des parents*** $^{vt}$ | | | | | |
| Parents vivants (MR) | 1,00 | 1,00 | 1,00 | 1,00 | 1,00 |
| Un des parents décédé | 0,718$^{+}$ | 0,447$^{*}$ | 1,048$^{ns}$ | 0,723$^{ns}$ | 0,907$^{ns}$ |
| Parents décédés | 1,013$^{ns}$ | 0,514$^{+}$ | 1,171$^{ns}$ | 1,553$^{ns}$ | 0,239$^{+}$ |
| ***Statut administratif*** $^{vt}$ | | | | | |
| Naturalisé (MR) | 1,00 | 1,00 | 1,00 | 1,00 | 1,00 |
| Titre de séjour en ordre | 0,762$^{ns}$ | 0,657$^{ns}$ | 0,789$^{ns}$ | 0,661$^{ns}$ | 0,805$^{ns}$ |
| Sans papier | 0,656$^{ns}$ | 0,437$^{ns}$ | 0,805$^{ns}$ | 0,662$^{ns}$ | 0,620$^{ns}$ |
| MR : Modalité de référence. ns : non sign. Seuil de sign: +p<=0,20 ; *p<= 0,10 ; **p<=0,05 ; ***p<=0,01<br>vt : variable changeant dans le temps. [N pers-années=4697 dans le modèle global] | | | | | |

Les estimations visent à attester si la famille, à travers une pression éventuelle, peut avoir de l'incidence sur la réalisation des investissements par les migrants congolais installés en Europe (Belgique et Royaume-Uni). Certaines variables étroitement liées à la famille se prêtent à cette analyse. C'est le cas du niveau de vie de la famille d'origine, du rang de naissance, de la survie des parents et par extension du sexe pour autant que les rôles sociaux sont une construction qui émane de la famille.

## *Influence du sexe dans le modèle global*

De manière générale, les résultats de l'étude montrent que les femmes prennent le dessus sur les hommes en termes de lancement du premier investissement. En effet, les migrantes congolaises réalisent leur premier investissement environ 1,5 fois plus vite que leurs homologues de sexe masculin. Ceci ressort du modèle global. Lorsqu'on rentre dans les détails pour analyser la situation dans chacun de deux pays de résidence considérés ici, on voit que le sexe n'exerce plus d'influence significative si les résultats sont analysés séparément pour la Belgique et le Royaume-Uni. Aucune explication plausible n'est à notre portée pour l'instant quand on sait qu'en Belgique par exemple, l'accès des migrants congolais à l'emploi est plus favorable aux femmes qu'aux hommes (Phongi, 2010) ; Ce qui est pratiquement le contraire au Royaume-Uni.

## *Influence remarquable de la nature de cohabitation sur les investissements*

Il s'agissait de voir si le fait de vivre seul ou en compagnie de son conjoint pouvait avoir de l'incidence sur la survenue du premier investissement. De façon non équivoque, le fait de vivre avec son conjoint est très avantageux pour le lancement d'un premier investissement. Comme le prouvent les résultats de cette étude, les migrants qui vivent en couple (en compagnie de leur conjoint) réalisent presque deux fois plus vite le premier investissement que leurs homologues qui vivent seul. Ici nous pouvons mettre en avant la possibilité de compléter le budget du ménage par un deuxième revenu (celui du conjoint) ; ce qui n'est pas le cas pour les migrants qui vivent seuls. En outre, dans bien des cas, ces migrants qui vivent seuls sont plutôt séparés de leur famille nucléaire suite à la migration. Par conséquent, ils doivent ponctionner une partie de leur revenu pour subvenir aux besoins de consommation quotidienne de leur ménage. Par ailleurs, nous relevons que cet avantage est plus ressenti par les hommes (2,35 fois) et par les migrants installés en Belgique (2,75 fois). Même vivant en couple, les migrantes congolaises et les migrants installés au Royaume-Uni n'ont pas ressenti les mêmes facilités.

### *Influence confuse de la survie des parents*

L'hypothèse qui est derrière cette variable est que lorsque les migrants doivent prendre soin de leurs parents encore en vie, cela peut retarder le lancement de leur premier investissement. On s'attendrait donc que les migrants qui ont perdu leurs parents connaissent un rythme plus rapide s'ils doivent investir. Les résultats de l'étude ne vont pas dans le sens de cette hypothèse puisque les migrants qui ont perdu un de leurs parents lancent leur investissement moins vite que ceux qui ont encore leurs parents en vie. Leur rythme est 1,41 fois moins rapide que la modalité de référence. Nous voyons presque la même situation chez les hommes (ceux qui ont perdu un de leurs deux parents ou tous les deux) avec des rythmes respectifs de plus de deux et de presque deux fois moins rapides que leurs homologues qui ont leurs parents en vie. Ces résultats sous-entendent que la présence des parents agit plutôt dans un sens contraire que celui proposé dans l'hypothèse formulée ci-haut. Nous pensons donc qu'en termes de supervision, la survie des parents apparait comme un pilier sur lequel peut reposer tout projet d'investissement initié par les migrants.

### *Influence mitigée du rang de naissance*

Comme la survie des parents, le rang de naissance devrait conduire à plus de responsabilité pour les aînés de famille ; ce qui freinerait leur rythme d'investissement. On constate en fait que les migrants qui ont un autre rang de naissance lancent relativement plus vite leur premier investissement que les aînés de famille. Les résultats obtenus vont dans le sens attendu, c'est-à-dire un peu plus d'initiative pour les migrants qui n'ont pas assez de charge familiale de par leur rang de naissance. Mais dommage que tous ces résultats ne sont pas statistiquement significatifs.

### *Influence non significative de la régularité de transferts d'argent*

L'idée de la dépendance des ménages d'origine vis-à-vis des transferts d'argent nous conduit à supposer que les migrants qui envoient régulièrement de l'argent à leurs proches seraient désavantagés en matière d'investissement par rapport à ceux qui n'envoient pas souvent de l'argent. Il est difficile de vérifier l'une ou l'autre hypothèse face aux résultats non significatifs. Bien au contraire, la tendance est même à l'opposé de ce que nous supposions. En effet, les migrants qui envoient régulièrement de l'argent semblent bien placés pour lancer leur premier investissement même si les résultats ne sont pas statistiquement significatifs. C'est à travers les transferts d'argent que les migrants renvoient de l'argent à leur pays d'origine. C'est probablement à travers ces transferts d'argent que les investissements initiés par les migrants ont été financés. Cela peut expliquer en partie la tendance observée dans le tableau ci-dessus en rapport avec l'avantage pris par les migrants qui effectuent régulièrement des transferts d'argent.

Par ailleurs, le niveau de vie de la famille d'origine du migrant n'influence pas la survenue du premier investissement. Pourtant, nous pensions que cette variable pouvait entrainer une interférence dans le budget du migrant au point de retarder le lancement éventuel d'un premier investissement si cela est inscrit dans l'agenda du migrant. Tout compte fait, nous estimons que si le niveau de vie de la famille d'origine n'agit pas sur le premier investissement, il est possible qu'il influence plutôt la survenue des nouveaux investissements au cours de chaque année au cas où le migrant s'adonne à des investissements multiples. L'autre inconnu concerne le sens de l'influence que cette variable exerce sur la survenue de nouveaux investissements, une situation à éclaircir dans la suite des analyses.

## *Facteurs explicatifs d'un nouvel investissement annuel chez les Congolais*

Contrairement à l'analyse précédente, il n'y a pas de troncature possible ici. Les migrants ayant connu l'événement ne quittent pas l'observation, puisque l'objectif consiste à identifier les facteurs qui expliquent la survenue d'un nouvel investissement au cours de chaque année d'observation. Cela sous-entend que tous les migrants seront en observation depuis leur arrivée en Europe jusqu'à l'année de l'enquête. Le tableau ci-dessous reprend les *odds ratio* du modèle global ainsi que ceux des modèles stratifiés selon le sexe et le pays de résidence.

Tableau n° Modèles explicatifs de nouveaux investissements chez les migrants congolais

| ***Variables explicatives*** | **Modèle global** | **Modèle Hommes** | **Modèle Femmes** | **Modèle Belgique** | **Modèle Royaume-Uni** |
|---|---|---|---|---|---|
| ***Durée depuis l'arrivée***$^{vt}$ | | | | | |
| 0 – 2 ans (MR) | 1,00 | 1,00 | 1,00 | 1,00 | 1,00 |
| 3 – 6 ans | 1,722$^{*}$ | 1,895$^{+}$ | 1,298$^{ns}$ | 1,557$^{ns}$ | 1,763$^{ns}$ |
| 7 – 10 ans | 3,713$^{***}$ | 1,222$^{ns}$ | 6,165$^{***}$ | 4,140$^{**}$ | 2,972$^{*}$ |
| 11 ans et plus | 1,872$^{*}$ | 0,881$^{ns}$ | 2,727$^{**}$ | 2,487$^{**}$ | 0,953$^{ns}$ |
| ***Sexe*** | | | | | |
| Masculin (MR) | 1,00 | - | - | 1,00 | 1,00 |
| Féminin | 1,505$^{*}$ | - | - | 1,646$^{*}$ | 1,093$^{ns}$ |
| ***Pays de résidence*** | | | | | |
| Belgique (MR) | 1,00 | 1,00 | 1,00 | - | - |
| Royaume-Uni | 0,864$^{ns}$ | 0,788$^{ns}$ | 0,692$^{ns}$ | - | - |
| ***Age à l'arrivée*** | | | | | |
| Moins de 25 ans (MR) | 1,00 | 1,00 | 1,00 | 1,00 | 1,00 |
| 25 – 34 ans | 0,911$^{ns}$ | 0,453$^{**}$ | 1,353$^{ns}$ | 0,999$^{ns}$ | 0,838$^{ns}$ |
| 35 ans et plus | 0,928$^{ns}$ | 0,680$^{ns}$ | 1,148$^{ns}$ | 1,097$^{ns}$ | 1,080$^{ns}$ |
| ***Instruction*** | | | | | |
| Primaire et sans instruction (MR) | 1,00 | 1,00 | 1,00 | 1,00 | 1,00 |
| Secondaire | 1,226$^{ns}$ | 0,702$^{ns}$ | 1,847$^{ns}$ | 1,471$^{ns}$ | 0,938$^{ns}$ |
| Supérieur 1$^{er}$ cycle | 1,246$^{ns}$ | 1,056$^{ns}$ | 2,002$^{+}$ | 1,275$^{ns}$ | 1,323$^{ns}$ |
| Supérieur 2$^{ème}$ et 3$^{ème}$ cycles | 1,195$^{ns}$ | 0,817$^{ns}$ | 2,609$^{*}$ | 1,072$^{ns}$ | 1,592$^{ns}$ |
| ***Statut professionnel***$^{vt}$ | | | | | |
| Sans emploi | 1,00 | 1,00 | 1,00 | 1,00 | 1,00 |
| Etudiant | 1,228$^{ns}$ | 3,610$^{*}$ | 0,964$^{ns}$ | 1,859$^{*}$ | 0,932$^{ns}$ |
| Emploi élémentaire | 1,045$^{ns}$ | 2,830$^{+}$ | 0,709$^{ns}$ | 0,744$^{ns}$ | 1,593$^{ns}$ |
| Emploi supérieur | 1,397$^{ns}$ | 3,118$^{*}$ | 1,069$^{ns}$ | 1,054$^{ns}$ | 2,363$^{+}$ |
| ***Cohabitant du migrant*** $^{vt}$ | | | | | |
| Seul (MR) | 1,00 | 1,00 | 1,00 | 1,00 | 1,00 |
| Conjoint (e) | 1,639$^{**}$ | 1,931$^{*}$ | 1,726$^{+}$ | 1,983$^{**}$ | 1,486$^{ns}$ |
| Autrui | 0,807$^{ns}$ | 0,715$^{ns}$ | 0,929$^{ns}$ | 0,782$^{ns}$ | 1,243$^{ns}$ |
| ***Période d'arrivée*** | | | | | |
| Avant 1991 (MR) | 1,00 | 1,00 | 1,00 | 1,00 | 1,00 |
| 1991 – 1999 | 0,398$^{*}$ | 0,416$^{ns}$ | 0,568$^{ns}$ | 0,756$^{ns}$ | 0,203$^{*}$ |
| 2000 – 2009 | 1,028$^{ns}$ | 2,305$^{ns}$ | 1,192$^{ns}$ | 1,570$^{ns}$ | 0,682$^{ns}$ |
| ***Niveau de vie de la famille d'origine*** | | | | | |
| Plus que satisfaisant (MR) | 1,00 | 1,00 | 1,00 | 1,00 | 1,00 |
| Satisfaisant | 1,433$^{+}$ | 1,665$^{+}$ | 1,476$^{+}$ | 1,694$^{**}$ | 0968$^{ns}$ |
| Moins satisfaisant | 1,904$^{**}$ | 2,882$^{***}$ | 1,181$^{ns}$ | 1,108$^{ns}$ | 2,026$^{+}$ |
| ***Fratrie à l'étranger*** $^{vt}$ | | | | | |
| Aucun (MR) | 1,00 | 1,00 | 1,00 | 1,00 | 1,00 |

| | | | | | |
|---|---|---|---|---|---|
| Au moins 1 frère à l'étranger | 1,093$^{ns}$ | 1,428$^{ns}$ | 0,928$^{ns}$ | 1,015$^{ns}$ | 1,171$^{ns}$ |
| ***Transfert d'argent*** $^{vt}$ | | | | | |
| Non (MR) | 1,00 | 1,00 | 1,00 | 1,00 | 1,00 |
| Oui | 1,105$^{ns}$ | 1,222$^{ns}$ | 1,117$^{ns}$ | 1,203$^{ns}$ | 1,029$^{ns}$ |
| ***Investissement précédent*** $^{vt}$ | | | | | |
| Aucun (MR) | 1,00 | 1,00 | 1,00 | 1,00 | 1,00 |
| Au moins 1 investissement | 1,435$^{+}$ | 1,643$^{+}$ | 1,118$^{ns}$ | 1,051$^{ns}$ | 1,422$^{ns}$ |
| ***Rang de naissance*** | | | | | |
| Aîné (MR) | 1,00 | 1,00 | 1,00 | 1,00 | 1,00 |
| Autre rang | 1,035$^{ns}$ | 0,866$^{ns}$ | 1,215$^{ns}$ | 0,830$^{ns}$ | 1,401$^{ns}$ |
| ***Survie des parents*** $^{vt}$ | | | | | |
| Parents vivants (MR) | 1,00 | 1,00 | 1,00 | 1,00 | 1,00 |
| Un des parents décédé | 0,682$^{*}$ | 0,596$^{+}$ | 0,924$^{ns}$ | 0,667$^{+}$ | 0,724$^{ns}$ |
| Parents décédés | 0,857$^{ns}$ | 0,541$^{+}$ | 1,020$^{ns}$ | 1,183$^{ns}$ | 0,199$^{**}$ |
| ***Statut administratif*** $^{vt}$ | | | | | |
| Naturalisé (MR) | 1,00 | 1,00 | 1,00 | 1,00 | 1,00 |
| Titre de séjour en ordre | 0,821$^{ns}$ | 0,636$^{+}$ | 0,895$^{ns}$ | 0,771$^{ns}$ | 0,786$^{ns}$ |
| Sans papier | 0,736$^{ns}$ | 0,351$^{*}$ | 1,197$^{ns}$ | 0,907$^{ns}$ | 0,632$^{ns}$ |
| MR : Modalité de référence. ns : non sign. Seuil de sign: +p<=0,20 ; *p<= 0,10 ; **p<=0,05 ; ***p<=0,01<br>vt : variable changeant dans le temps. [N pers-années=5476 dans le modèle global] | | | | | |

Il s'agit de la même préoccupation que celle des analyses multivariées précédentes. La seule différence est qu'on ne s'arrête plus au premier investissement ; on s'intéresse à tous les investissements successifs réalisés par chaque migrant. La question est de savoir si la probabilité de réaliser un nouvel investissement diffère en fonction de certaines variables liées à la famille. Ici aussi, le niveau de vie de la famille d'origine est pris en compte ainsi que quelques variables traduisant la pression familiale sur les migrants.

## *Influence du sexe dans le modèle global et celui de Belgique*

Les résultats indiquent une situation où les femmes sont plus susceptibles de réaliser un nouvel investissement au cours de l'année que les hommes. Ce constat est valable pour le modèle global et celui qui concerne les migrants installés en Belgique. L'explication la plus plausible réside dans l'accès à l'emploi. D'une manière générale, les femmes immigrées ont un meilleur accès à l'emploi dans la société européenne que les hommes. Il faut préciser que les emplois occupés par les femmes font fi du niveau de qualification : c'est plus souvent des métiers d'aide à la personne et d'aide à domicile. Les hommes souvent plus instruits que les femmes sont plus frappés par le chômage ; et la déqualification est d'autant plus importante que le niveau d'instruction est poussé. L'accès à l'emploi est plus favorable aux femmes qu'aux hommes, surtout en Belgique (Phongi, 2010).Il est plus aisé d'initier un investissement quand on a l'assurance d'un revenu régulier que lorsque l'espoir d'un revenu n'est pas effectif. Les femmes qui occupent un emploi rémunéré sont plus à l'aise de planifier un nouvel investissement surtout lorsque la prise en charge peut être assurée par un chef de ménage qui prend ses responsabilités.

## *Influence remarquable de la nature de cohabitation sur les investissements*

Le fait de vivre avec son conjoint est très avantageux pour la réalisation d'un nouvel investissement au cours de l'année. Comme le montrent les résultats de cette étude, les migrants qui vivent en couple (avec leur conjoint) sont presque deux fois plus susceptibles de réaliser un nouvel investissement durant l'année que leurs homologues qui vivent seuls. Le rôle joué par un deuxième revenu dans le ménage peut être le principal facteur explicatif de cette situation. Cet avantage n'est pas donné pour les migrants qui vivent seuls. Ces derniers sont séparés de leur famille nucléaire suite à la migration et doivent rapatrier une partie de leur revenu au pays d'origine pour subvenir aux besoins quotidiens de consommation de leur ménage. Sans distinction de sexe et de pays de résidence, cet avantage est vécu pratiquement de la même manière par toute personne vivant en couple.

### *Influence confuse de la survie des parents*

On s'attendrait donc que les migrants qui ont perdu leurs parents réalisent davantage un nouvel investissement durant l'année puisqu'un peu dispensés de l'obligation de prise en charge des parents. Paradoxalement à ce qui précède, l'hypothèse relative au décès des parents n'explique pas le lancement d'un nouvel investissement. Leur probabilité de lancer un nouvel investissement est 1,47 fois moins importante que celle de la modalité de référence. En d'autres termes, les migrants ayant des parents vivants sont plus susceptibles de réaliser un nouvel investissement que les « orphelins » ; ce qui contredit notre hypothèse. La même tendance est observée chez les hommes qui ont perdu un ou tous les deux parents. La survie des parents permet aux migrants d'entreprendre de nouveaux investissements dans la mesure où les parents peuvent jouer un rôle important dans la mise en œuvre de la gestion de nouveaux investissements au pays d'origine. Dans certains cas, les parents encore en vie sont de vrais superviseurs des investissements que les migrants peuvent initier dans leur pays d'origine. Leur décès peut être comme un frein dans le lancement des projets de ce type.

### *Influence significative du niveau de vie de la famille d'origine*

Ci-haut, nous avons constaté que le niveau de vie de la famille d'origine du migrant n'influence pas la survenue du premier investissement. Nous avions émis l'hypothèse selon laquelle les migrants issus des ménages pauvres seraient moins susceptibles de réaliser de nouveaux investissements à cause de la lourde dépendance possible de leur ménage d'origine envers les transferts d'argent pour assurer sa survie. Mais les résultats de cette étude ne vérifient pas cette hypothèse puisque c'est plutôt les migrants issus des ménages peu aisés qui sont plus susceptibles de réaliser de nouveaux investissements durant l'année. Ceci est-il une conséquence de la prise de conscience des conditions précaires de leur jeune âge ? Voulant quitter le niveau de vie précaire qui caractérisait leur famille d'origine, ces migrants sont plus motivés à lancer des investissements que ceux qui ont vécu dans des conditions plus aisées. Nous constatons par ailleurs que ce résultat suit la même tendance sans distinction de sexe et de pays de résidence.

### *Influence non significative de la régularité de transferts d'argent*

Dans les chiffres recueillis, les migrants qui envoient régulièrement de l'argent semblent plus susceptibles de lancer un nouvel investissement durant l'année, mais ces résultats ne sont pas statistiquement significatifs. Toutefois, nous reconnaissons que c'est à travers les transferts d'argent que les migrants rapatrient de l'argent à leur pays d'origine. De même, les investissements initiés et financés par les migrants l'ont été probablement grâce aux transferts d'argent effectués par ces derniers. C'est l'explication la plus plausible de la tendance observée dans le tableau ci-dessus sur l'avantage pris par les migrants dont les transferts d'argent ont été réguliers.

### *Influence significative des investissements antérieurs*

L'expérience accumulée par la réalisation d'un investissement précédent justifie en partie le lancement d'un nouvel investissement. C'est la tendance qui se dégage du tableau ci-dessus. Les migrants qui ont déjà réalisé au moins un investissement dans le passé sont plus susceptibles de réaliser un nouvel investissement au courant de l'année. Ce qui est vrai pour le modèle global l'est aussi pour le modèle des hommes. Cette tendance se confirme dans les autres modèles, même si les résultats ne sont pas statistiquement significatifs.

# DISCUSSION DES RÉSULTATS

L'analyse des résultats nous révèle le rôle plutôt positif de la famille en ce qui concerne le lancement d'un premier investissement par les migrants. Nous relevons que la survie des parents agit comme une vraie opportunité à saisir par les migrants en vue d'initier un investissement puisque les parents peuvent assurer la supervision dans la mise en œuvre du projet. En tout cas, à la lecture des résultats, il n'est pas possible d'attribuer un rôle négatif à la famille d'origine dans la faible proportion d'investissements chez les migrants congolais. Ceci contredit en quelque sorte ce qui a été observé chez les migrants sénégalais de la vallée du fleuve (Dia, 2007). Dans le contexte sénégalais, la famille constituait un vrai obstacle à la mise en œuvre des investissements par les migrants. Par ailleurs, nous nous gardons de vite généraliser puisque notre analyse a inclut toutes les réalisations productives ou non au rang des investissements. Peut-être que si nous n'avons pris en compte que les activités purement lucratives du genre d'une activité commerciale, nous allions avoir le même résultat que celui observé au Sénégal. Chez les migrants congolais, le nombre d'investissements purement productifs est tellement réduit qu'il était difficile d'en faire une analyse conséquente sans être buté aux petits effectifs. Tout ce qui précède concerne le lancement d'un premier investissement depuis l'installation en Europe et le lancement d'un nouvel investissement au fil des années.

Le niveau socio-économique de la famille d'origine a donné des résultats statistiquement significatifs seulement dans le lancement d'un nouvel investissement au cours de chaque année. Toutefois, la tendance observée dans les deux niveaux d'analyse fait voir que contrairement à ce qu'on pouvait imaginer, ce sont les migrants issus des familles socioéconomiques défavorisées qui sont plus susceptibles d'initier des investissements. C'est peut-être à cause de leur précarité existentielle passée que ces migrants ont pris conscience de la nécessité d'améliorer leurs conditions de vie et celles de leurs proches à travers les investissements. Rappelons que le concept « investissement » comprend dans cette étude les réalisations immobilières et productives diverses (biens possédés) que les migrants ont pu réaliser essentiellement dans leur pays d'origine depuis leur installation en Europe.

En considérant le genre, on a constaté que les femmes sont plus susceptibles de réaliser des investissements que les hommes. La grande explication est à rechercher au niveau de l'accès à l'emploi qui semble plus favorable aux femmes dans le contexte européen (Phongi, 2010). Avec un revenu relativement plus stable et sûr quand la personne travaille, il est plus aisé de planifier le lancement d'une activité quelconque (immobilière ou productive). C'est vrai que le chômage touche une proportion non négligeable des migrants congolais, jusqu'à 40% en Belgique (Schoonvaere, 2010), mais la prise en compte de cette dimension n'explique qu'une partie du faible pourcentage des migrants ayant réalisé des investissements. Tout en prenant en compte la régularité des transferts d'argent, d'autres variables peuvent être mises à contribution. C'est le cas de la nature de la cohabitation et de la réalisation d'un investissement précédent.

En définitive, nous pouvons affirmer que le nombre des investissements des migrants congolais reste faible, mais cette situation ne peut être attribuée à la pauvreté des familles d'origine. Le problème est sans doute à rechercher aux conditions d'intégration des migrants dans leur pays de destination. C'est ainsi que l'accès à l'emploi, surtout un emploi qualifié pour les migrants les plus instruits, reste le seul gage de l'accroissement de la proportion des investissements chez les migrants congolais.

# CONCLUSION

En guise de conclusion, nous pouvons admettre le rôle joué par la famille d'origine des migrants non pas dans le sens négatif, mais plutôt dans une orientation tendant à soutenir les projets d'investissements des migrants. La régularité des transferts d'argent aide sans doute à soutenir la réalisation des investissements même si les résultats statistiques ne permettent pas de consolider une telle conclusion. Les migrants issus des familles pauvres sont les plus entreprenants en matière d'investissements. Cela doit interpeler et devrait conduire à soutenir les actions entreprises par les migrants étant entendu que ces derniers les mènent par pur altruisme dans le but d'améliorer les conditions de leurs proches au pays.

La part des transferts d'argent ne faiblit dans la survie des familles d'origine des migrants congolais, mais il n'est pas possible d'incriminer la dépendance présumée de ces familles pour expliquer le faible taux d'investissements parmi ces migrants. Par ailleurs, le genre permet d'expliquer une part importante du taux d'investissement. Mais nous estimons que c'est à travers l'accès à l'emploi que cette influence s'exprime mieux. Les femmes sont plus susceptibles d'occuper un emploi, peu importe le niveau de qualification requise, que les hommes. C'est peut-être pour cela qu'elles sont plus susceptibles de réaliser un premier investissement et un nouvel investissement au cours de chaque année d'observation.

En définitive, les migrants congolais installés en Europe peuvent bien aider leur famille d'origine à améliorer leurs conditions de vie comme ils le font déjà bien pour la survie à travers les transferts d'argent. Seulement leur accès laborieux à l'emploi peut expliquer leur faible niveau de participation au développement de leur pays d'origine à travers les investissements économiques. Si cela était possible, ils devraient œuvrer davantage à une meilleure intégration professionnelle pour espérer accroitre leur contribution au développement de leur société d'origine.

# BIBLIOGRAPHIE


AMUEDO-DORANTES C., POZO S., 2006: "Remittances Receipt and Business Ownership in the Dominican Republic", in: *The World Economy*, journal compilation, pp. 930-956.

BOUNIE D., DIMINESCU D., FRANÇOIS A., 2010 : « Une analyse socioéconomique des transferts d'argent des migrants par téléphone », in : *Réseaux*, n° 159, pp. 92-109.

BOURENANE M., 2007 : *Les transferts de fonds des migrants, un enjeu de développement*, Tunis, Banque africaine de développement.

DAFFÉ G., 2008 : « Les transferts d'argent des migrants sénégalais. Entre espoir et risque de dépendance », in: M.C. DIOP (éd.), *Le Sénégal des migrations. Mobilités, identités et sociétés*, Crepos – Karthala, pp. 105-129.

DE LA BRIÈRE B., SADOULET E., DE JANVRY A., LAMBERT S., 2007 : "The roles of destination, gender, and household composition in explaining remittances: an analysis for the Dominican Sierra", in: *Journal of Development Economics*, vol. 68, pp. 309-328.

DIA H., 2007 : « Les investissements des migrants dans la vallée du fleuve Sénégal : confiance et conflits d'intérêts », in: *Revue européenne des migrations internationales*, vol. 23, n° 3, 29-49.

DÍAZ-BRIQUETS S., 1991 : “The Effects of International Migration on Latin America”, in: D.G. PAPADEMETRIOU et P.L. MARTIN (eds.), *The Unsettled Relationship: Labor Migration and Economic Development*, New York, Greenwood Press, pp. 183-200.

DJAJIC S., 2010 : Investments Opportunities in the Source Country and Temporary Migration, in: *Canadian Journal of Economics*, vol. 43, n° 2, pp. 663-682.

DRINKWATER S., LEVINE P., LOTTI E., 2003, “The Labour Market Effects of Remittances”, University of Surrey, FLOWENLA Discussion Paper.

DUPONT V., DUREAU F., 1988 : *Renouveler l’approche de la dynamique urbaine par l’analyse des migrations ? Essai méthodologique à partir d’expérience en Afrique de l’Ouest*, CNRS, CEGET, Paris.

DURAND J., KANDEL w., PARRADO E.A., MASSEY D.S., 1996 : “International migration and development in Mexican communities”, in: *Demography*, vol. 33, n° 2, pp. 249-264.

GILIANI I., KHAN M.F., IQBAL M., 1981 : “Labour Migration From Pakistanto the Middle East and its Impact on the Domestic Economy”, Final Report, Research Project on Export of Manpower to the Middle East, World Bank, Washington DC.

GLYTSOS N.P., 1993 : “Measuring the Income Effect of Migrant Remittances: A Methodological Approach Applied to Greece”, in: *Economic Development and Cultural Change*, University of Chicago Press, vol. 42, n° 1, pp. 131-168.

GUBERT F., 2000 : “Migration, Remittances and Moral Hazard. Evidence from Kayes (Western Mali)”, CERDI, Document de Travail de la série «Etudes et Document », n° E 2000.17.

LUCAS R.E.B., STARK O., 1985 : “Motivations to remit: Evidence from Botswana”, in: *Journal of Political Economy*, vol. 93, n° 5, pp. 901-918.

MANGALU MOBHE A., 2011 : Migrations internationales, transferts des migrants et conditions de vie des ménages d'origine : cas de la ville de Kinshasa, Thèse de Doctorat en Sciences Politiques et Sociales, Louvain-la-Neuve.

MARQUES J.C., GOIS P., 2008 : « Pratiques transnationales des capverdiens au Portugal et des portugais en Suisse », in :*Revue européenne des migrations internationales*, vol. 24, n° 2, pp. 147-165.

MARTIN P.L., 1991 : "Labor Migration: Theory and Reality", in: D.G. PAPADEMETRIOU et P.L. MARTIN (eds.), *The Unsettled Relationship: Labor Migration and Economic Development*, New York, Greenwood Press, pp. 27-42.

MARTIN M.F., 2004 : Les déterminants de la migration interrégionale au Québec : Caractéristiques des régions et des migrants, Département des Sciences économiques, Faculté des études Supérieures, Université de Montréal, Montréal.

MCCORMICK B., WAHBA J., 2001 : "Overseas Work Experience, Savings and Entrepreneurship amongst Return Migrants to LDCc", in: *Scottish Journal of Political Economy*, vol. 48, n° 2, pp. 164-178.

MESNARD A., 1999 : "Migration internationale, accumulation d'épargne et retour des travailleurs", Thèse de doctorat, École des Hautes Études en Sciences Sociales, Paris, 380 p.

PÉROUSE DE MONTCLOS M.A., 2008 : « Les migrations au secours de l'Afrique noire ? », in : *Annuaire suisse de politique de développement*, vol. 27, n°2, pp. 43-51.

PHONGI KINGIELA, 2010, Intégration professionnelle des immigrants congolais en Belgique: Facteurs explicatifs de l'accès au premier emploi, Mémoire de Master en Sciences de la Population et du Développement (Démographie), Université catholique de Louvain.

POVEDA A.D.R., 2007 : "Determinants and Consequences of Internal and International Migration: The Case of Rural Populations in the South of Vera Cruz, Mexico", in : *Demographic Research*, vol. 16, n° 10, pp. 287-314.

RICHTER S., TAYLOR J.E., 2008 : "Gender and the Determinants of International Migration from Rural Mexico Over Time", in : MORRISON, A.R., M. SCHIFF et M. SJÖBLOM (éds), *The International Migration of Women*, Palgrave Macmillan/Word Bank, New York, Washington DC, pp. 11-50.

SCHOONVAERE Q., 2010 : « Étude de la migration congolaise et de son impact sur la présence congolaise en Belgique: Analyse des principales données démographiques », GEDAP & CECLR.

WANNER P., 2008 : « L'apport des migrants au développement : une perspective économique », in : *Annuaire suisse de politique de développement*, vol. 27, n° 2, pp. 121-131.

ZACHARIAH K.C., MATHEW E.T., IRUDAYA RAJAN S., 2001 : "Social, economic and demographic consequences of migration on Kerala", in: *International Migration*, vol. 39, n° 2, pp. 43-68.

# *Chapitre 8*

# Envois de fonds, utilisations et transformations socioéconomiques au Mali

CISSE Pierre

## INTRODUCTION

La migration est un phénomène complexe et très variable, dont les connotations et les résultats peuvent être ambigus pour les communautés d'origine et de destination. Son potentiel pour le développement peut être énorme, comme cela a été démontré pendant la dernière décennie.

Les transferts d'argent des migrants vers leurs pays d'origine, communément appelés rémittences ou remises, ont connu une hausse considérable ces dernières années. L'Afrique subsaharienne (ASS) est touchée à plus d'un titre par ce phénomène. Les envois d'argent des migrants sont, pour bien des pays, une source de financement extérieur d'une importance considérable à l'instar des investissements directs étrangers. L'augmentation des transferts de fonds vers l'Afrique subsaharienne va de pair avec un intérêt grandissant des autorités locales et banques privées dans les pays d'origine des migrants, mais aussi des organisations internationales (agences de la Banque mondiale, du FMI), et de la société civile pour ces fonds. En effet, non seulement, les montants en jeu sont très importants en termes absolus et relatifs, mais les migrants se sont aussi révélés être de véritables « acteurs du développement » à travers le financement de projets individuels et collectifs grâce à leurs envois de fonds. Cette contribution est la synthèse d'une recherche documentaire sur les transferts par les migrants et leurs utilisations au Mali.

## LES TRANSFERTS DE FONDS DES MIGRANTS

Les transferts de fonds se composent de trois flux de transfert monétaires dont les chiffres sont publiés, annuellement par la BCEAO, dans son annuaire statistique de la balance des paiements : les envois de fonds des travailleurs, la rémunération des employés et le transfert des Maliens de l'extérieur.

Les rapatriements de fonds désignent tous les transferts monétaires effectués par les migrants vers leurs pays d'origine. Dans la plupart des cas, les envois de fonds sont effectués à titre individuel par un travailleur migrant au profit de proches dans son pays d'origine. Il peut aussi s'agir de fonds investis ou déposés par le migrant dans son pays d'origine. Les transferts de fonds constituent, particulièrement pour le Mali, une importante source de devises étrangères, qui permet d'importer des biens vitaux et même de rembourser des dettes. Ils jouent aussi un rôle déterminant dans la réduction de la pauvreté.

Selon Christian Josz (Département Afrique, FMI, 2013), les Transferts de fonds au Mali dépassent l'aide publique et les investissements directs étrangers. Ils sont devenus une source de financement de plus en plus importante et fiable. Bien que 90 % des migrants maliens vivent dans d'autres pays d'Afrique subsaharienne, le migrant moyen en Europe envoie dans son pays trois fois plus de fonds que les migrants vivant dans d'autres pays en développement.

L'importance des envois de fonds pour l'économie malienne s'est accrue ces dix dernières années (Banque Mondiale, 2013). En 2012, les envois de fonds au Mali ont atteint 861 millions de dollars EU, soit plus de 300 milliards de F.CFA (graphique 1). Ce montant représente 8,3 % du PIB nominal, contre 140 millions de dollars EU (5,3 % du PIB) en 2000, d'après une nouvelle méthodologie adoptée par la Banque centrale des États de l'Afrique de l'Ouest) en 2011.

Jusqu'en 2012, la BCEAO estimait les envois de fonds à 70 % des transferts effectués par l'intermédiaire des banques et des sociétés de transfert de fonds, ainsi qu'au moyen de mandats postaux et de chèques de voyage. Les estimations de la Banque mondiale sont proches de celles établies par la BCEAO suivant cette méthodologie (graphique 1).

En 2013, la BCEAO a adopté une nouvelle méthodologie pour estimer les envois de fonds à partir de 2011. Cette nouvelle méthodologie consiste à estimer les envois de fonds en faisant la somme des envois formels et informels en se fondant sur les résultats d'une enquête auprès des ménages dans les pays de l'Union économique et monétaire ouest-africaine (UEMOA).

Graphique 1. Données sur les envois de fonds par les migrants internationaux au Mali.

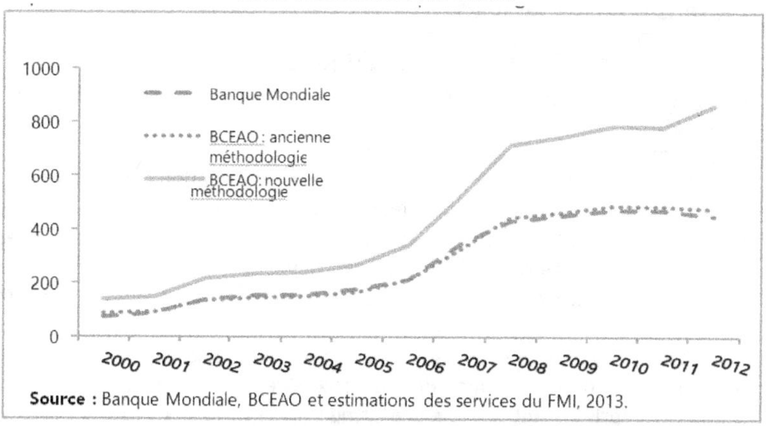


**Source :** Banque Mondiale, BCEAO et estimations des services du FMI, 2013.

Ainsi, les envois de fonds formels sont estimés à 77 % des transferts passant par les banques et les sociétés de transfert de fonds. Les envois de fonds informels sont estimés à 41 % des envois de fonds formels.

Les mêmes réseaux ont été identifiés dans d'autres travaux de recherche (Kéita et Cissé, 2003); le programme FSP[29] 2003-74 (2008-2009). Les migrants utilisent des réseaux informels (les visites au village, le main-à-main et le système de mallettes) et des réseaux officiels (banques, Western Union, Money Gram). Dans le programme FSP, 68% des transferts de fonds des migrants de la région de Sikasso passent volontairement par les organismes de transfert ou bancaires plus fiables (66 700 000/101 996 000 FCFA). Ceux de la région de Kayes privilégient les réseaux relationnels[30] : 82% des transferts (189 482 000/376 362 000 FCFA). Les migrants pêcheurs du Delta envoient à leur groupe de production au Mali des contributions qui tournent généralement entre 100 000 et 200 000 F CFA par an (Jul-Larsen et Kassibo 2000).

Quelle que soit la source considérée, le constat est le même : les émigrés injectent des sommes d'argent énormes au pays d'origine. Mais, le manque de statistiques fiables rend difficile l'estimation et la quantification des chiffres. La migration internationale demeure une importance source de revenus pour les familles.

La migration internationale joue un rôle important dans l'économie familiale. Les apports d'argent, même s'ils sont

---

1 Le programme FSP 2003-74 « Migration Internationales maliennes, Recompositions des territoires et impacts sur les sociétés d'origine » a été réalisé entre 2008 et 2009 dans six cercles : Bougouni, Kolondiéba et Yanfolila dans la région de Sikasso, Diéma, Kayes et Yélimané dans la région de Kayes. Il a concerné au total 24 villages avec un échantillon de 980 chefs de concession.

[30] A Kayes, l'usage des réseaux relationnels implique la marque d'une pratique migratoire bien rôdée depuis deux décennies. Par contre à Sikasso, les migrants privilégient les réseaux formels jugés plus sûrs, plus fables bien que plus coûteux.

parfois limités, participent à l'économie familiale. La majorité des bénéficiaires occupent des emplois dans l'agriculture. Leurs revenus dépendent fortement du cycle de culture et des aléas climatiques. Aussi, les activités économiques des concessions sont souvent soutenues par les rémittences.

Les transferts de fonds constituent une importante source de revenus dans les régions de forte émigration internationale comme les régions de Kayes, Sikasso (Daum et Cissé, 2010). Dans l'ensemble des cercles de Diéma, Kayes et Yélimané, les transferts d'argent représentent 57,72% des revenus des familles avec migrants (376 362 000 sur 652 042 950 FCFA, soit 573 722 Euro soit en moyenne 1202 435 FCFA par migrant). Par contre, la part des transferts dans l'économie familiale est de 17,9% : 101 996 470 FCFA sur un total de 570 470 619 FCFA, 155 481 Euro pour une moyenne de 404 746 FCFA par migrant.

Les flux financiers injectés au Mali par les migrants internationaux contribuent de manière significative à la réduction de la pauvreté et/ou à la reproduction des cellules familiales singulièrement en milieu rural.

Le volume des transferts est directement lié au nombre d'émigrés installés en Europe. Les sommes sont évidemment liées au niveau des revenus des émigrés et la migration en Europe est, en ce point de vue, une situation plus favorable à des transferts importants. En effet, le constat est que les transferts réalisés par les Maliens de Kayes représentent 80% du total enregistré.

Les retombées financières de la migration internationale sont l'une des principaux amortisseurs de la crise alimentaire dans les familles d'origine au Mali. Selon certains travaux (Diarra et Cissé, 2003 ; Cissé 2009 ; Daum et Cissé, 2010), la grande partie (environ 75%) des sommes sont destinées aux familles. Les dépenses d'entretien ou budget familial (*foroba* en langue bambara) constituent le premier poste de dépense des transferts des émigrés (Daum et Cissé, 2010 ; Fall, 2003).

La rente migratoire constitue un des éléments régulateurs de la crise financière et un des facteurs de réduction de la pauvreté des familles pourvoyeuses de migrants, une survie pour la famille.

La migration internationale palie l'insécurité alimentaire par la création de banques de céréales et coopératives par les transferts financiers. Comme observées dans les régions des Sikasso et de Kayes (Daum et Cissé, 2010), les activités économiques des concessions sont aussi soutenues par la migration (équipements agricoles, main d'œuvres agricoles). Selon la même source, l'amélioration des commodités, plus grande dans les concessions, est attribuée à l'argent des migrants.

## LES INVESTISSEMENTS DES MIGRANTS

Au Mali, l'investissement des Diasporas est un phénomène ancien. Déjà en 1960, les premiers migrants mettent en œuvre des projets pour améliorer le quotidien de leur famille restée au pays. Longtemps cantonnées aux investissements dans les structures collectives (construction des écoles, centres de santé, mosquées), les champs et les modalités d'actions sont de plus en plus diversifiés.

Les investissements de la diaspora ont varié beaucoup selon les conditions au Mali. Après une période d'investissement faible dans les années 1980-90, les investissements connaissent une bonne reprise et paraissent plus que jamais relancés après 1995[31]. Ceci trouve son explication dans l'intérêt que les autorités avaient témoigné envers communautés migratoires qui ont été incitées à revenir

---

[31] La répression militaire de 1968 à 1991 considérait les migrants maliens comme des mauvais enfants du pays qui ont quitté le pays. Ils ont été découragés par les lourdeurs administratives, les incertitudes et la fermeture réseaux commerciaux dans leurs projets investir au Mali jusqu'à l'avènement de la démocratie en 1991.

investir au Mali grâce à certains changements apportés à la législation interne.

A ce jour, 400 associations maliennes sont recensées en France ayant pour objectifs statutaires le développement de leur village d'origine. La zone d'intervention de prédilection des migrants est la région de Kayes d'où ils sont majoritairement originaires. Certaines actions sont mises en œuvre dans le District de Bamako.

Aujourd'hui, la place économique des transferts est indéniable au Mali en matière d'investissement, de décentralisation (développement local), transformations et d'occupation de l'espace urbain par le bâti dans les grandes villes comme Sikasso, Kayes et particulièrement le district de Bamako (Cissé, 2009). Pour optimiser l'investissement des Maliens de l'extérieur, le MMEIA a organisé du 11 au 13 décembre 2009 le Forum de Investisseurs de la Diaspora Malienne (FIDIMA) et élaboré la Politique Nationale de migration. Ils contribuent aussi au rééquilibrage des rapports villes/villages et au désenclavement des campagnes (Pélissier P. : 2001).

## *Développement local*

La décentralisation est aujourd'hui une opportunité pour instaurer un dialogue politique avec les migrants dans un contexte de dynamisme associatif. La coopération décentralisée est un catalyseur de la participation des émigrés au développement local de leur zone d'origine. Ne pouvant, du fait de leur absence, intégrer comme élus les collectivités locales, les émigrés jouent un rôle de médiateur entre les institutions de leurs pays d'accueil et celles de leurs pays d'origine. Les collectivités locales, surtout dans les régions fortement pourvoyeuses d'émigrés, les prennent davantage en compte comme de nouveaux médiateurs, de nouveaux diplomates économiques (Rapport Cissé/BIT 2003 ; PRIM Mali 2009 ; FSP 2010 ; MTD 2013).

Comme évoqués plus haut, les transferts de fonds des migrants représentent 5,99% du Produit Intérieur Brut du Mali. Ils sont supérieurs aux Investissements Directs Étrangers de 77,7% en moyenne. Cette capacité d'épargne très importante est faiblement investie dans les actions de développement (Kéita et Cissé/BIT, 2003). Selon la même source, ces fonds sont généralement destinés au budget familial[32] pour 75% des montants transférés.

Les transferts de fonds peuvent être utilisés pour l'amélioration du logement, surtout dans les zones ACI 2000 en Commune IV et V de Bamako. En effet, avec l'avènement de la Banque de l'Habitat du Mali – BHM, certains migrants dirigent leurs fonds vers des activités d'investissement et achètent des terres et des petits commerces. C'est pourquoi les 90% des transferts privés reçus par la BHM sont destinés à l'immobilier qui connaît actuellement un essor considérablement au Mali. Les investissements des migrants internationaux vont donc de l'immobilier aux petites et moyennes entreprises à travers la création d'un commerce, le transport.

Le choix des migrants pour l'investissement immobilier est lié à des enjeux divers : le rôle symbolique et pratique d'être propriétaire d'une maison, de se loger et de loger sa famille décemment, d'entrevoir des possibilités de rentabilisation locative (Daum, 2010 ; Fall, 2004).

Dans le district de Bamako, on assiste à un développement urbain dans les quartiers ACI 2000 en

---

[32] Il s'agit de transferts non affectés qui permettent de faire face à l'essentiel des dépenses monétaires (ordonnances médicales, droits de scolarité, impôts, habillement, vivres, prestiges...). Les immigrés ont créé des magasins villageois pour le ravitaillement de leurs familles en vivres : un migrant passe la commande, le magasin livre la marchandise (denrées alimentaires, céréales...) à la famille au village et se fait rembourser par le biais des transferts.

Commune IV et V. Près de 95% du bâti appartient aux migrants internationaux (Cissé, 2001). Les investissements immobiliers de l'émigré donnent aujourd'hui un coup aux entreprises informelles du bâtiment dans les grandes villes.

L'accumulation financière issue des investissements immobiliers leur permet de taquiner d'autres secteurs d'investissement comme le commerce et le transport. On constate aussi une diversification de l'investissement des nouveaux migrants dans des secteurs comme le commerce import-export de véhicules d'occasion, de pièces détachées, de friperie, de matériaux de construction, etc. Cependant, l'exploitation de créneaux d'investissements productifs par les migrants au Mali est souvent entravée par des blocages tels que les lourdeurs administratives, l'insuffisance, pour ne pas dire l'inexistence, de structures institutionnelles nationales d'appui orientées vers des secteurs dits productifs, la corruption et la non utilisation des connaissances professionnelles acquises dans les pays d'accueil.

Ces obstacles hypothèquent les investissements productifs et de développement. L'obstacle du partenariat et celui de l'obtention de financement complémentaire souvent élevé pour la réalisation d'investissements. La demande sociale prégnante de la famille (élargie) constitue également une difficulté pour le migrant dans la réalisation de ses projets.

En matière de création d'emploi, les émigrés peuvent contribuer à la relance du secteur privé car le secteur public a montré des signes d'essoufflement en matière de recrutement. La prise de conscience de migrants jeunes, travailleurs indépendants du rôle qui lui est dévolu dans la construction nationale peut être un révélateur de leur potentiel de contribution au développement de leur pays au retour de la migration.

Ainsi, par ce biais, les artisans engagés dans la production locale de matériaux entrant dans la construction des maisons ont vu leurs affaires se développer. Le commerce des matériaux de construction importés d'Europe du Sud assure la prospérité de beaucoup de commerçants.

En plus de l'utilisation individuelle des fonds, il faut noter l'utilisation collective avec l'apparition des associations depuis les années 80, ces associations ont connu une évolution qualitative qui s'accompagne en outre d'une démarche fédérative avec le passage du niveau villageois au niveau régional. L'association inter villageoise permet le passage à une véritable réflexion sur la maîtrise des terroirs. De plus en plus d'associations regroupant l'arrondissement (15 à 40 villages) ont vu le jour. Constituées souvent sous le prétexte d'unir les efforts, ces associations se confrontent à la mise en valeur des réseaux hydrauliques en vue d'améliorer les conditions du travail agricole. Cela est favorisé par la Démocratisation et la Décentralisation qui constituent une réalité au Mali.

Dans certaines localités de la région de Kayes, l'apport des migrants a permis, au-delà de l'appui alimentaire, de réaliser successivement des infrastructures religieuses, sociales et productives. Le cas le plus illustratif est Cercle de Yélimané où l'ADCYF (Association des Ressortissants du Cercle de Yélimané en France) a fait de nombreuses réalisations dans certains domaines (entre 1985 et 2000) pour le seul cercle :

Santé : 22 dispensaires, 15 maternités, 22 pharmacies, Éducation : 100 écoles, 16 médersas, 2 cantines scolaires ; Approvisionnement en eau potable des populations : 194 puits et forages, 9 châteaux d'eau ; Agriculture : 13 barrages ou digues de retenue d'eau pour les petits périmètres irrigués ; Alimentation : 22 coopératives de consommation pour l'approvisionnement des populations en produits de premières nécessités ; Logement : 26 logements de fonction et Lieu de Culte : 47 mosquées.

Une autre enquête réalisée auprès de 42 associations de migrants en France, de 31 villages et 21 communes au Mali, soit un total de 260 projets (Gauvrit, Le Bahers, 2004), a permis d'établir que les associations de migrants de cette même région ont participé à la mise en place de plus de 220 réalisations dans les 31 villages concernés par l'étude. Les secteurs d'intervention des associations communautaires de migrants sont la construction de mosquées (42 %), les travaux hydrauliques (20 %), la construction de centres de santé (17 %) et la construction d'écoles (10 %). Autrement dit, près de la moitié des sommes transférées par les communautés de migrants n'est pas destinée à de l'investissement productif (Graphique 2).

Graphique 2 : Secteurs d'intervention des Migrants ; Source : Gauvrit et Le Bahers, 2004

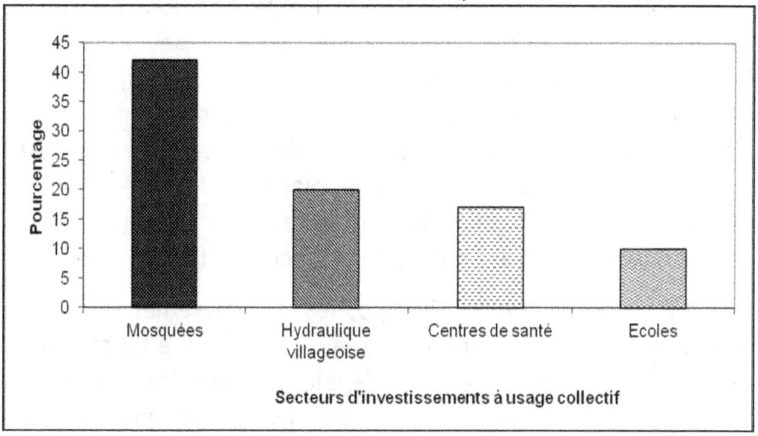


Malgré le poids considérable de l'argent des migrants, d'autres études (Mirabet et Gendreau, 2007) ont montré que le niveau de vie de la population dans la région de Kayes n'est pas supérieur à celui du reste du pays. Les retours d'argent ne semblent pas contribuer à améliorer les conditions de vie des ménages bénéficiaires et à stimuler l'activité économique de la zone de départ.

L'impact économique de la migration peut être optimisé par des actions de co-développement. Il s'agit de soutenir les initiatives des migrants afin de valoriser leur apport pour le développement du pays d'origine.

D’autres travaux (Jul-Larsen et Kassibo 2000) ont révélé que chez les pêcheurs bozo du Delta Central du fleuve Niger, l'argent des migrants est utilisé pour acheter du matériel de pêche quand on sait que ce sont des pêcheurs. Il s'agit ici d'achat de filets, d'engins de pêche (pirogues, pinasses). Quelques ménages arrivent à acheter des moteurs "YAMAHA" de 700000 à un million de francs CFA selon la puissance en chevaux. Certains migrants, pas nombreux, achètent ou retournent avec le prix de plus d'un million de francs CFA. D'autres investissent dans le bétail (achat de vaches) et/ou dans l'attelage (bœufs de labour, charrues, voire charrettes).

A la lumière de ces résultats, l'impact socio-économique de la migration des pêcheurs, dans le cadre du développement local de la zone lacustre, est encore mitigé par rapport à la région de Kayes. La migration des pêcheurs ne semble pas apporter pour le moment un véritable développement des structures de production dans la majorité des ménages qui envoient des membres en migration, et particulièrement dans les secteurs d’investissements à usage collectif.

Dans la région de Sikasso, les investissements portent sur les équipements agricoles, quand on sait que cette région est à vocation agricole avec le développement des cultures de rente comme le coton. Les migrants investissent peu dans les infrastructures de développement local telles les écoles, centres de santé entre autres (Kéita, 2010 ; Cissé et Daum, 2010).

## Gouvernances locales et développement par le biais de la migration internationale

Les institutions formelles et aussi informelles qui existent dans les régions du Mali, suivant leurs aptitudes à gérer les contributions des migrants, ont une importance décisive quant au développement de ces régions. Quand les autorités locales sont capables de redistribuer les ressources, de diriger les investissements vers les projets profitables, collectifs et à long terme (écoles, centres sanitaires, infrastructures, industries), et de mettre à jour des projets de développement, les contributions des migrants peuvent jouer un grand rôle. Sinon, les dons et les investissements des migrants peuvent se réduire à une contribution à la reproduction familiale, sans apporter grand-chose à la société globale.

Ainsi, on a pu constater que dans la 1re région du Mali, les transferts de fonds des migrants sont les plus élevées, comparés à ceux des autres régions, et aussi les effets des fonds transférés sont les plus efficaces. Les expatriés maliens ont par exemple, grâce à l'épargne fait pousser des écoles, des centres de santé communautaire, des édifices religieux, des centres secondaires d'État Civil, des petits barrages, et des forages. De plus, avec la participation des migrants comme élus locaux, les sociétés locales à Kayes sont de plus en plus capables de convertir collectivement les investissements dans les secteurs profitables. Leurs « succès » se traduisent par leur aptitude à transformer les organisations et administrations faibles, en des formes de gestion communale un peu plus stable, prédicable et efficace. Cependant, il est à noter que la non concertation laissent apparaître des contradictoires et ambiguës pour les réalisations d'intérêt collectif (écoles, centres de santé, etc.).

Contrairement à la région de Kayes, les effets de la migration de travail pour la réalisation et la gestion les structures et les organisations anciennes sont moins renforcées dans leur utilité insuffisante et parfois exploitante. Les institutions et autorités locales et traditionnelles, ainsi que les autorités communales et régionales, sont peu capables de s'accorder sur l'accès aux ressources et sur l'emploi des fonds et investissements des migrants (Jul-Larsen et Kassibo 2000).

Délibérément, les autorités sont multiples et contradictoires, ainsi que les logiques et les règles bureaucratiques et les normes sociales. Ces mêmes pratiques s'observent dans les localités de fortes migrations internationales (Bougouni, Kolondiéba et Yanfolila) dans la région de Sikasso (MPDL, 2007). Tout ceci rends difficile la chance de la population d'améliorer ses conditions de vie collective (Jul-Larsen et Kassibo, 2000).

# CONCLUSION

La notion de développement est fréquemment évoquée dans les régions à forte migration internationale. Dans la région de Kayes, la quasi-totalité des infrastructures collectives ont été financées par les émigrés. Comme le dit un élu local, « Tout ce qui existe dans le village, nous le devons aux émigrés ».

De plus en plus, les autorités locales des pays d'origine des migrants ainsi que les institutions internationales trouvent en cette « manne financière » des sources de revenus fiables pour financer le développement socio-économique et des investissements dits « productifs ». Cependant, il ne faut pas trop compter sur ces capitaux car les trois quarts de ces flux sont consommés instantanément par les bénéficiaires (membres de la famille, communautés) sous forme de dépenses alimentaires, scolaires et sanitaires (souvent à cause de problèmes liés à la pauvreté, au chômage à la sécheresse etc.). Une partie pourtant considérable permet aux migrants de construire une villa plus ou moins modeste, pour servir de résidence pour leurs familles et pour leurs propres vacances et leur établissement définitif au Mali à leur retraite.

Certains migrants plus fortunés investissent dans l'immobilier et de plus en plus dans les activités génératrices de revenus. Malgré les efforts consentis par les émigrés, l'amélioration de l'utilisation des fonds pour le développement local et national s'avère nécessaire dans les secteurs sociaux : les infrastructures de santé par le principe de codéveloppement ; le secteur productif qui est le maillon faible des politiques de ce codéveloppement. Cette situation s'explique par le niveau élevé des échecs dus à la mauvaise identification des porteurs de projets, une ingénierie de l'accompagnement des entreprises des migrants ; l'incapacité des migrants, dans leur majorité, d'entreprendre des activités privées.

Pour pallier ces obstacles, il est nécessaire de créer des dispositifs d'identification et d'accompagnement des porteurs de projets dans les pays d'origine ; développer des initiatives d'investissement dans les pays d'origine, etc.

La dichotomie entre l'économique, la pauvreté et la dimension migratoire sont indissociables dans l'optique du développement local (village, commune d'origine), voire national importance de la migration dans le PIB du pays).

Les nouvelles habitudes migratoires sont à mettre en relation avec les évolutions récentes dans les domaines économique, politique, social, et environnemental, au Mali et dans les pays d'accueil.

# BIBLIOGRAPHIE

CISSÉ P., 2009 : « Migration malienne au Cameroun : à la conquête du secteur informel » pp. 38-51, dans la revue *Hommes Migrations* N°1279, Paris.

CISSÉ P., CAMARA A., 2003 : Étude nationale sur les liens entre migrations et développement : cas du Mali. Projet «Migration de main d'œuvre et de développement en Afrique de l'Ouest », (RAF/02/M59/NET), BIT.

DAUM C., CISSE P., 2009 : - Migrations internationales maliennes. Recomposition des territoires migratoires et impacts sur les sociétés d'origine. Document de synthèse du

Programme FSP 2003-74, IRD, *Développement et Sociétés* : 85-92.

DIARRA S., CISSÉ P., 2003 : « Migration et pauvreté au Mali » in HERTICH V., KETA S., *Questions de population au Mali*, Bamako, éd. le Figuier, pp. 203-226.

FALL A.S., 2003 : Enjeux et défis de la migration de travail ouest – africaine, *International Migration* Paper N° 63, Bureau International du Travail.

GAUVRIT L., LE BAHERS G., 2004 : Pratiques associatives des migrants pour le développement de leur pays d'origine : le cas des migrants maliens de France originaires de la région de Kayes, FSP Codéveloppement/Mali.

GUIBERT F., 2000 : *Migration et gestion collective des risques. L'exemple de la région de Kayes (Mali)*, thèse de doctorat

JUL-LARSEN E., KASSIBO B., 2000 : « Fishing at home and abroad – access to waters in Niger's Central Delta and the effects of work migration », article non publié, CMI/ISH, 2000.

MOUVEMENT POUR LA PAIX, LE DÉVELOPPEMENT ET LA LIBERTÉ (MPDL), 2007 : « Associations et migrations maliennes en Espagne », Rapport provisoire, 2007, 112 p.

ORGANISATION INTERNATIONALE DU TRAVAIL (OIT), 2003 : « Migration de main d'œuvre et développement en Afrique de l'ouest (raf/02/m59/net). Études nationales sur les transferts de fonds : cas du Mali, liens entre migration et développement ».

PELISSIER P., 2001 : Les interactions rurales – urbaines en Afrique de l'Ouest et centrale. *Le bulletin de l'APAD* n°19, Les interactions rural – urbain. Circulations et mobilisations des ressources.

PRIME-MALI, 2008 : « La migration une solution à la réduction de la pauvreté, cas de la région de Kayes « Communication du 26 au 29 juin à l'Hôtel Kamankolé à Kayes.

## *Chapter 9*

# Local governance and financial transfers from the migrants: the case of the Grassfields' diaspora in Cameroon

Joseph KEUTCHEU, Lilian Atanga LEM

## INTRODUCTION

How do we explain the impact of cash transfers on local politics in Cameroon? This question seems superfluous or useless. The apparent uselessness of the question appears to be an optical illusion created by the blinding evidence of the economic impact of cash transfers in the daily lives of household recipients. Actually, much research emphasizes the fact that transferred money is destined to improve the well-being and the productivity of poor populations back in Africa, especially in the domains of health, education and information and communication technology. Most analysis on cash transfers by African diasporas however remain shut in a prism that exercises a dangerous economic imperialism on of the observers (Harvey 1989: 147-159; Keohane and Nye 1977). Knowledge of cash transfers therefore remains fragmented and largely confined to specific economic contexts. As a forest, the domain of migrants cash transfers is vast. Unitl now, research in the domain of cash transferred has been only on one track, that is, the economic one. Beyond that, it is possible to broaden analysis of the impact of the African migrants' financial transfers.

In order to follow and participate in knowledge sedimentation on cash transfer in Africa, our paper intends to go beyond the economic prism and to interrogate the political impact of cash transfer. This logically opens up to two heuristic perspectives on the dynamics of the African states facing globalization. The first one leads us to view money transfers as a way to consolidate de-territorialized citizenship, that is, a sort of long-distance citizenship or an out-of-country political participation of Cameroonian migrants. The second perspective, a logical consequence of the first, traces the impact of that financial contribution of Cameroonian Diaspora in local governance in terms of "extraterritorialization" or "transnationalization[33]" of local governance.

Until now, the question of the political engagement across borders that African migrants pursue has yet to be studied in a broad sense. Indeed, political ties, networks, and practices across borders are experiencing proliferation and need to be pointed out as many studies concerning other areas do it[34], showing that transnational political practices are becoming a burgeoning field of research (Ostergaard-Nielsen 2001; Constas and Platias, 1993; Sheffer, 1986). These studies underline the various forms of direct cross border participation of the migrants in the politics of their country of origin. They show how migrants mobilize in the country of residence to produce a political impact in the country of origin. In our literature review, we were interested in some studies analyzing the *'translocal politics'*, that is, initiatives from abroad to better the situation in the local community where one originates from

---

[33] We use the term "extraterritorialization" or "transnationalization" to describe a world – our world – where political, economic and social organization and coordination increasingly reach across national borders.

[34] These studies mostly put in light the transnational circuits of exchange in which Chinese, Lebanese or Indian business people have flourished around various parts of the globe for decades. It is said that that circuits of exchange created a transnational social and political spaces between countries of emigration and country of immigration.

(Ragazzi, 2006; Ostergaard-Nielsen, 2000; Faist, 1999). *De facto*, these initiatives are creative of a situation of long-distance citizenship because ties between migrants and country of origin maintain and reinforce themselves. This perspective of analysis enters in congruence with our preliminary question and can act as basis of discussion on the ties between migrants' cash transfers and local community governance in Cameroon.

As logical continuation of the previous perspective, the second one follows an analytical stream that goes outwards and vice versa. It suggests a projection of national political practices outside states borders. Indeed, many scholars point to the fact that in our contemporary world, it becomes increasingly difficult to separate what takes place within national boundaries and what takes place across and beyond nations. They argue that, in the countries of origin, local institutions, local politics and policies are being reshaped by the transnational remittances and, at the same time, modify diaspora's configuration (Portes, Guarnizo and Landolt, 1999). It is also mentioned that in some post-conflict moments, political systems are rebuilt mostly because of the mobilization and participation of transnational exile communities and that, in that way, these communities are deeply reconfigured (Al-Ali, Black, and Koser, 1999). In our analysis, we also want to interrogate the political landscape ensuing in Cameroonian's diaspora cash transfer.

Our research therefore question is presented as follows: What relations can one establish between the Diaspora financial transfers and the local governance in Cameroon? This question arises especially in a context marked by the implementation of laws on decentralization, context in which one notes everyday cash transfers initiatives in the sense of the construction of public interest infrastructures in the Grassfields (Tchouassi, 2004). We then give out the hypothesis according to which dialectical relation exists between local governance and diasporas' remittances. In other words, at the same time as the financial transfers have an impact on the local governance, this one, on its turn, influences the configuration of the Grassfields diaspora. Besides, the two propositions of this dialectic constitute the two parts of our paper.

We are interested in particular in the Grassfields (administrative regions of West and Northwest) which are thought to constitute a large proportion of the Cameroonian diaspora[35] . To prove this hypothesis, we will carry out observations, semi-directive individual interviews and focus group discussions achieved in 6 municipalities of the West and Northwest regions of Cameroon (Dschang, Baham, Kumbo, Ndop, Bafut). It was especially a question to collect the opinions of a lot of actors engaged in the local governance in the above evoked municipalities and the opinions of the members of diaspora engaged in financing local projects of development. The data analysis is done on the basis of the Critical Discourse Analysis (CDA), method that permits us to scrutinize the explicit and implicit significances that the social actors give to their actions. Transnational approach of international relations and governance theories in public policy underlies our analysis. Our study is congruent with some contributions within the International Relations literature which, already in the 1980s, pointed the importance of transnational social networks. Our work appears in the same perspective as the one of Haas (1989, 1992) pointing the importance of social networks as key mechanisms of governance crossing over state boundaries. In the same way, more recent contributions talk about regulatory networks (Schmidt 2004), underscoring the wide variety of public and private actors involved in rule-making, institution-building and monitoring.

---

[35] Dieudonné Toukam, *Parlons Bamiléké*, Paris, l'Harmattan, 2008.

# TRANSNATIONAL POLITICAL PRACTICES: CASH TRANSFERS AND THE RECONFIGURATION OF LOCAL GOVERNANCE IN THE GRASSFIELDS

The qualitative data gathered in the field allow us to notice that migrants' cash transfers in direction of the Grassfields participate in to establish two prominent facts in the local governance: the creation of transnational policy networks relatively to preoccupations of the villages and, according to that, sorts of policy transfers linked to money transfers. The term "transnational" used here applies to human activities and social institutions that extend across national borders. The very definition of transnationalism refers therefore to states as bounded political entities whose borders are crossed by flows or people, money or information and are spanned by social networks, organizations or fields.

## Cash transfers and the creation of transnational policy networks in the Grassfields

While many of scholars' works on diaspora have integrated the transnational dimension of contemporary migration, little has been said so far on the capacity of these migrants to develop transnational political ties and what this means for sending and receiving societies (Lafleur, 2011). In this subsection, the focus is mostly on migrants' networks and activities that involve them in politics and policy oriented towards their country of origin. Observing the case of Grassfields' diaspora, we can easily say that there are intrinsic relations between migrants' cash transfers and the existence of transnational policy networks in that area. These networks are mostly consequences of the transnationalization of village concerns. Many studies on the Cameroon's Grassfields have shown that, because of the cultural specificity of this area, the type of socialization, people are attached to their soil or their village and in consequence, even if they travel out of the country, they symbolically transport part of their village on them (Kengne, 2003; Ghomsi, 1981; Dongmo, 1981.). Migrants' discourses describe the ties that the migrants maintain with their village: they go back there in visit, they send money or gifts; they invest there in the construction of a house or collective facilities (schools, hospitals, roads, etc.)[36]. In the name of this attachment to the "soil of ancestors", the village of origin always appears like a place where one will return, temporarily or definitively. This certainly explains the particular dynamism noticed in the cash transfers toward the Grassfields in general and Bamiléké[37] villages in particular.

Since the beginning of the economic crisis in the mid 1980s, by means of cash transfers, migrants' associations based on tribal origin are responsible for most of the development of community facilities in many villages in Cameroon, especially in the Grassfields. What is interesting here, apart from the local development, is the "transnationalism from below" that appears, that is the

---

[36] Telephone interview on September 25, 2012 with Abraham Takom (village of origin: Bamendjou), computer engineer at Total, Paris, France.

[37] Bamiléké is a collective term referring to a loose agglomeration of some 100 kingdoms or chiefdoms of the eastern Grassfields in the Western Province of Cameroon. These kingdoms are of varying size but have similar cosmology and social and political structures; they speak distinct, although related, languages. "Bamiléké" derives from the German mispronunciation of a Bali (western Grassfields) interpreter's designation, "Mba Lekeo," or "the people down there," which has been associated with this region since at least 1910, possibly since the 1890s. Currently, Bamiléké people most often refer to themselves as "Bamiléké" when speaking with non-Bamiléké, and as members of their specific kingdoms and villages when speaking with other Bamiléké.

emergence or the consolidation of political activities that migrants undertake to integrate directly or indirectly themselves in the local governance in their respective villages. Migrants have then to be considered here as actors of local governance in a context characterized by the implementation of decentralization laws and the growth of the autonomy of the local communities. To use actor's notion here means that we assume the hypothesis of the relative autonomy and the capacity of a collective of individuals doing strategic choices in a given context (Bermudez, 2011; 2010). We have globally noticed three big types of determinants of migrants' strategies in local public action:

- the financial resources they have which open a large field of the possible to them;
- the systems of representations in which they believe, that orient their strategies;
- and the interests pursued that define the finalities of their action.

With their financial resources, migrants' associations engage themselves into operations of modernization of the regions or the villages of origin of their members (Guillermou, 2003). Almost every village in the Grassfields has their own migrants' association active in the field of local development and social protection and which appears to be an original answer, but often ambiguous, to the crisis and to the relative disengagement of the state. For example, it is reported that almost every year, the Association of the Bahams of France, after having collected money from members, comes back to the village (Baham) to invest in collective infrastructures: equipment of the computer room of the high school of Baham, construction of class rooms, etc. In April 8, 2006, this association organized a big cultural and dancing evening at *Espace Chevreuil* in Nanterre, Paris (France), in order to raise the funds that had to serve to construct a hospital in Baham[38]. *Lemoû Bafou USA*, association of the Bafou of USA[39] and the Association of Bafou of France[40] are doing almost the same thing to develop Bafou, their village located near Dschang. It is the same with the Association of Sons and Daughters of Kumbo in the US. In the same logic, Goadjo-Kwuichue, the association of the Bandjoun women of France organizes, in October 12, 2012, a cultural and dancing evening in Paris in order raise money which will help renovate the orphanage of Mbouo-Bandjoun. On december 23, 2004, Bafut Manjong Cultural Association (BMCA), USA, offered 700 lbs of drugs directly to the chiefs of the ten health centers (both public and mission-run) in Bafut[41] and 103 bags of cement to the Bafut District Health Committee.

Local policy-making is then fragmented between State, local councils, NGOs and many diaspora's groups, all involved in the local development policy. As interest groups, Migrants' associations insert themselves in policy networks interested by local development (Knoke and al., 1996). From then on, the decisions and the public policies concerning local communities are rather conceived as the result of interactions between the public sector and the private sector than a state-centered initiative. Local governance appears most as a process of coordination of actors, social groups and institutions like city councils and ministries, in order to reach objectives defined and discussed collectively. Having integrated this logic of policy networks and having seen its complementarity with all the

---

[38] Telephone interview on September 25, 2012 with M. Kamdem William (village of origin: Baham), lawyer in the bar of Paris, France.

[39] Telephone interview on September 25, 2012 with M. Louis Zebaze (village of origin: Bafou), medical doctor, Maryland, USA.

[40] Telephone interview on September 25, 2012 with M. Dongmo Gerard (village of origin: Bafou), medical doctor, in Paris, France.

[41] These was: Mankanikong Health Center, Mambu Health Center, Nforya Health Center, Mundum Health Center, Mbakong Health Center, Manji Urban Health Center, Presbyterian health Center Nsem, Akofunguba Health Center, Buwe Bukari Health Center, and Manji District Hospital.

efforts that it undertakes for the national development, the Cameroonian government has recently launched a pro Diaspora policy characterized by initiatives in favor of the reduction of the costs of cash transfers toward Cameroon. Besides, on August 5, 2012, a forum has been organized between government and Cameroonian's diaspora in order to bring the Cameroonians from abroad to implicate themselves more in local development.

## Cash transfers and policy transfers toward local communities

The issue of migrants' political participation in societies of origin through cash transfers is also an issue of policy transfers (Evans, 2004). Policy transfer and its analogous term lesson drawing, is the process by which knowledge about policies, administrative arrangements, institutions and ideas in one political system (past or present) is used in the development of policies, administrative arrangements, institutions and ideas in another political system (Dolowitz and Marsh, 2000). Migrants' cash transfers are not just a matter of financial remittances. One can also see there the transfers of a sort of governance frame of local and common interests. Our paper then highlights the roles played by migrants' associations as "policy entrepreneurs" interacting with government and local councils in the international spread of ideas and information on how to manage local issues. Surprisingly, till today, scholars interested by diaspora's financial transfers have given less attention to the conditions usually attached to money reception and use.

One of the migrants interrogated said: « *This money must be managed by all for the whole village. It means that the development committee of the village must give account to the populations of how the money is used.*[42] ». Many migrants' associations in the Grassfields have their representatives in local development comities to ensure that the money sent is well used. *"It is necessary that our brothers in the village learn to give account when they manage public money. We insisted on this aspect and it is henceforth part of the rules applied in the development committee*[43] " said another. These migrants' discourses are of heavy significance in terms of governance and policy transfers. Re-socialized in a cultural context (host country) where the rules of democratic management of the public property are cardinal principles, the migrants tend to impose that the management of the sent money obeys these principles. By doing so, they participate in the transfer of governance principles, namely the accountability, performance and participation principles, in the management of their villages and local councils.

We are dealing here with "soft" policy transfer, that is to say the process does not affect government level or all the country and is not coercive. It is just linked to transnational circulation of ideas, principles, symbols, rhetoric around money governance and affects village and council governance. The "Policy entrepreneurs" selling "best practices" are migrants' associations which have drawn governance lessons from the host society (generally Europe or America) and want to implement it in their home country, particularly in their village. Policy transfers are here driven by perceived need for communities or villages of origin to change policy because there is a need for tangible development. In that way, cash transfers are strongly linked to the reconfiguration of local governance at villages' level and even at local council's level. In

---

[42] Interview on September 23, 2012, at Dschang, with Bieguem Bernard, computer engineer at Lyon (France) and member of BAHAMDEV, association for the Promotion and Economic, Social and Cultural Development of Baham villages.

[43]"." Telephone interview on September 25, 2012 with M. Dongmo Gerard (village of origin: Bafou), medical doctor, in Paris, France.

this context, one can see that internal decision-making centres (chiefdoms, councils) are progressively losing their relevance in the daily conception of the local axiology.

The concept of policy transfer mobilized in our paper is linked with the concepts of policy learning and policy networks. Policy transfer is not an independent process but is part of the wider policy process of the transnationalization of local governance. *In fine,* it creates transnational policy communities comprising migrants' associations, villages chiefs, members of villages' development comities. The fact for the Bafou king Ndong Victor KANA III to go to the United States to visit *Lemoû USA's*, the Bafou migrants' association in the US, confirm this idea. During the two visits paid to Bafou migrants, the king was explained how these migrants want their money to be used in the village, which governance principles have to be implemented to achieve goals that money was proposed to. He was also in contact with other non-state actors (American NGO) who, through their partnerships with migrants' associations, involve themselves in the development of Bafou. In a logic of accountability, the king also explained to the Bafou community in the US and their American partners how the previous money sent was used and what the results of that use were. These interactions of actors engaged in cash transfers towards Grassfields' villages progressively create common patterns of understanding local governance.

The notion of "common patterns of understanding" among these communities connects well with the literature on social learning in discerning the particular role of knowledge actors in policy transfer. Rather than simply considering the *actions* of "policy entrepreneurs", the concern is to address the learning processes that lead to the creation of common identity and consensual knowledge that helps bind together policy networks that spread ideas (Dolowitz and Marsh, 2000). The above mentioned are not simply "policy entrepreneurs" but also a central force promoting collective policy learning. In this regard, networks are the location and structural framework for learning governance. Controlling how transferred funds are managed then create a paradigm shift in local governance because new political practices as accountability and real political participation are learned by people in the village and enter their daily life (Hall, 1993). Learning occurs when local policy-makers adjust their cognitive understanding of policy development and modify policy in the light of knowledge gained from their interactions with diaspora.

# LOCAL GOVERNANCE, REMITTANCES AND IMPACT IN GRASSFIELDS' DIASPORA ARRANGEMENT

## Migrant transnationalism, Cash transfers and ethnic cohesion building abroad

Migrant transnationalism affects both the institutions of the country of origin and of the receiving state. It is thus not only about direct or indirect participation of receiving country from outside their borders, but also about the impact of migrants' external political ties on the political arrangements of the diaspora.

The question of collective belonging to an ethnic or national we-group – as defined by Norbert Elias (1991) – is always an issue in situations that result in emigration or flight from one's home country. Collective belonging plays a particularly important role in the new way of life with which Grassfields' migrants are confronted in their receiving countries. Usually, meetings organized to raise money for the village are crucial times these individuals have come to terms with the question of collective belonging after having made the decision to leave their country of origin. According to Alfred Schütz and Thomas Luckmann (1980), the advertence to the problem of "collective belonging" in cases of emigration is by no means voluntary, but is determined by a "*socially imposed thematic relevance*." Here the relevance issue is the development of their village of origin. The raising of money for the village is an opportunity during which rituals of ethnicity are activated amongst Grassfields migrants. During that occasion, discussions on the social problems in the village or the locality of origin are made in mother tongue, the traditional meals are shared between the migrants, and the members of the migrants' association entertain themselves with traditional dance and music permitting to remember the village. By doing so, Grassfields' migrants are (re)constructing their belonging to their villages of origin presumed to have been eroded by distance and the culture of the receiving country. In fine meetings for funds raising turn to be rituals for specific identity construction in a context of belonging volatility.

"If I ask you from where are you, what will be your answer? » was asked to examine the sense of belonging amongst migrants. Almost all the migrants interviewed felt they still belonged to their village of origin. The use of 'our' shows a sense of appropriation and a will not to let go this belonging to an ethnic community. Answers obtained showed that cash transfers to villages of origin affect community cohesion in the Grassfields' diaspora. "*We often meet to raise money to resolve problems in our village. But money is not the central topic, it is just a means for us to meet and to confirm ourselves that we are still Baham men or women*[44]" said one of the migrants interviewed. Analyzing migrants discourse, one can see that, through cash transfers matters, there is a process of social boundary formation or re-formation from abroad,

[44] Telephone interview on September 25, 2012 with M. Kamdem William (village of origin: Baham), lawyer in the bar of Paris, France.

being sensible that migrants, in their associations, have an ethno-centered reading of social problems in Cameroon. In saying *'we are still Baham men or women'*, these people are affirming this belonging and drawing the boundaries of belonging and where their political and economic influence in Cameroon can reach. The table below shows this vision of ethnicization of the constructions of collective belonging.

Table: Governance arrangements in Grassfields' migrants' associations[45]

| **Villages/ localities** | **Migrants' association** | **Political arrangements** |
|---|---|---|
| Bafou | *Lemoû Bafou USA* | Ruled each by the representative of HRH, Fo'o Ndong Victor KANA III, king of the Bafou village, theses associations are created in order to:<br>– establish a chain of solidarity between its members,<br>– work for the cultural and touristic development of Bafou village in order to promote Bafou identity, |
| | Association of the Bafou in France | |
| | Bafou Family in Germany | |
| | Bafou Family in Canada | |
| Baham | Poua'hom Canada | Ruled each by the representative of HRH, Fo'o Pouokam Teguia Max II, king of the Baham village, theses associations are created in order to:<br>– establish a chain of solidarity between daughters and sons of Baham abroad,<br>– cultivate the Baham identity abroad,<br>– participate to the cultural and economic development of Baham village<br>All these associations are represented in the direction board of the Association for the development of Baham village |
| | Goua'hom France | |
| | Poua'hom Strasbourg (France) | |
| | Poua'hom Benelux (Belgium, Nederland, Luxembourg) | |

[45] These arrangements are got from the various constitutions of these villages and added information from interviews.

| | | |
|---|---|---|
| | | (BAHAMDEV) based in Cameroun. |
| Foreke-Dschang | Foreke Dschang Family in Paris (France) | Association ruled by the representative of HRH Djoumessi III Wamba Mathias, king of the Bafou village, in order to:<br>– regroup all the Foreke Migrants' living in Paris<br>– participate to the development of the Foreke village<br>Foreke Dschang Family in Paris is integral part of the Association for the integrated development of Foreke-Dschang |
| Kumbo | Bui[46] Family Union (BFU) in Maryland/DC (USA)<br>Bui Family Union (BFU) in Cape Town (South Africa) | Union constituted by several local chapters (BFU-USA Northern California Chapter, BFU-USA Los Angeles Chapter, BFU-USA Dallas chapter, BFU-USA Houston Chapter, BFU-USA Minnesota Chapter, BFU-USA Chicago Chapter, BFU-USA Georgia Chapter, BFU-USA Washington DC-Metro and New Jersey), it has the ambitions to:<br>– create a solid financial commitment of members for the development of the villages of Bui Division<br>– create solidarity between members<br>– promote the Banso culture<br>These union is often supervised by HRH Sehm Mbinglo II, Fon of Nso |
| Bafut | Bafut Union, Germany | Associations ruled by the representative of Fon Abumbi II of Bafut. It has the ambitions to:<br>– finance development projects in Bafut<br>– promote solidarity between the |

[46] Bui Division is one of the seven departments in the Northwest Region of the Republic of Cameroon. Bui Division is divided into 6 subdivisions: Noni, Oku, Dzekwa, Mbiame, Nkum, and Kumbo (Capital of Bui Division); these 6 sub-divisions together represent off-shoots and vassal states of the Nso Dynasty.

| | | |
|---|---|---|
| | | sons and daughters of Bafut<br>– promote the Bafut culture |
| | Bafut Manjong Cultural Association (BMCA), USA | Ruled by a National Executive Committee, BMCA has objectives to:<br>– protect and promote the interests of its members<br>– encourage and develop in her membership a sense of oneness, mutual assistance and a spirit of selfless service to BMCA and the people of the Fondom of Bafut;<br>– identify and contribute directly or indirectly to development projects that promote the Bafut Fondom culturally, educationally, socially and economically. |

Source: interviews and documentary research.

The table shows a strong sense of belonging to the Grassfields' villages amongst the migrants. It suggests that migrants are able to embrace their identities as citizens of the receiving countries without denying but strongly maintaining their "inherited" ethnic identities. The systematic use of 'sons and daughters of x village' and 'promote and protect' and also nouns such as 'identity of' and 'culture of' followed by the name of the village are indicative of their will to contribute to the 'development' of these villages. We show here that that development is not only economic but also political as indicated above through policy trabsfer. Cash transfers then appear to be practices of belonging and a means or a pretext for the reactivation of ethnic identities. Thus, belonging is primarily a feeling constructed at a certain place and time and by certain means. That is why, rejecting the idea of a "natural" attachment between identity and place, some geographers (De Certeau, 1984; Fenster, 2004) have theorized a sense of belonging to place which is constructed gradually over time, through daily activities of people and through growing feelings and commitment.

As we can see below, cash transfers also appear to be means for the construction of a distance citizenship.

## Cash transfers and the construction of long-distance citizenship

This section of our paper highlights interactions between the Cameroonian state and Grassfields migrants through cash transfers. It highlights the strong economic incentives for the state to strengthen ties with their absent citizens. It also emphasizes emigrants' active stance in shaping their new role in the national life of their home countries. Until recently, the participation of emigrant citizens in the political life of Cameroon was not on the state's agenda as it attempted to reconfigure Cameroonian citizenship. Some historic and political considerations permit us to explain it. The independence of Cameroon was billowy because the government of Ahidjo, the first president, considered like inheritance of the French colonization, faced a strong opposition of which a part of Cameroonians took refuge abroad[47]. With the 90s and the claim to return to democracy, opposition to the political regime of Biya often came from Cameroonian migrants[48]. For these reasons, Cameroon's diaspora have always been regarded by the government with suspicion. Due to the conjunction of two main factors, things are changing. Because of the irresistible economic crisis and the need of new financing sources, Cameroonian authorities have come to reverse their diaspora policy which hitherto had

---

[47] Richard Joseph, *Le mouvement nationaliste au Cameroun,* Paris, Karthala, 1986.

[48] « Le Cameroun et sa diaspora : un lien à revitaliser » in *Conjoncturis*, n° 06, juin 2004.

been to ignore their contribution to nation building. Cameroonian diasporas on the other hand are making their own demands on the institution of citizenship, seeking recognition even from afar as equal participants in all aspects of the nation-building project.

New transportation and communication technologies allow emigrants to remain actively engaged with events, people, and institutions in their countries of origin, and enhance Cameroonian authorities' capacity to reach citizens abroad. In that logic, at the opening of the 3rd congress of his political party on September 15 and 16, 2011 in Yaoundé, President Paul Biya indicated that "*Cameroon waits for its diaspora to participate in national construction*". Cameroonian government's approach to diasporic contributions has mostly been economic. These migrants, on the other hand are making a head way, and finding modes of participation and incorporation into other areas of the Cameroonian society where the government has been reluctant to admit them. With money transfers as instruments, migrants turn to be indispensible in local governance and they participate in the construction of a sort of long-distance citizenship with their home country. Cash transfers allow them to be at the same time away and at home. We can then argue that as the Cameroonian state and emigrants negotiate the terms of their relationship, a new type of citizenship construction has begun to emerge. That long-distance citizenship has a price, and this price is the money sent for local development.

A particular kind of social contract serves as basis of the construction of that long-distance citizenship. In order to make easy the growth of the lucrative remittance industry that is taking place between Cameroon and its diaspora, public authorities are facilitating installation of cash transfers institutions in all over the country: Western Union, MoneyGram and their multiple local partners. It is in almost the same logic that DAVOC (Draw A Vision of Cameroon), an international forum of Cameroonian skills abroad, operates.

DAVOC brings together, migrants, Governments, businesses and international partners with the aim to strengthen the synergies between Cameroonian migrants and integrate more partners in the developping dynamic of the country[49]. During the four annual meetings already organized, with Cameroonian authorities present, Cameroonian migrants were invited to discuss specific areas of the diaspora involvement in the definition and implementation of public development policies. This simply confirms cash transfers are in the hearth of citizenship building amongst Cameroonian disapora. It also confirms that migration extends states' jurisdiction, albeit in a constrained manner, into the territory of whatever foreign sovereignty their citizens enter (Barry, 2006). Cameroonians residing outside their country of citizenship are thus simultaneously subject to, and sometimes protected by, the laws of multiple overlapping sovereignties. Citizenship (so long a symbol of rootedness, exclusivity, and permanence) is then being discovered to be portable, exchangeable, malleable and increasingly multiple.

# CONCLUSION

In conclusion, what ought to be known is that Cameroonian migrants are simultaneously immigrants and emigrants. As immigrants they perpetually seek, through their cash transfers to integrate themselves into the affairs of their indigenous countries by contributing to economic development and governance issues, and as emigrants in living abroad, working and sending money home. As migrants, they are delocalized citizens of their home countries and do not want to be disconnected by creating village networks abroad in the name of village development associations. These associations, although claimed that their primary objectives

---

[49] For more informations about DAVOC, enter the website : http://www.davoc2012.org/english/about-davoc/.

are not cash transfers, only get their value or credibility in the home countries through the process of cash transfers. These transfers serve as legitimation strategies for the economic, development and most especially governance participation of these migrants. With its financial power through cash transfers, these migrants, through village associations abroad pull stakes in the governance of their home villages through policy transfers of best ideas and practices in working systems abroad. These influences, as we have shown in our paper, do not only end at the local level but also at the national level, with high level, highly skilled business men and professionals sending cash (which could be converted to material as in equipment) to Cameroon but also have a stake in the accountability and performance relations of how these are managed. Cash transfers from the diaspora are therefore not just a one way traffic but a strategy for ethnic cohesion, affirmation of long-distance citizenship, and policy transfer. In transferring cash, they thus negotiate for their own gains and participate in nation building.

## BIBLIOGRAPHY


AL-ALI N., BLACK R., KOSER K., 1999 : "Mobilisation and Participation of Transnational Exile Communities in Post-Conflict Reconstruction", Sussex University/Migration Research Unit. University/Migration Research Unit, University College London.

BARRY K., 2006: "Home and Away: The Construction of Citizenship in an Emigration Context", New York University Public Law and Legal Theory Working Papers, paper 23, http://lsr.nellco.org/nyu_plltwp/23.

BERMUDEZ A., 2010: "Transnational Political Practices of Colombians in Spain and the United Kingdom: Politics 'Here' and 'There'", *Ethnic and Racial Studies,* 33, 1: 75-91

BERMUDEZ A., 2011: "The 'Diaspora Politics' of Colombian Migrants in the UK and Spain", *International Migration*, Vol. 49(3): 125-143.

CONSTAS D. C., PLATIAS A.G., 1993: "Diasporas in World Politics - An Introduction", Constas, D.C. and Platias, A. G. (eds.), *Diasporas in World Politics: The Greeks in Comparative Perspective*, Panteion University: Macmillan Press, 3-28.

DONGMO J.-L., 1981 : *Le dynamisme bamiléké*. I : *La maîtrise de l'espace agraire*. Yaoundé: CEPER.

ELIAS N., 1991: *The society of individuals*, Oxford: Blackwell.

EVANS M., 2004: "Understanding Policy Transfer", Evans M. (eds.), *Policy Transfer in Global Perspective*, Aldershot: Ashgate, 9-43.

FAIST T., 1999: *Overcoming Immobility and Building Bridges. International South-North Migration and Transnational Spaces*, Oxford: Oxford University Press.

GUILLERMOU Y., 2003 : « Initiatives locales, stratégies sociales et nouvelles configurations politiques dans l'ouest Cameroun », *Journal des anthropologues* [Online], 92-93, put online on february 22, 2009, consulted on september 27, 2012, URL : http://jda.revues.org/2083.

HAAS P., 1989: "Do Regimes Matter? Epistemic Communities and Mediterranean Pollution Control", *International Organization* 43(3): 377-403.

HAAS P., 1992: "Introduction: Epistemic Communities and International Policy Coordination », *International Organization* 46(1): 1-35.

HALL P., 1993: "Policy Paradigms, Social Learning and the State: The Case of Economic Policy making in Britain", *Comparative Politics*, 25: 275-97.

HARVEY D., 1989: *The Condition of Postmodernity*, Oxford: Blackwell.

KENGNE FODOUOP, 2003 : *Citadins et développement des campagnes au Cameroun*, Paris : L'Harmattan.

KEOHANE R. O., Nye J. S., 1977 : *Power and Interdependence. World Politics in Transition*, Boston: Little, Brown.

KNOKE D., PAPPI F. U., BROADBENT J., TSUJINAKA Y., 1996 : *Comparing Policy Networks: Labour Politics in the US, Germany and Japan*, Cambridge: Cambridge University Press.

LAFLEUR J.-M., 2011 : “The Transnational Political Participation of Latin American and Caribbean Migrants Residing in Europe”, *International Migration*, vol. 49, Iss. 3: 1–9, June.

OSTERGAARD-NIELSEN E. K., 2000 : 'Transtate loyalties and politics of Turks and Kurds in Western Europe', *SAIS Review*, John Hopskins University, Washington, Forthcoming, Winter/Spring.

OSTERGAARD-NIELSEN E. K., 2001 : “The Politics of Migrants' Transnational Political Practices”, paper presented in the conference on Transnational Migration: Comparative Perspectives, Princeton University, 30 June-1 July 2001.

PORTES A., GUARNIZO L. E., LANDOLT P., 1999 : The study of transnationalism: pitfalls and promise of an emergent research field, *Ethnic and Racial Studies* 22(2): 217-237.

SCHÜTZ A., LUCKMANN T., 1980 : *The structures of the life world*, vol. 1. Evanston: Northwestern University Press.

SHEFFER G., (ed.), 1986 : *Modern Diasporas in International Politics*, Kent, Croom Helm.

TCHOUASSI G., 2004 : « Migrations et envois d'argent des migrants en Afrique au Sud du Sahara », *Techniques Financières et Développement*, n°76 : 37-46.

## *Chapitre 10*

# Productions immobilières des migrants camerounais dans la ville de Yaoundé : disparité, diversité et logiques de production

Pierre KAMDEM, Jean-Marie NKENNE

## INTRODUCTION

L'interaction entre migrations internationales et développement occupe depuis quelques temps une place de choix dans les agendas des institutions internationales et des gouvernements nationaux du Nord comme du Sud. La migration internationale de travail a longtemps été traitée comme un apport économique utile pendant que la mobilité induite impliquait en même temps des mutations urbaines liées particulièrement au logement. Or, la mobilité a peu fait l'objet de nombreuses études en ce qui concerne ses implications sur la sphère logement et plus généralement des dynamiques urbaines. Ainsi nous semble-t-il, l'approche de la mobilité peut être considérablement enrichie si elle est saisie en liaison avec les changements urbains, ce qui permet d'identifier les liens qui à certains types de mobilités font correspondre des catégories spécifiques d'habitat produit et vice versa. L'augmentation de la population urbaine va de pair avec l'accroissement de la demande relative à de nombreux services. Il s'agit en particulier de l'offre de logement. Cette offre en provenance des acteurs étatiques de promotion immobilière a toujours été inadaptée par rapport à la demande réelle, du moins en ce qui concerne les villes camerounaises.

A Yaoundé, l'insuffisance de l'offre publique de logement suscite une autoproduction issue de divers acteurs parmi lesquels on retrouve les migrants internationaux. Cette auto production reste cependant fortement limitée d'une part, par l'insuffisance de structures appropriées de financement de l'habitat, mais aussi par un environnement législatif qui a longtemps constitué un goulot d'étranglement à la production des terrains immatriculés d'autre part. Cette filière est la seule qui assure une production significative des lotissements et des logements dans les villes camerounaises, même si parfois la qualité de leurs opérations ne respecte ni les normes, ni les règles d'urbanisme. La mobilité internationale des individus a une dimension urbaine, en ce qu'elle contribue à la transformation des espaces urbains à travers entre autres la modification des fonctions initialement attribuées aux différents types d'habitat. De fait, si l'effet de l'émigration sur la croissance urbaine de Yaoundé est visible, il reste à quantifier cet effet et à saisir ce qui différencie cette urbanisation, notamment la production de l'habitat liée à l'émigration du processus général d'urbanisation poussée de la ville de Yaoundé.

S'agit-il d'une forme d'expression de citoyenneté à cheval sur un territoire affectif et un territoire d'adoption ? Quelle compréhension dans ces actions en termes de transformations socio-spatiales dans la ville de Yaoundé depuis plus d'une dizaine d'années déjà ? Quelle lecture faire de ces actions en termes de prise en charge des besoins familiaux dans un contexte de restrictions drastiques des mouvements migratoires vers les principaux pays d'accueil ? Quels liens dégager entre restriction des flux migratoires et dépendance accrue des familles vis-à-vis des remises de migrants ? Tels sont autant de questionnements auxquels cette communication tentera d'apporter quelques éclairages sur la base de travaux de terrain menés dans la ville de Yaoundé.

Nous partons de l'hypothèse selon laquelle les migrants internationaux impactent le territoire de la ville de Yaoundé par une production abondante et diversifiée de l'habitat. Bien plus, les logiques de production sont variées et complémentaires.

## DISPARITE DES PRODUCTIONS ET DIVERSITE DES PRATIQUES FONCIERES DES MIGRANTS

La production foncière et immobilière dans la ville de Yaoundé est assurée par une multitude d´acteurs, dont les acteurs institutionnels et les acteurs non institutionnels. Face à l'insuffisance de l'offre publique, plusieurs autres acteurs suppléent l'État dans la production de l'habitat dans la ville de Yaoundé. C'est surtout au niveau de l'initiative privée individuelle que l'on retrouve l'offre de logement la plus diversifiée. Cette initiative privée est portée par plusieurs acteurs, dont les migrants internationaux. La production de ces derniers a privilégié plusieurs filières et la répartition spatiale est assez disparate sur le territoire de la ville de Yaoundé.

### Une multitude de filières de production des investissements immobiliers

La production immobilière des migrants camerounais dans la ville de Yaoundé privilégie trois principales filières : la filière sociale, la filière résidentielle et la filière commerciale. Mais, il faut noter que c'est dans la combinaison d'usages que l'on rencontre les finalités des constructions engagées par les migrants camerounais dans la ville de Yaoundé. Il s'agit de combinaison double ou triple. Ces productions résidentielles des migrants dans la ville de Yaoundé sont inégalement réparties dans les trois filières de production.

Tableau 1 : Répartition des productions résidentielles des migrantes selon les filières de production (en %)

| | |
|---|---|
| Filière commerciale | 57,0 |
| Filière résidentielle | 38,0 |
| Filière sociale | 5,0 |
| ***Total*** | ***100,0*** |

*Source : enquête de terrain, 2010 - 2013*

## *La filière sociale*

Cette filière est moins représentative. Elle est caractérisée par la production des unités bâties dont la finalité reste sociale, même si parfois la barrière entre le social et l'économique est difficile à établir. Dans cette filière, on rencontre des œuvres scolaires et médicales.

Pour ce qui est de l'œuvre médicale, elle est abritée par une maison rénovée et dont le plateau technique pour l'essentiel est le fruit de la coopération entre la promotrice et certaines organisations implantées dans son pays d'accueil. Les mécanismes de gestion sont assez bien définis. Il s'agit d'une entreprise à but lucratif, étant donné que les prix pratiqués ne reflètent pas un caractère philanthropique.

Quant aux réalisations scolaires, on note que l'administration mis en place rend absolument compte à la promotrice. Les recettes d'exploitation sont versées dans un compte bancaire et régulièrement contrôlés par cette dernière.

## *La filière résidentielle*

Ce type renferme à la fois les logements haut de gamme et les logements bas de gamme. Le deuxième type est plus caractéristique des logements des parents. Ces derniers ont connu des rénovations afin de répondre au nouveau statut et/ou standing de la famille. Les logements haut de gamme sont de construction récente. En général, ils sont spacieux.

Les parcelles n'ont pas généralement une typologie spécifique car plusieurs facteurs influencent leurs formes et leurs dimensions. Dans la plupart des cas, les logements ont été construits sur des parcelles de très grande taille (supérieures à 400 $m^2$) et le reste sur des surfaces moyennes (surfaces comprises entre 200 et 400 $m^2$). Une grande partie de la propriété est destinée à la réalisation de jardins et autres espaces ludiques. Ces parcelles sont généralement limitées par des clôtures ou des barrières.

Photo 1. Unités bâties situées à la périphérie de la ville de Yaoundé

*Cliché Nkenné, 2013*

Ces productions résidentielles l'ont été pour besoin exclusif d'habitation. À gauche, il s'agit d'un logement de quatre pièces bas de gamme situé à Ahala. Il est occupé par les proches parents de la promotrice qui s'y installe pendant ses séjours au pays.

À droite, il s'agit d'un haut de gamme non achevé situé à Nkoabang. La promotrice a l'intention de s'y installer après son retour au pays. Mais, en attendant, un studio a été aménagé à l'arrière et accueille un neveu et sa petite famille. Ce dernier assure l'entretien et le gardiennage des lieux.

### *La filière commerciale*

Cette filière privilégie la production des unités bâties haut de gamme. Les unités bâties de cette catégorie donnant sur la voie principale ont été presque toutes vouées aux activités lucratives. Il s'agit pour la plupart de leurs promoteurs d'exploiter au mieux la rente de position pour améliorer les conditions de vie de la famille et accroître leurs revenus. Ces dernières sont sollicitées et occupées par une profusion relative d'activités commerciales et de services. On y retrouve des hôtels et des complexes commerciaux. Leur extension verticale est motivée par une trilogie d'utilisations complémentaires : activités commerciales au rez-de-chaussée, bureaux généralement dans le ou les deux premiers étages, puis habitation plus haut. On constate là une association de plusieurs finalités, ce qui permet d'optimiser l'exploitation du bâtiment.

## Disparité spatiale des productions foncières et immobilières

Dans l´ensemble, les productions foncières et immobilières des migrants camerounais dans la ville de Yaoundé sont inégalement réparties dans les différents arrondissements. Le tableau ci-dessous rend compte de cette répartition.

À la lecture de ce tableau, on se rend compte que les migrants camerounais ont impacté de manière différente l'espace urbain de la ville de Yaoundé. On constate que cette production s'est opérée dans tous les arrondissements de la ville. En effet, les productions recensées se rencontrent dans tous ces arrondissements, avec une prédominance des arrondissements de Yaoundé IV, V et VI. Les autres arrondissements ne sont que faiblement représentés. Que ce soit les productions foncières que les productions immobilières, ces mêmes arrondissements, du fait de la disponibilité des terres, bénéficient de l´attention des migrants.

Tableau 2. Inégale répartition des productions foncières et immobilières des migrants camerounais dans la ville de Yaoundé

| Arrondissement | Productions foncières | Productions immobilières | Total | % |
|---|---|---|---|---|
| Yaoundé I | 4 | 8 | 12 | 9,16 |
| Yaoundé II | 2 | 6 | 8 | 6,10 |
| Yaoundé III | 2 | 5 | 7 | 5,34 |
| Yaoundé IV | 3 | 16 | 19 | 14,50 |
| Yaoundé V | 6 | 25 | 31 | 23,66 |
| Yaoundé VI | 12 | 20 | 32 | 24,42 |
| Yaoundé VII | 6 | 16 | 22 | 16,79 |
| **Total** | **35** | **96** | **131** | **100,0** |

*Source : Enquête de terrain, 2010 – 2013.*

` Par ailleurs, on note aussi que les productions ont été réalisées dans presque tous les quartiers périphériques de la ville, mais en privilégiant certains secteurs urbains. Dans cette perspective, ils ont investi plusieurs tissus urbains.

A Yaoundé, on distingue deux grandes entités de tissus urbains. La première est structurée et englobe les tissus dits administratif, commercial, régulier et résidentiel. La seconde est spontanée et prend plusieurs dénominations : spontané dense, spontané semi-dense, semi-rural, rural. Cette dernière accueille plus de 80% de la population urbaine[50]. Cette ambivalence date de l'époque coloniale et s'accentue chaque jour avec la recrudescence de la pauvreté urbaine. Ainsi la formation de la ville en termes d'habitat se fait essentiellement autour des tissus urbains.

[50] Pettang C., 2001. *Actualisation du SDAU de Yaoundé*, volet habitat, p. 2

## Figure 1. Les tissus d'habitat de la ville de Yaoundé

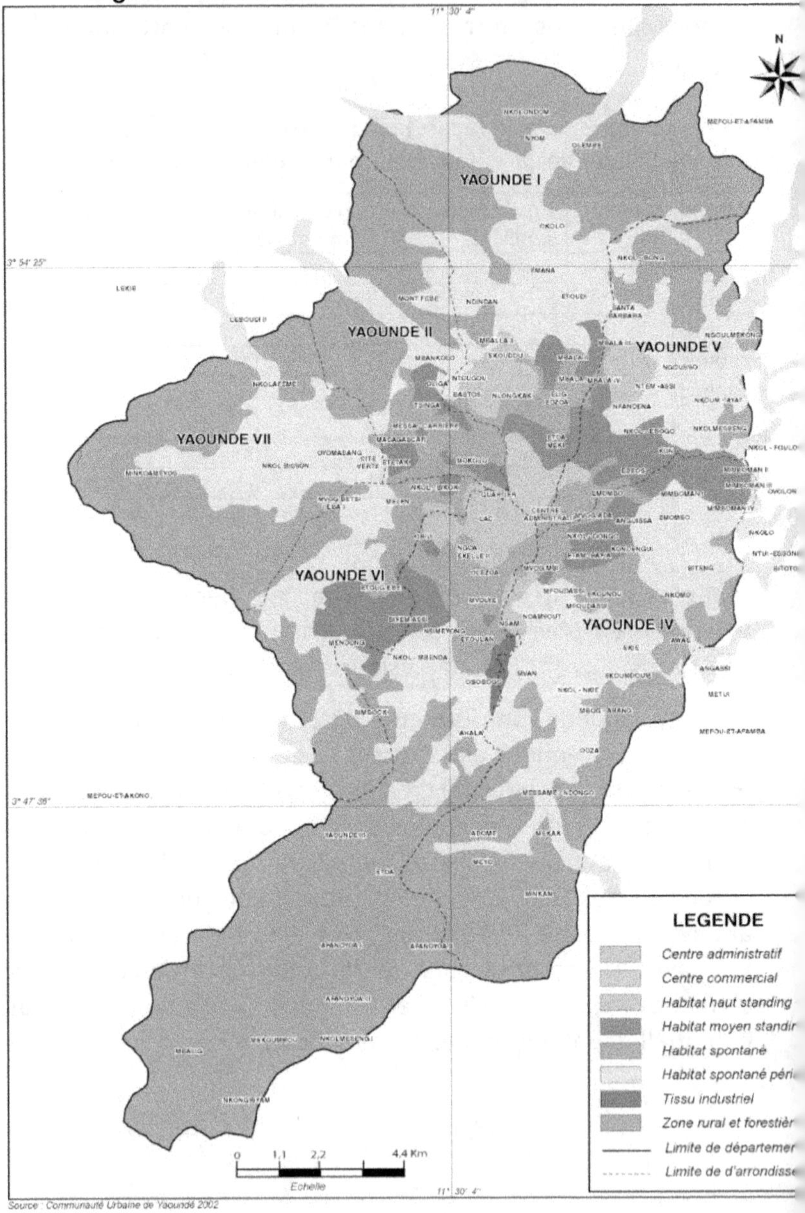


Source : Communauté Urbaine de Yaoundé 2002

La production immobilière des migrants camerounais s'est faite presque dans tous les tissus urbains de la ville. Toutefois, on constate que ces productions ont été plus marquées dans le tissu structuré et dans le tissu spontané. En effet, dans ce dernier, elles ont le plus colonisé l'espace dans des tissus dit « ruraux » et des tissus dit « semi-ruraux ». Ils sont caractérisés par la taille importante des parcelles. Il s'agit généralement des quartiers dans lesquels les caractères de citadinité sont encore primitifs (à la lisière des départements voisins). Certains regroupements ont donné lieu à l'étiquetage des unités d'habitation dans certains quartiers.

Il faut noter que la production dans tel ou tel tissu est fonction de la filière. Ainsi, on constate que la filière résidentielle haut de gamme a privilégié le tissu péri urbain. Il s'agit des quartiers où le foncier est encore disponible, généralement les fronts d'urbanisation de la ville. Tandis que la filière résidentielle bas de gamme s'est faite dans le tissu spontané puisqu'il s'agit des logements familiaux qui ont connu des réhabilitations. La filière commerciale a privilégié les quartiers voisins au centre commercial ou alors d'anciens tissus réguliers dont le processus de dynamique interne de la ville a transformé en tissus commerciaux. Quant à la filière sociale, elle ne se fait pas dans un tissu spécifique.

On note que les productions bas de gamme se sont faites dans des quartiers anciens. Il s'agit le plus souvent de rénovations de logements familiaux. Certains logements bas de gamme construits en périphérie sont des styles de camps, formés de studios et autres chambres. La finalité de la construction ici, bien qu'elle soit résidentielle, est dans un premier temps une stratégie pour occuper le terrain. En effet, à l'observation, on se rend compte que la construction occupe seulement la partie arrière du terrain. Parfois, le reste est exploité soit comme garderie automobile, soit comme espace de production de la volaille ou de toute autre activité commerciale.

Figure 2: Les secteurs de la production foncière et immobilière des migrants

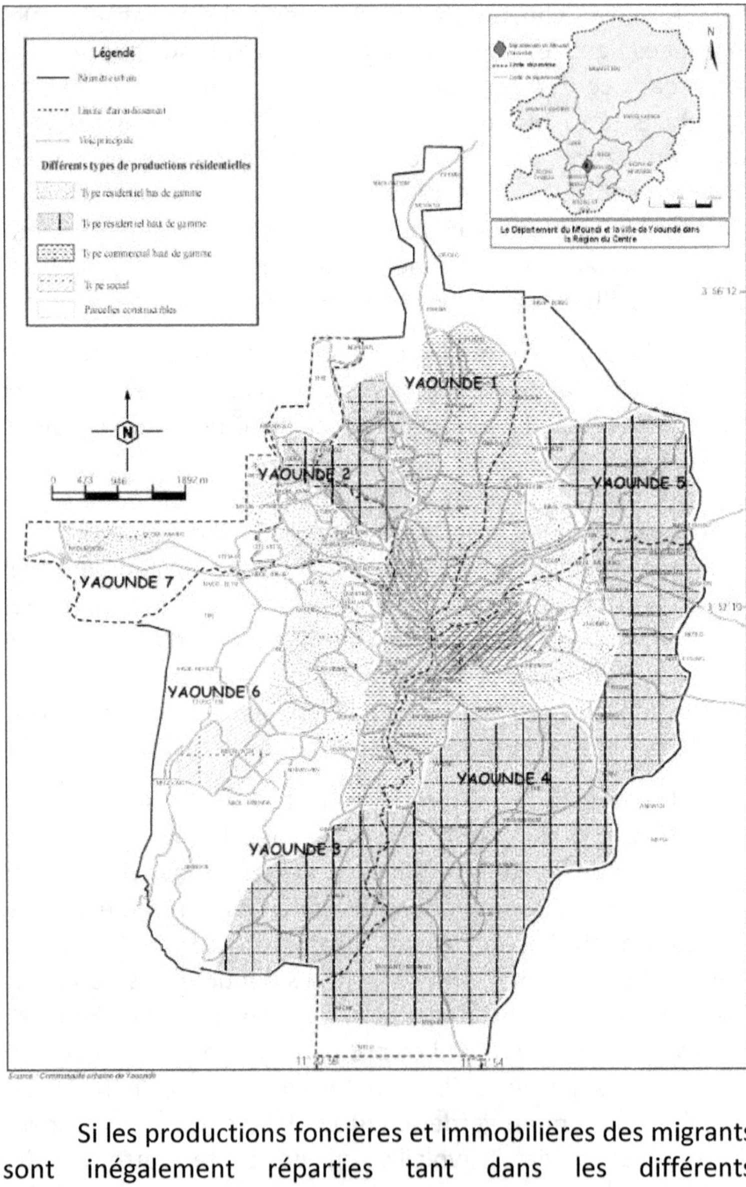


Source : Communauté urbaine de Yaoundé

Si les productions foncières et immobilières des migrants sont inégalement réparties tant dans les différents arrondissements que dans les tissus urbains de la ville de

Yaoundé, ceci peut traduire la diversité des pratiques mobilisées par ces derniers dans le processus d´acquisition du foncier ou de l´immobilier.

## Diversité des pratiques dans la production foncière et immobilière

Lorsqu´on examine de près les pratiques foncières et immobilières des migrants dans la ville de Yaoundé, plusieurs caractéristiques essentielles semblent se dégager. Ce sont leur opacité, leur hybridité, leur opportunisme et leur décalage par rapport aux lois et règlements.

Lors des enquêtes menées dans la ville de Yaoundé, il a semblé difficile d´identifier à première vue les productions des migrants. Il a fallu mobiliser des stratégies multiples pour y arriver. Les pratiques sont jugées opaques parce que les acteurs cachent leurs actions. L´opacité semble être une caractéristique des pratiques foncières et immobilières. Cette opacité se mesure en croisant les résultats des enquêtes auprès des personnes rencontrées. En utilisant la méthode des récits croisés, nous avons procédé au rapprochement des entretiens informels réalisés et les pratiques découvertes pendant les entretiens semi dirigés, et on se rend compte du caractère opaque des pratiques avec l´intervention des agents immobiliers informels. L´écart qui existe entre les discours et les actes concrets posés par les acteurs révèle donc l´opacité qui entoure les pratiques. Cette opacité est présente à tous les niveaux de la production foncière, de l´acquisition de la parcelle à la mise en valeur. Elle est aussi observable chez les autres acteurs impliqués. Ceux-ci sont nombreux et on peut parler de la multiplication des marchés dont le marché de l´aménageur, le marché de l´usager, le marché des promoteurs et des agents immobiliers formels et informels, le marché des investisseurs et le marché des bailleurs sociaux.

Les pratiques foncières des migrants sont aussi hybrides en ce sens qu´ils sont un mélange d´éléments tirés de plusieurs répertoires (règles étatiques, règles coutumières, règles formelles et informelles, etc.).

Le caractère opportuniste des pratiques se lie a travers les filières de production ainsi que les divers usages affectés à ces productions. En effet, on constate que les acteurs cherchent à tirer le maximum de profit des situations qui se présentent.

Comme on a pu le constater, les migrants investissent dans tous les arrondissements de la ville de Yaoundé et privilégie beaucoup plus les tissus structurés et les tissus d´habitat dense. La diversité des pratiques de production pourrait traduire aussi bien la typologie que les caractéristiques de ces productions. Révélatrice de la dispersion des chantiers et de l'éparpillement périurbain qui caractérise les périphéries de la capitale politique camerounais, la prépondérance des investissements des migrants qui y est observée est donc liée à la tradition faiblement planificatrice du pays et à l'abondance en terrains juridiquement bâtissables qui accompagne cette tradition. De ce point de vue, la périurbanisation particulièrement éclatée qui affecte la ville de Yaoundé paraît donc s'expliquer par la conjonction d'une société qui, aspire très profondément à la modernisation des structures de logement, mais qui fait face à un ensemble de problèmes structurels et conjoncturels.

# TYPOLOGIE ET CARACTERISTIQUES DES PRODUCTIONS FONCIERES ET IMMOBILIERES DES MIGRANTS INTERNATIONAUX DANS LA VILLE DE YAOUNDE

## Typologie des parcelles et des constructions

Les parcelles n'ont pas généralement une typologie spécifique car plusieurs facteurs influencent leurs formes et leurs dimensions. Dans la plupart des cas (60 %), les logements ont été construits sur des parcelles de très grande taille (supérieures à 400 $m^2$) et le reste, soit 40 %, sur des surfaces moyennes (surfaces comprises entre 200 et 400 $m^2$). Une grande partie de la propriété est destinée à la réalisation de jardins et autres espaces ludiques. Ces parcelles sont généralement limitées par des clôtures ou des barrières.

## Caractéristiques des productions foncières et immobilières

La pratique foncière dans la ville de Yaoundé se caractérise par une pluralité de références normatives et la coexistence entre les normes légales codifiées par l'État et les coutumes locales plus ou moins interprétées. Ainsi, les situations foncières des parcelles sont diverses. Dans l´ensemble, 68,75 % de parcelles ont des situations régulières, c'est-à-dire qu'elles sont dotées de titres de propriété (titre foncier). Le reste est caractérisé par des situations irrégulières qui peuvent se régulariser. 58,0 % sont des parcelles acquises par les canaux familiaux et non encore titrées. Cependant que

42,0 % de ces derniers sont des parcelles dont le processus de morcellement et/ou de titrisation est en cours.

Quant aux logements, ils ont des caractéristiques qui montrent que leurs propriétaires ont mis des moyens importants dans la construction. Le tableau ci-dessous met en évidence les caractéristiques des logements construits par les migrants.

La typologie de l'habitat produit par les migrants met en évidence la prédominance des maisons à plusieurs logements et des immeubles à appartements. Les villas modernes sont en nombre réduit. Cette prédominance des structures à plusieurs logements et appartements traduit le fait que les productions sont faites beaucoup plus dans l'optique de la recherche des revenus additionnels.

Pour ce qui est des matériaux du mur, on note une forte utilisation des matériaux déjà industriellement maîtrisés, des agglomérés de béton (parpaings de ciment) notamment. Les techniques de construction y sont beaucoup plus élaborées et les investissements importants. Les pierres taillées n'ont été que faiblement utilisées, notamment dans la construction des barrières et des ouvrages d'assainissement.

Dans l'ensemble, les sols des unités d'habitation sont revêtus de carreaux (58,33%). Les sols non encore revêtus (en terre et en ciment) sont ceux des structures inachevées. Le profil des toitures est marqué par une prédominance des structures à plus d'une pente. La tôle garde une suprématie sans égal avec près de 62,5 %. Les tuiles sont également utilisées (37,5 %), mais le plus souvent sur les maisons isolées et les villas modernes.

L'accès aux services de confort de l'habitat tel l'eau, l'électricité reste toutefois un élément déterminant à la mise en œuvre de la typologie. En dehors des structures non encore achevées, toutes les autres sont approvisionnées en eau et électricité. Dans 8 % de cas, l'approvisionnement en eau est assuré par le château d'eau. Il s'agit des structures implantées dans les quartiers tels que Nkoabang ou encore sur la route de Mfou où le réseau d'adduction d'eau potable n'est pas encore une réalité.

Tableau 3: Répartition des logements des migrants selon certaines caractéristiques.

| **Caractéristiques des logements** | **Effectifs** | **Pourcentage** |
|---|---|---|
| **Type de logement** | | |
| Maison isolée (individuel) | 12 | 12,50 |
| Maison à plusieurs logements (collectif) | 18 | 18,75 |
| Villa moderne (individuel) | 24 | 25,00 |
| Immeuble à appartements (collectif) | 42 | 43,75 |
| **Total** | **96** | **100,0** |
| **Matériaux du mur** | | |
| Béton parpaings | 96 | 100,0 |
| Pierres taillées | 0 | 0,00 |
| Terre/brique simple | 0 | 0,00 |
| **Total** | **96** | **100,0** |
| **Matériaux du sol** | | |
| Ciment | 19 | 19,79 |
| Carreaux | 56 | 58,33 |
| Terre | 21 | 21,88 |
| **Total** | **96** | **100,0** |
| **Matériaux du toit** | | |
| Ciment | 0 | 0,00 |
| Tôle | 60 | 62,5 |
| Tuile | 36 | 37,5 |
| **Total** | **96** | **100,0** |
| **Nombre de pentes** | | |
| Une pente | 6 | 6,25 |
| Deux pentes | 39 | 40,63 |
| Trois pentes | 51 | 53,12 |
| **Total** | **96** | **100,0** |

*Source : enquêtes de terrain, 2010 – 2013.*

Ces caractéristiques montrent que certaines formes de mobilité spatiale infléchissent l'usage de l'espace ou se traduisent par de nouveaux rapports à l'espace et au temps. On peut se demander notamment dans quelle mesure ces transformations sont susceptibles d'engendrer des divergences de temporalités, de nouvelles formes de disparités entre groupes sociaux, porteuses de risques de fragmentation et d'éclatement social pour la ville. La qualité de cette production traduit le dynamisme diasporique des migrants camerounais dans la capitale politique camerounaise, et participe à sa protection sociale après son retour au pays. n note une verticalisation de l'habitat. En général, les constructions se sont faites en hauteur (R + 1 à R + 3). Dans l'acceptation sociale, la hauteur est proportionnelle à la réussite.

Bien plus, si on s'en tient à l'indice d'occupation des logements, indice déterminé par la sur ou la sous occupation des logements, on se rend compte que les productions résidentielles de type villa moderne ne sont pas toujours occupées, ce qui montre que les propriétaires attendent le retour pour aménager et intégrer leurs logements. Cette caractérisation permet de mieux appréhender l´acteur migrant et de mieux cerner ses logiques d´action.

## DIVERSITE ET COMPLEMENTARITE DES LOGIQUES D´ACTION

Les interventions étatiques dans le domaine de la production résidentielle sont guidées par la logique de l'habitat pour le plus grand nombre, ce qui n'est pas le cas pour les autres acteurs.

Une fois le processus d´acquisition des parcelles achevé, certains migrants y construisent des maisons. Les objectifs que visent les migrants à travers ces constructions sont divers. Ils méritent un examen minutieux. Mais avant, il est intéressant de s´appesantir sur les fonctions de ces productions.

## Les fonctions des productions immobilières des migrants camerounais dans la ville de Yaoundé

La figure ci-après met en évidence trois principales fonctions des productions immobilières des migrants camerounais dans la ville de Yaoundé. Il s´agit des fonctions commerciale, locative et d´habitation.

Figure 3: Fonctions de l´habitat produit par les migrants dans la ville de Yaoundé

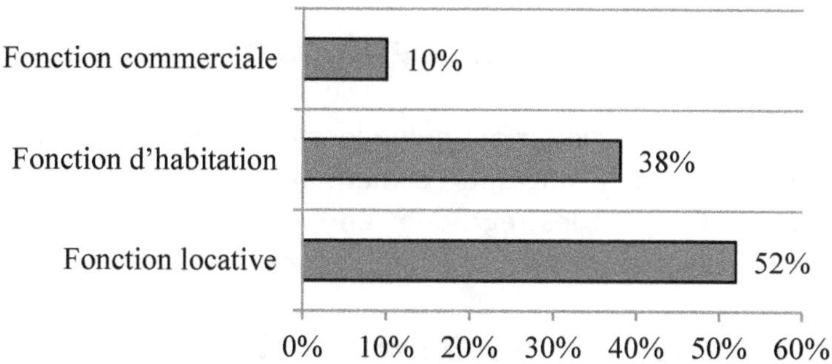


*Source : enquêtes de terrain, 2010 - 2013*

A l'analyse, les migrants camerounais produisent beaucoup plus des unités à fonction locative (52 %). Ceci se vérifie par la prédominance des structures collectives (maisons à plusieurs logements, immeubles à appartements). Certains ont construit jusqu'à deux unités de ce type dans la ville. Par l'épargne/revenu qu'elle génère, « la mise en location constitue un des aspects indissociables du projet de construction ».

La fonction commerciale (10,0 %) ici est représentée par des unités qui concentrent essentiellement des structures à vocation commerciale : centre commercial, un complexe scolaire à plusieurs cycles (maternelle, primaire et secondaire), structure d´hébergement, etc. Ces fonctions (locative et commerciale) ont un but lucratif et contribuent à la constitution de l'épargne des migrants. Les unités à fonction d'habitation (38,0 %) sont occupées par les membres de la famille (cousin, neveu, et parfois les parents) qui en assurent l'entretien. Ces dernières ont été conçues selon le modèle occidental et l'architecture est imposante. Ceci permet de conclure que les migrants sont des agents du développement car ils participent à l'économie dans la ville, ils effectuent des transferts monétaires, ils jouent parfois un rôle fondamental comme chefs de famille des foyers transnationaux.

## Les logiques de production

Plusieurs logiques ont guidé les productions foncières et immobilières des migrants camerounais dans la ville de Yaoundé. On peut les regrouper en logiques psychologiques, logiques civiques et logiques économiques.

### *Les logiques sociales et symboliques*

Parmi les logiques sociales et symboliques, on distingue :

#### *Avoir un chez soi*

Le besoin d´avoir un chez soi au terme de la migration est une raison poussant certains migrants à acquérir une parcelle et à la construire. En effet, certains de ces migrants n´ambitionnent pas de se fixer dans les pays d´émigration et ont l´intention de revenir au pays à la fin de leur période d´activité. D´ailleurs, dans la ville de Yaoundé, cet attachement au terroir n´est pas seulement l´apanage des émigrés itinérants comme les commerçants, mais également il est partagé par les émigrés résidents en Occident et ayant un emploi plus ou moins fixe. Ces derniers estiment que, lorsqu´ils seront admis à faire valoir leurs droits à la retraite, reviendrons vivre au pays où leurs pensions converties en monnaie locale leur permettra de mener une vie très décente.

Pour l´acteur migrant, avoir un chez soi joue un rôle symbolique et pratique dans la mesure où être propriétaire d'une maison permet de se loger ou même de loger sa famille.

### *Répondre aux exigences de la société*

En ce qui concerne les productions foncières et immobilières, elles ont été réalisées dans un premier temps pour répondre aux exigences de la société. Il s’agit d’un élément de réussite sociale qui permet de valider son intégration dans son pays d’accueil.

### *L´investissement immobilier comme moyen de sécurisation de l´argent gagné dans l´émigration*

Le choix d´investir dans l´immobilier obéit à la logique de sécurisation des ressources engrangées dans la migration. Par ailleurs, il est essentiel de choisir le mode de sécurisation. Le mode de sécurisation choisi l´est donc en fonction de son caractère à la limite inaltérable. Le langage populaire dit souvent « *on ne nourrit pas la terre, ni la maison* », autrement dit, une parcelle ou une maison peuvent résister longtemps à l´usure du temps, contrairement à d´autres ressources.

Dans l´ensemble, les investissements immobiliers des migrants dans la ville de Yaoundé, vus sous la logique psychologique sont purement ostentatoire et non lucratif. Il s´agit des investissements ayant une double valeur symbolique, en ce sens qu´ils permettent simplement d´affirmer la réussite de la migration. Ils s´appréhendent aussi par le style de construction qui modifie l´habitat local ou par la superficie des parcelles. Ces logiques sociales et symboliques ne sont pas les seules à guider les productions foncières et immobilières des migrants camerounais dans la ville de Yaoundé.

## *Les logiques civiques*

Les productions résidentielles des migrants camerounais dans la ville de Yaoundé sont également guidées par des logiques civiques. En effet, 26,0% des migrants rencontrés évoquent des motivations d´ordre civiques. Les discours des pouvoirs publics depuis quelques années insistent sur la participation et la contribution des migrants au développement de l´économie nationale. C´est d´ailleurs pour répondre à cet appel et fort des difficultés rencontrées qu´un camerounais de la diaspora a lancé en décembre 2012 un programme dénommé « Un pied à terre au Cameroun pour la Diaspora ». Il s´agit d´un programme immobilier s'adressant aux Camerounais de l'étranger visant à promouvoir la réalisation de leurs projets immobiliers avec des facilités (financement, recherche de bien, authentification de propriétés, démarches administratives, intermédiations...) et des garanties (Assurance Responsabilité Civile Exploitation, Contrat de mandataire, Garantie) afin de se prémunir contre les soucis (litiges) récurrents et entraver les obstacles. Cette logique semble complémentaire aux logiques sociales et symboliques. Cette motivation traduit d´ailleurs l´affection que les migrants ont pour leur territoire d´origine.

Les logiques qui sous-tendent les actions des divers acteurs constituent aussi un critère permettant de distinguer les groupes d´acteurs, les uns des autres. Ces logiques sont aussi économiques.

## *Les logiques économiques*

A la faveur de l´enquête menée dans la ville de Yaoundé sur les productions foncières et immobilières, un constat qui se dégage est que 62,0% de migrants ont été guidés par des mobiles économiques. Ce goût du lucre peut se décliner en :

### *L´investissement immobilier comme moyen de faire fructifier l´argent gagné dans l´émigration*

La maison est considérée comme un outil de travail, un moyen permettant d´exercer une activité génératrice de revenus. Le fait que la maison construite devant générer des revenus se lit même à travers l´architecture de la construction, mais aussi à travers l´utilisation maximale de l´espace disponible sur la parcelle. Sur le plan architectural, les maisons sont construites sous forme d´appartements destinés donc à loger des ménages indépendants. Quant à l´espace de la parcelle, il est utilisé au maximum, ce qui conduit à la densification de l´habitat. La maison construite ne devient un outil de travail qu´à partir du moment où elle est mise en location. Pour mettre encore plus en évidence ce rôle générateur de revenus assigner à l´immobilier, on a des maisons à fonction commerciale, surtout lorsque l´attribution est faite pour boutiques et autres commerces.

### *L´investissement immobilier comme stratégie de transfert au niveau local des obligations domestiques de l´émigré*

Par les actions des migrants camerounais dans la ville de Yaoundé, des entreprises financièrement autonomes ont donc vu le jour, et, pour les migrants, c'est un moyen efficace d'améliorer leur propre situation et celle de leur famille restée au pays, et ainsi de revaloriser l'image qu'ils projettent d'eux-mêmes et de leur donner confiance, en prenant en considération ce que pourrait engendrer leurs actions à long terme sur l'éventuelle gestion du phénomène migratoire.

Certaines de ces réalisations effectuées en faveur du développement local (école et centre de santé) ont un impact non négligeable quant à l'amélioration des conditions sociales des populations. Elles s'inscrivent dans une logique de projet et dans une logique d'actions territorialisées.

Ces productions participent donc des stratégies de protection familiale et sociale des migrants dans la mesure où ils le font pour préparer un éventuel retour au pays. L'investissement dans le logement ne saurait, en effet, être assimilé à une simple dépense sociale, un mal nécessaire à l'équilibre des sociétés. Par ces réalisations, les migrants contribuent à un des éléments fondamentaux d'une stratégie de développement économique durable et d'épanouissement des personnes, de lutte contre le chômage et de promotion d'une réinsertion professionnelle et sociale réussie pour les plus défavorisés, de limitation des coûts économiques et sociaux du développement d'un habitat précaire ou déqualifié, de croissance équilibrée des zones urbaines et même rurales, de protection de la qualité de l'environnement et d'exercice de la citoyenneté... En bref, ils contribuent au progrès économique et social de la cité en assurant leur protection sociale ainsi que celle de leurs familles.

Ces investissements immobiliers engendrent des conséquences sociales beaucoup plus importantes qu´il n´y paraît. Parmi les conséquences positives, on peut signaler le renforcement de la solidarité au sein des familles, vue les supposés avantages que confèrent l´investissement. L´épargne réalisée par la mise en location permet d´améliorer les conditions de vie dans la famille (achat de biens d´équipement, scolarité des membres de la famille en âge scolarisable, etc.) et bien évidemment la tradition des fêtes de fin d´année qui est également animée par les produits de la location. On voit là la contribution énorme du phénomène migratoire à l'animation des familles et aux possibilités d'avenir offertes aux plus jeunes.

Comme on peut le constater, la production des unités bâties par les migrants camerounais dans la ville de Yaoundé a été guidée par plusieurs logiques. Ces productions peuvent être analysées comme étant la conséquence de la dégradation de l'environnement migratoire international et de la reformulation des rapports avec le pays d'origine. On observe que cette redéfinition des rapports avec le pays d'origine a été largement influencée par des facteurs d'importance inégale :

- la forte dépendance des familles vis-à-vis des transferts d'argent ;
- la nécessité de soulager les maigres budgets des migrants qui doivent non seulement penser à leurs projets de retour mais aussi faire face à des charges de plus en plus importantes comme le logement ou le transport ;
- enfin, on peut également relever la sollicitude accrue des autorités politiques du pays, du moins dans les discours, qui comptent beaucoup sur l'apport des migrants.

Les productions résidentielles des migrants camerounais dans la ville de Yaoundé ont été réalisées dans un premier temps pour répondre aux exigences de la société. Il s'agit d'un élément de réussite sociale qui permet de valider son intégration dans son pays d'accueil. Ensuite, au regard des fonctions de ces unités, on peut penser qu'il y a eu à la base un souci de protection familiale et sociale. Dans cette perspective, on constate que les migrants ont été animés par le goût du lucre.

# CONCLUSION

Les questions posées dans cette communication était de savoir quelle compréhension des productions foncières et immobilières des migrants internationaux dans la ville de Yaoundé en termes de transformations socio-spatiales, quelle lecture faire de ces actions en termes de prise en charge des besoins familiaux dans un contexte de restrictions drastiques des mouvements migratoires vers les principaux pays d'accueil et quels liens dégager entre restriction des flux migratoires et dépendance accrue des familles vis-à-vis des remises de migrants.

Les migrants assurent des productions résidentielles importantes par leurs filières et leurs caractéristiques dans la ville de Yaoundé. Le constat est que les investissements sont diversifiés et inégalement répartis dans la ville. Les filières de production ont privilégié les filières sociale, résidentielle et commerciale, ce qui induit par ailleurs les mêmes fonctions. Les logiques qui ont guidé ces actions sont complémentaires car les barrières entre logiques civiques, sociales et économiques sont très étroites, contrairement à la logique étatique qui privilégie l'habitat pour le plus grand nombre.

Ces productions, loin d'être ostentatoires, assurent d'abord une fonction de protection familiale, puis sociale des migrants. Elles permettent de désamorcer des crises sociales en suppléant aux carences de l'État en matière d'assistance sociale. Les migrants peuvent ainsi être considérés comme une source de disparité socioéconomique entre les ménages.

Si les succès engrangés dans l'amélioration des conditions de vie des familles des migrantes à travers ces productions résidentielles sont réels, reste qu'elles sont confrontées à de nombreuses difficultés.

Bien plus, on note une absence de complémentarité entre les projets immobiliers et la politique de l'habitat du pays en général et de la ville en particulier. Il en résulte, quel que soit le mérite des réalisations, qu'elles ne peuvent pas garantir à moyen et long termes une structuration de l'économie immobilière de la ville, encore moins inverser d'une part la dynamique migratoire, l'unique alternative à la reproduction de cellules familiales et d'autre part l'inflation observée ces dernières années dans les charges locatives dans la ville de Yaoundé.

Pour atteindre un tel objectif, il importe de créer une synergie d'action entre ce nouvel acteur et les autres acteurs de la production foncière immobilière, mais surtout de concevoir le développement local dans un cadre géographique plus large. Même si le processus reste timide, les migrants camerounais semblent avoir pris conscience de la nécessité de mettre sur pied des productions immobilières qui non seulement contribuent à renforcer l'économie immobilière de la ville de Yaoundé, à les valoriser, mais contribuent aussi à la protection sociale des familles à travers des investissements coûteux dans ce domaine.

Loin de nous l'idée de penser que l'action des migrants au demeurant fort salutaire dans l'amélioration des conditions de vie des populations constitue une panacée qui peut, à elle seule, assurer un développement durable. Pour atteindre un tel objectif il y a lieu de créer une synergie entre l'État, les partenaires au développement, les collectivités territoriales décentralisées et les migrants en général, sur la base de programmes mieux articulés et plus cohérents.

# BIBLIOGRAPHIE

BEY M., 2002 : *Nouveaux territoires de vie et développement local : le cas Mexicain,* communication au colloque « Mondialisation économique et gouvernement des sociétés : l'Amérique latine, un laboratoire ? » Thème 2 : Recompositions territoriales et relocalisation, IEDES/GREITD, Paris.

GONIN P., 1990 : *Migration et développement des lieux d'origine : l'exemple de la communauté de l'Afrique de l'Ouest*, Espaces, Population et Sociétés, n°2, 1990, pp. 304-309.

INS, 2002 : *Deuxième enquête camerounaise auprès des ménages : pauvreté, habitat et cadre de vie au Cameroun en 2001.*

KAMDEM P., 2007 : *Camerounais en Ile-de-France. Dynamiques migratoires et stratégies d'intégration socio-spatiale différenciées*. Paris, l'Harmattan.

KAMDEM P., 2008 : *Le mouvement associatif de la diaspora camerounaise. Enjeux et perspectives*. Paris, l'Harmattan.

TALL M. S., 2000 : *Les investissements immobiliers à Dakar des émigrés sénégalais : émergence d'un nouvel acteur et mutations de l'espace urbain,* Thèse de Doctorat en Géographie, Université Louis Pasteur, Strasbourg.

ROCHEGUDE A., 2000 : Décentralisation, foncier et acteurs locaux, Laboratoire d'Anthropologie Juridique de Paris I.

SALL M., 2004 : Acteurs et pratiques de la production foncière et immobilière à Ourossogui (Sénégal), Thèse de Docteur en sciences sociales, Université Catholique de Louvain, Presses universitaires.

PETTANG C., 2001 : *Actualisation du SDAU de Yaoundé, volet habitat*.

TOGUE DJUIDJE B., *Production de l'habitat dans la Commune d'Arrondissement de Yaoundé VI : logiques et réalisations des acteurs étatiques,* Mémoire de DEA, Département de géographie, Université de Yaoundé I.

*Chapitre 11*

# Migrants internationaux maliens et investissements immobiliers à Bamako : une nouvelle logique dans le processus migratoire malien

Boulaye KEITA

## INTRODUCTION

Les études sur migrations internationales maliennes sont surtout restées focalisés sur les transferts de fonds en direction des localités d'origine et les investissements collectifs. Au-delà de l'entretien des familles restées au pays (70% des fonds envoyés), le reste des revenus issus de la migration internationale, est investi dans un certain nombre de secteurs parmi lesquels le secteur immobilier en milieu urbain occupe une place de choix. L'investissement immobilier chez les migrants internationaux est dicté par des choix multiples.

L'intérêt de cet article, est d'apporter un éclairage sur la problématique de l'investissement immigré en milieu urbain plus précisément dans le domaine du foncier et de l'immobilier. Il s'agit ainsi de mettre en lumière, les choix pour l'investissement foncier et immobilier à Bamako, l'inscription spatiale de ces investissements dans la ville de Bamako et la participation de ces derniers à l'économie urbaine.

# LES MIGRANTS DANS LA VILLE : UNE RUPTURE

L'arrivée des migrants dans le secteur foncier et immobilier en milieu urbain est une rupture majeure non seulement dans la nature de l'investissement mais aussi dans sa localisation. Le milieu rural dont sont originaires les migrants n'est plus le lieu principal de leurs investissements; ces derniers se trouvent désormais de plus en plus en ville, quand ils en ont les moyens. Ils deviennent alors des acteurs de l'évolution du bâti et des mutations importantes de l'espace urbain. Si l'action des migrants a été d'abord importante dans les villes secondaires dans les capitales régionales (Kayes, Sikasso) dans les années 1970, elle se concentre désormais essentiellement à Bamako.

La ville Bamako connaît aujourd'hui une croissance démographique de l'ordre 5%, supérieure à la moyenne africaine qui est de 3% par an. Sur les vingt dernières années, la population de Bamako est passée de 658 275 habitants en 1987 à 1 016 296 habitants en 1998 et à 1 809 106 habitants en 2009[51]. Cette forte croissance démographique à Bamako se traduit par d'importants problèmes en termes d'habitat, de mobilité d'emploi de sécurité et d'aménagement urbain. En effet, cette croissance démographique va de pair avec un développement spatial exceptionnel. La ville de Bamako abrite 40% de la population urbaine du Mali.

L'exemple de la ville de Bamako est intéressant, d'un point de vue économique, démographique, culturel, administratif et même politique car c'est le principal centre de décisions du pays. La ville de Bamako concentre plus de 70% des activités économiques et abrite les sièges sociaux des grandes entreprises du pays et concentre presque l'ensemble des équipements les plus importants du Mali.

[51] Recensements de la population et de l'habitat au Mali, 1987,1998 et 2009

Nulle part ailleurs sur le territoire malien, la présence des Maliens de l'extérieur n'est aussi importante et visible qu'à Bamako. Le foncier en milieu urbain et plus particulièrement à Bamako est l'objet de toutes les convoitises.

Selon une autre étude de la Banque Africaine de Développement (BAD) commanditée par le gouvernement français (janvier 2008), l'immobilier est le deuxième poste d'envoi d'argent des Maliens de France. Cette même étude montre qu'au moins 30% des montants transférés sont investis dans le secteur immobilier. Il représenterait presque plus de 100 milliards de francs FCFA annuellement, étant donné que le montant total transféré par les seuls Maliens de France atteint 300 milliards de francs CFA par an. Ces investissements immobiliers sont essentiellement réalisés en milieu urbain.

Quelques études menées sur les réalisations individuelles des émigrés maliens, montrent qu'un projet sur dix concerne l'acquisition et la mise en valeur d'un bien immobilier (Cissé, 1998 ; Diarra, 2001).

La construction d'une maison familiale est destinée à usage d'habitation et/ou pour obtenir des revenus locatifs. Le foncier est révélateur des logiques sociales en Afrique (Tall Massour, 2009). Il est ainsi devenu un enjeu capital pour certains acteurs « riches » comme les commerçants, certains fonctionnaires et les migrants.

# LES MALIENS DE L'EXTÉRIEUR ET LE FONCIER URBAIN : DES CHOIX MULTIPLES

## La propriété immobilière : une promotion sociale

Si, dans les années 1970, le prestige du migrant se mesurait au nombre de tête de bovins qu'il possédait, aujourd'hui c'est plutôt le nombre de maisons ou de parcelles à Bamako ou dans une autre ville qui confère à l'émigré une place dans sa société d'origine. Cela étant, l'investissement immobilier est révélateur d'une mutation majeure des investissements des migrants d'un point de vue social et même géographique. Leurs premiers investissements étaient localisés dans les villages d'origine surtout dans le domaine de l'élevage, du commerce et dans une moindre mesure dans l'agriculture.

Le rôle symbolique et pratique d'être propriétaire d'une maison, de se loger et de loger sa famille semble être un motif essentiel pour investir dans l'immobilier en milieu urbain. Disposer d'un logement décent est avant tout pour le migrant une source de fierté qui reflète de manière spectaculaire la réussite de la carrière migratoire. L'importance sociale de l'habitat ne se limite pas seulement à la ville mais aussi et en premier lieu historiquement au village. Les enquêtes de terrain réalisées montrent qu'une proportion importante (25%) des propriétaires migrants s'ils sont d'origine rurale, ont d'abord construit au village. Cette construction a concerné d'abord la maison familiale, c'est-à-dire la maison du père (Gonin, 2012).

L'installation de la famille en ville est motivée selon une majorité des personnes interrogées, pour des raisons d'éducation des enfants, de santé, bref, d'accès aux équipements sociaux de la ville inexistants au village. Pour certains, après avoir passé une bonne partie de leur vie à l'étranger où ils vivent en général dans les villes avec ou sans famille, il est désormais difficile d'aller vivre au village. Les enquêtes de terrain révèlent que les migrants de retour avec leur famille ont beaucoup plus de volonté à prolonger leur séjour en ville que ceux qui ont passé tout seul leur carrière migratoire.

## L'investissement immobilier : opportunité d'accroissement de revenus

Le choix pour l'investissement immobilier s'explique aussi par la possibilité, pour les migrants, d'avoir d'autres sources de revenus en dehors de la rente migratoire. Ils louent les maisons construites aux fonctionnaires à faible revenus, les personnes qui évoluent dans le secteur informel ou à d'autres migrants qui ont une partie de la famille à Bamako. Le fait de vivre dans un même pays d'émigration semble être un élément important pour ce type de location. Les transactions des revenus locatifs ont lieu dans le pays d'émigration entre l'émigré propriétaire et l'émigré locataire. Le besoin de logements à Bamako est l'un des problèmes fondamentaux et avoir une parcelle construite est une véritable source de revenus. Les maisons à usage d'habitation coûtent plus cher dans les cités résidentielles, considérées comme des quartiers propres et qui répondent à un certain cadre de vie plus amélioré. Par exemple dans un quartier comme Hamdallaye-ACI 2000, une villa de trois chambres, d'une cuisine, d'un magasin, de deux toilettes (intérieure et extérieure) coûte entre 150.000 à 200.000 Fcfa (150 à 305€) mensuellement.

Dans la zone d'habitation de l'A.C.I 2000, en 1998 80% des propriétaires étaient des Maliens de l'extérieur (Cissé et Diarra, 1998). Dans la partie administrative de ce même quartier, on rencontre des constructions occupées par des bureaux, des services, des sièges d'ONG ou de grandes institutions de l'État qui appartiennent aux Maliens de l'extérieur. Les loyers sont très élevés.

Photo 1. Bureaux du Vérificateur Général dans la zone A.C.I 2000 (appartenant à un Malien de Côte d'Ivoire).

*B. KEITA, mai, 2009*

Face à cette manne financière, les migrants préfèrent investir dans le secteur de l'immobilier. Pour les migrants, il est plus facile de gérer les revenus d'un investissement immobilier que toute autre entreprise car les montants des loyers sont connus d'avance, le suivi plus simple, les démarches administratives limitées pour des migrants qui ne disposent pas toujours de temps et la rentabilité locative plus sûres. Ce n'est pas le cas dans le secteur du transport par exemple où les pannes, les contraventions payées à la police routière rendent complexes la gestion de ce type investissement.

Cependant dans la pratique, la réalité est beaucoup plus complexe car la gestion familiale des revenus locatifs n'est jamais parfaite que cela soit avec les parents ou les agences immobilières ou les cabinets de notaires, c'est plus compliqué. Cette gestion compliquée pose la question de la durabilité de l'implication des migrants dans le secteur immobilier dans la ville à cause des difficultés de gestion.

Les investissements des migrants dans le secteur immobilier sont une réponse à une demande sociale non satisfaite par les pouvoirs publics, c'est à dire la production de l'habitat social pour les citadins. Globalement la logique de rentabilité économique reste le motif principal qui explique l'engagement des migrants internationaux dans le secteur immobilier et foncier même si cette dernière peut être détournée par celle de loger sa famille par la suite.

Si l'usage de l'investissement immobilier pour le motif locatif est important, il faut cependant souligner que les migrants tentent de plus souvent d'entremêler cette logique avec celle de la résidence familiale

## Le contexte social et politique dans les pays d'accueil : un facteur déterminant dans la réalisation d'un projet immobilier

La situation de crise généralisée dans les pays d'émigration des Maliens a fortement contribué à encourager ces derniers à réaliser au pays. Certains migrants dans les pays de l'Afrique de l'Ouest (Côte d'Ivoire surtout) et Centrale dont la présence à Bamako n'est par ailleurs pas récente ont souffert à partir de 1990 de l'instabilité politique qui régnait dans ces pays et qui a conduit à ruiner les économies de ceux qui avaient choisi d'investir dans l'immobilier ou dans le commerce dans le pays d'émigration. Les exemples des migrants maliens du Congo Brazzaville, de la République Démocratique du Congo et de la Côte sont révélateurs à cet effet.

Quant aux émigrés maliens en Europe, face aux politiques d'immigration de plus en plus restrictives, les plus jeunes, en général « sans-papiers », voient l'immobilier comme un secteur d'investissement sûr qui pourrait leur permettre de dégager les moyens de repartir en migration internationale après une expulsion. Pour les émigrés maliens en Europe, les politiques d'immigration restrictives ont certes des impacts sur l'accès au marché du travail, les difficultés sont toutefois nettement plus accentuées pour les clandestins. Mais l'organisation en vie communautaire, les liens sociaux forts entre ces derniers, les stratégies d'épargne définies, les salaires plus élevés des ouvriers dans les pays européens leur offrent des possibilités de réaliser des investissements immobiliers en milieu urbain et de dépasser de loin les émigrés maliens dans les pays africains, sauf en ce qui concerne les migrants commerçants.

En résumé, ces différents motifs décrits plus haut constituent les éléments de base qui expliquent l'implication des migrants dans le secteur immobilier et foncier en milieu urbain. On a ainsi tout un ensemble de facteurs corrélés qui dépendent non seulement du contexte national favorable à ce type d'investissement comme la libéralisation du marché foncier et la solvabilité financière des migrants par rapport aux autres acteurs locaux, mais également de la situation de plus en plus compliquée dans les pays d'émigration des migrants. Les opportunités ou les contraintes ici et là-bas conduisent les migrants à définir des stratégies qui répondent à plusieurs logiques.

# LOCALISATION DES INVESTISSEMENTS IMMOBILIERS ET PROFILS DES MIGRANTS INVESTISSEURS À BAMAKO

## Pays d'immigration

Les migrants maliens en Afrique semblent être plus impliqués dans le secteur immobilier et foncier que ceux partis vers les pays du Nord, et cela, pour plusieurs raisons suivantes : tout d'abord, la migration malienne reste largement dominée par les flux en direction des pays de l'Afrique. Une proportion de 68% des migrants maliens vivent dans des pays africains[52]. Leur implication dans le secteur immobilier à Bamako tient au fait que la majorité des migrants de retour sont des ex-migrants des pays des grands lacs ; ce sont d'anciens diamantaires ou des grands commerçants. Ils ont déjà une expérience dans le domaine foncier et immobilier pendant leur carrière migratoire dans les pays d'émigration.

L'État malien n'incitait pas au rapatriement des capitaux des migrants, bien au contraire. Sous le régime de Modibo Keita, il est interdit d'être propriétaire de plus d'une maison. Les diamantaires investissent alors davantage au Congo, dans les secteurs immobilier et commercial. Au Zaïre, les risques sont plus élevés ; la confiscation des maisons, le pillage des commerces sont pratiques courantes (Bredeloup, 1994). Leur avantage dans ce secteur est lié aussi à leur solvabilité économique et à la puissance de leurs réseaux sociaux à Bamako. Leurs premiers investissements immobiliers remontent aux débuts des années 1970 dans les villes secondaires comme Kayes et par la suite Bamako.

Si les migrants des pays du Nord étaient absents du secteur immobilier et foncier dans un premier temps, ils rattrapent leur retard aujourd'hui et sont en forte concurrence avec ceux des pays africains en lien le contexte socio-économique difficile dans les destinations africaines.

## Caractéristiques socioprofessionnelles et origine des investisseurs

Deux catégories socioprofessionnelles dominent nettement parmi les investisseurs immobiliers à Bamako. Il s'agit des grands commerçants maliens vivant dans les pays africains et des ouvriers vivant en Europe. Les résultats des

[52] Enquêtes de terrain 2009.

enquêtes confirment une forte implication des migrants maliens de la communauté soninké. Hormis le quartier Faladié, les Soninké dépassent de loin les autres groupes ethniques dans les autres quartiers étudiés.

S'agissant des régions d'origine, la région de Kayes compte incontestablement le plus grand nombre de migrants internationaux. La migration internationale malienne reste donc encore largement dominée par les ressortissants de la région de Kayes. Dans cette région, la migration internationale est une stratégie de survie et est pratiquée depuis des siècles.

## Localisation des investissements immobiliers

La combinaison des variables utilisées comme pays d'immigration, périodes migratoires et profil migratoire montre la répartition géographique des migrants dans les quartiers à Bamako. Globalement, excepté le quartier de Faladié, dans les autres quartiers étudiés, on constate une très forte corrélation entre ces différentes variables, ce qui donne lieu à la formation d'entités territoriales liées à des groupes ethniques bien structurés impliqués dans la migration internationale depuis fort longtemps.

L'utilisation des réseaux sociaux par les migrants pour l'accès à la propriété immobilière aboutit à la formation de quartiers liés à ces groupes ethniques. Les migrants soninkés sont facilement perceptibles; cela renvoie à leur nombre important dans le processus migratoire malien et à leur implication dans le secteur immobilier à Bamako depuis forts longtemps. On peut ainsi constater des installations de familles d'émigrés originaires d'une même localité dans un même quartier. Par exemple, dans les quartiers de Sebenikoro et de l'Hippodrome, les migrants propriétaires viennent en majorité de la région de Kayes et plus particulièrement des cercles (départements) de Diéma, Yélimané et de Nioro du Sahel. Dans le quartier d'Hamdallaye ACI 2000, on a un mélange de populations migrantes mais avec une forte représentation des migrants de retour de l'Afrique centrale originaires du cercle de Banamba (région de Koulikoro) qui sont des grands commerçants à Bamako et ex-diamantaires. Dans le domaine foncier, ils occupent une place de choix et disposent d'importantes réserves foncières dans les quartiers périphériques de Bamako comme Senou, Sebenikoro, Kalabanbougou ou Kabala.

Carte N°1. Région d'origine des migrants enquêtés

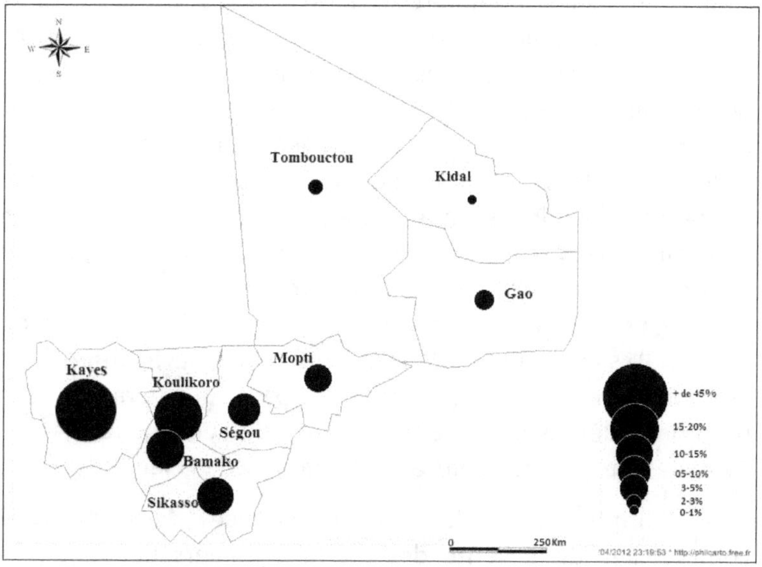


KEITA B, 2010

Les réseaux ethniques jouent un rôle important pour une catégorie de migrants bien identifiée, celle des migrants classiques maliens, c'est-à-dire ceux qui sont en général d'origine rurale. Ils s'appuient en général sur un représentant de leur communauté d'origine installé à Bamako depuis un certain temps. Les représentants communautaires sont pour la plupart des ex-migrants qui opèrent dans le commerce d'import- export à Bamako. L'accès à la propriété immobilière et foncière, grâce aux liens communautaires, donne lieu à des concentrations de populations qui ont soit émigré à la même période et vivent dans le même pays ou soit sont originaires d'une même localité. L'analyse fine des quartiers d'installation ou d'investissement des Maliens de l'extérieur permet de voir les contours d'un panorama de ces investissements immobiliers dans le district de Bamako en fonction du profil migratoire, des périodes, et des pays d'immigration des Maliens.

Dans les quartiers centraux créés avant la colonisation comme le Centre commercial, sont installés les ex-migrants maliens de l'Afrique pratiquant des activités commerciales. La présence des émigrés dans ces quartiers est surtout liée au développement de l'activité commerciale. C'est ici qu'est implanté le grand marché de Bamako, lieu de convergence quotidienne des populations de Bamako. Ce sont des quartiers d'affaires pour les grands commerçants et les personnes évoluant dans le secteur informel. On y observe majoritairement une forte concentration de commerçants soninké et djawabé qui sont pour la plupart des migrants de retour. Il s'agit là des Maliens qui ont fait fortune dans l'exploitation des mines dans les pays des Grands Lacs (Burundi, République Démocratique du Congo, Ouganda, Rwanda), de l'Afrique centrale, Australe ou de l'Ouest.

Compte tenu de leur expérience dans l'activité commerciale et la vente des produits miniers pendant leur carrière migratoire, à leur retour, ils ont continué à pratiquer cette activité. Ils sont parmi les plus riches du pays et disposent d'importants revenus qui leur permettent de se constituer des réseaux solides à tous les niveaux pour accéder à la propriété foncière à Bamako. Ces migrants comptent aujourd'hui parmi les grands propriétaires terriens dans l'agglomération de Bamako. Dans les quartiers périphériques, souvent au-delà des limites administratives de Bamako, ils disposent d'importants patrimoines fonciers dont certains sont déjà viabilisés, et d'autres en cours de viabilisation car de plus en plus intégrés dans l'espace urbain. Ce sont des spéculateurs fonciers très puissants compte tenu de leur solvabilité financière.

- Dans les quartiers résidentiels créés après l'indépendance (1960) on trouve des ex-migrants maliens, des pays africains et quelques émigrés des années 1975 en France. Dans ces quartiers, l'investissement immobilier a une vocation soit résidentielle pour la famille du migrant soit locative. Les migrants propriétaires dans ces quartiers sont âgés de plus de 50 ans, d'origine rurale et sans niveau d'instruction. Ce sont en majorité des soninkés et quelques Djawabés. Il s'agit là des quartiers comme l'Hippodrome, Missira ou Bankoni.

- Dans les quartiers « chics » comme Faladié, Magnambougou, ou certaines parties de la zone Hamdalaye ACI 2000 habite une partie de l'élite malienne formée à l'étranger, travaillant dans la haute administration de l'État ou dans les organismes internationaux. Dans ce quartier, on rencontre des populations à haut niveau d'éducation avec des familles nucléaires. Les propriétaires ici sont à 53% des migrants de retour ou encore engagés dans le processus migratoire, en poste dans les pays étrangers. Certains après avoir grandi dans ces quartiers, ont gardé à leur égard une certaine affinité et pendant leur migration ont acquis des parcelles grâce aux réseaux socio-politiques de leurs parents présents à Bamako depuis de longues dates. Dans ces quartiers résident les migrants qui ont plus d'exigence pour leur quartier d'habitation. Ce sont des quartiers ou habitent les migrants d'origine urbaine. Ces quartiers, construits selon la volonté des pouvoirs publics, disposent de tous les équipements nécessaires comme l'électricité, l'eau et les canaux d'eaux usées. Ici les populations aspirent à un modèle de vie inspiré de l'Occident, donc de la migration internationale, et c'est également là où s'établit une vraie barrière sociale entre populations riches et pauvres. À Hamdallaye ACI 2000, certaines habitations ou services appartiennent à des Maliens en poste dans d'autres pays comme les diplomates ou les fonctionnaires internationaux. On peut également repérer dans cette zone d'importants investissements immobiliers appartenant à des sportifs internationaux maliens dans les pays européens et du Golf. Les migrants ici sont ceux qui disposent des hauts revenus. En effet, dans le secteur Hamdallaye ACI 2000, ce sont les riches du pays qui se sont donnés rendez- vous. En plus des nationaux, cette zone attire aussi les représentations diplomatiques des pays étrangers au Mali et les sièges sociaux d'organisations internationales. Les migrants qui ont investi dans cette zone sont en majorité les ex- migrants de l'Afrique et les sportifs internationaux maliens.

-Dans les quartiers populaires comme Sébénikoro, par exemple se trouvent des migrants propriétaires récemment installés, en majorité jeunes (autour de 25- 40) et émigrés dans les pays d'Europe avec une forte surreprésentation des jeunes migrants de France. Ils viennent essentiellement de la région de Kayes et ont, pour 56%[53] des personnes, un niveau d'instruction bas. Si les migrants de retour sont présents dans ce quartier, c'est pour la spéculation foncière. Ils disposent de nombreuses parcelles à vendre auprès d'une importante clientèle émigrée. On a encore quelques réserves foncières du district de Bamako à Sebenikoro, donc un lieu d'investissement privilégié pour la spéculation foncière. À la différence des autres quartiers cités plus haut, les densités sont plus élevées avec des populations pauvres venues du milieu rural. Dans ces quartiers, les différences de niveau de vie entre les résidents est nette.

Une observation des modèles de construction et des matériaux utilisés permet de constater que les habitations appartenant aux migrants internationaux sont toutes sans exception construites en dur et en hauteur, tandis que celles des non migrants, en terre battue, donne une image rurale au quartier. Sébénikoro est un ancien quartier spontané réhabilité en 1995 à la suite de l'opération « Sauvons notre quartier » ;

[53] Enquêtes de terrain mai 2009

les principes de l'urbanisme y ont été conçus par les populations résidentes elles-mêmes, et les actions des pouvoirs publics en sont encore absentes. Si le bien immobilier sert à loger la famille du migrant ou à la location, notons aussi que ces quartiers constituent des lieux pour les spéculateurs fonciers les commerçants ; ex-migrants, les chefs de quartier et les agents municipaux.

Carte N°1. Quartiers d'investissement et d'installation des migrants

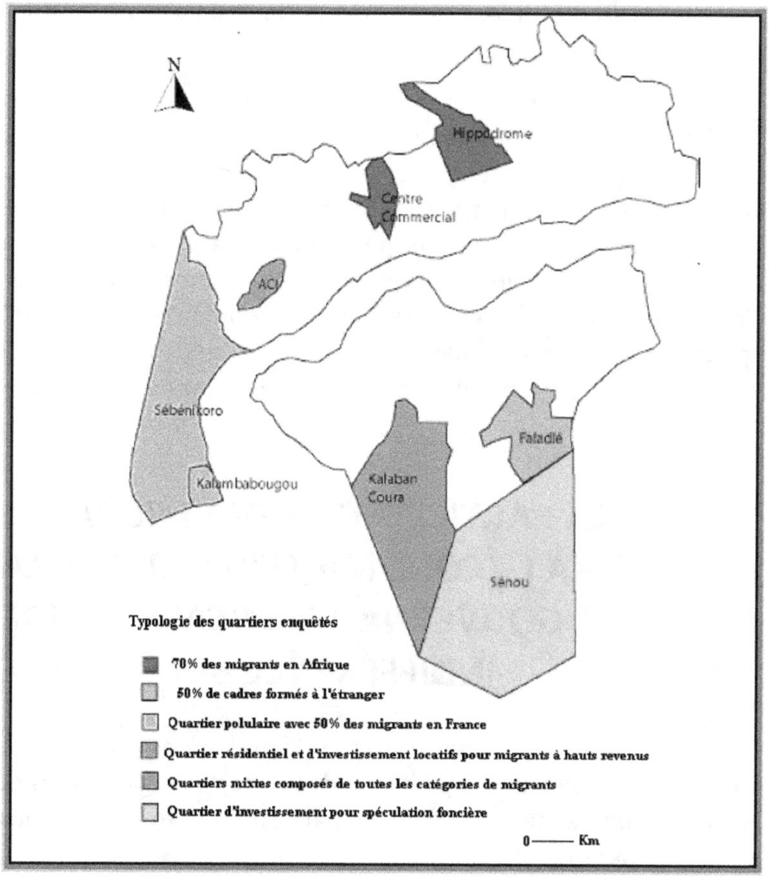


Source : B. KEITA, 2010

Le quartier Senou apparaît clairement comme un lieu d'investissement essentiellement par les migrants spéculateurs fonciers. Dans ce quartier, les parcelles sont nues ou construites en terre battue avec des moyens rudimentaires. Les spéculateurs fonciers ont acheté des parcelles auprès des propriétaires pauvres qui peuvent souvent partir s'installer illégalement à la périphérie du même quartier. Les choses évoluent rapidement dans ce quartier et les constructions traditionnelles disparaissent progressivement au profit de bâtiments en dur et les migrants y ont joué un rôle de premier plan.

L'analyse de la présence des Maliens de l'extérieur dans le district de Bamako, montre bien qu'on a à la fois des quartiers qui présentent une certaine homogénéité chez les migrants, donc de très fortes concentrations d'une catégorie précise de migrants comme, par exemple, à Sébénikoro ou à l'Hippodrome pour les migrants soninké, comme Faladié pour les élites formées à l'étranger, comme Hamdallaye ACI 2000 pour les migrants à hauts revenus, et des quartiers qui présentent une certaine hétérogénéité comme Kalaban – Coura.

## LA PARTICIPATION DES MIGRANTS À L'ÉCONOMIE URBAINE ET À LA GOUVERNANCE LOCALE : ENTRE INDIFFÉRENCE ET MÉFIANCE

L'étude de la place des migrants dans l'économie urbaine s'appuie sur l'importance des apports économiques et culturels d'une part, et d'autre part sur la citoyenneté des migrants dans la ville.

# Les migrants et le développement de la ville

Compte tenu de l'importance des investissements immobiliers des migrants à Bamako, il est intéressant de s'interroger sur la portée réelle de ces derniers en matière de développement. L'implication des migrants dans le secteur foncier et immobilier a eu des impacts importants sur la dynamique des entreprises du bâtiment, sur le marché foncier de façon générale et particulièrement sur le parc immobilier à Bamako.

La construction de maisons dans la ville par les migrants a créé des emplois même s'ils sont temporaires et a largement favorisé le développement de l'industrie du bâtiment. Avec la multiplication des chantiers de construction, les migrants règlent d'une manière partielle la question du chômage par l'emploi d'une importante main-d'œuvre. La construction d'une maison fait intervenir plusieurs corps de métiers (maçons, menuisiers, plombiers, électriciens, peintres....). On peut ainsi se rendre compte de la dynamique du secteur du bâtiment en observant la multiplication des lieux de vente des matériaux de construction à l'intérieur de la ville de Bamako et dans les quartiers périphériques.

Certains entrepreneurs de bâtiment, formels ou informels, travaillent essentiellement sur les chantiers des migrants. En fonction du type de construction choisi, l'entrepreneur ou le maçon peut percevoir quelques millions de francs CFA pour la construction d'une maison. Il emploie au moins une dizaine de personnes chaque jour pendant la construction. Les ouvriers reçoivent entre 1500 et 3000 francs FCFA par jour en fonction de leur qualification. Les revenus des autres professionnels dépendent surtout de la taille de la maison et des matériaux utilisés.

Dans le domaine locatif, les investissements immobiliers des migrants ont permis de répondre dans une certaine mesure à la crise de logement des citadins, même si cette question n'est pas totalement résolue. En analysant le marché de l'immobilier locatif (surtout pour le logement) à Bamako, on peut constater que la part des migrants serait plus importante que celle des autres acteurs, même si l'on ne dispose pas de chiffres officiels pour le confirmer. Il suffit juste de faire un tour dans les quartiers d'investissement des migrants pour se rendre compte de cette réalité. Un sondage effectué dans deux des quartiers d'étudiés a permis de se rendre compte de l'importance des propriétaires migrants. La principale question posée était : « où se trouve le propriétaire de la maison ? ». Les maisons construites par les migrants sont louées aux acteurs du secteur informel, aux fonctionnaires à faibles revenus et aux personnes qui attendent la fin des travaux de leur maison. Comme Mansour TALL le note dans le cas de Dakar, on peut aussi rencontrer des locataires qui sont par ailleurs propriétaires à Bamako. Ce sont des personnes qui ont construit et loué leur maison à des prix élevés et qui préfèrent rester en location. L'investissement immobilier des migrants permet ainsi de loger de nombreux citadins en quête de logement. La construction des logements par les migrants dans les quartiers péricentraux ou périphériques a rendu possible l'insertion résidentielle de nombreuses personnes en difficulté, notamment par la contribution au développement d'un secteur social et locatif où les prix des loyers sont modérés.

Dans le domaine de l'emploi, l'investissement immobilier des migrants a favorisé l'émergence d'un secteur informel très puissant qui est celui des démarcheurs. Ces derniers interviennent à plusieurs niveaux, de l'achat de la parcelle à la construction, ils sont au cœur de l'investissement immobilier des migrants. La prise en compte de leur rôle est déterminante pour comprendre les contours de l'investissement immobilier. Les démarcheurs sont des citadins de longue date qui s'appuient sur un réseau de connaissances large et très puissant. Ils disposent de l'information foncière et pour recueillir auprès d'eux la bonne information il faut payer. Ils peuvent appartenir à des réseaux de parenté du migrant du même groupe ethnique ou communautaire. Généralement, ce sont des gens qui ont une parfaite connaissance de la ville et principalement de certains quartiers, qui ont des liens avec les responsables coutumiers et avec ceux de l'administration, notamment la mairie ou les services d'urbanisme. Pour chaque action ils reçoivent une commission. Ils organisent des rencontres entre vendeurs et acheteurs et si la vente a lieu, de chaque côté, ils prélèvent une commission qui peut varier entre 5 à 10% du prix de la parcelle. Leur rôle consiste aussi à chercher des locataires pour des propriétaires. Dans ce cas, la commission est égale au loyer d'un mois.

La présence des migrants matérialisée par la construction de belles habitations dans les quartiers a permis le raccordement de tous les habitants des quartiers aux réseaux de distribution d'eau, d'électricité et aux caniveaux d'évacuation des eaux usées. Avec la construction de ces habitations, les migrants, dans une certaine mesure, ont obligé les autorités politiques à prendre ces quartiers en compte et à les équiper même si leur statut juridique peut être informel. Le quartier Sébénikoro illustre bien cet exemple. Un quartier qui avait l'image d'un gros village à la fin des années 1990 est aujourd'hui presque parfaitement intégré à la ville de Bamako grâce à la présence de migrants internationaux.

Finalement, on peut s'interroger si toutes ces actions suffisent pour qualifier les migrants internationaux maliens d'agents de développement de la ville. Au regard du rôle clé des migrants dans les villages d'origine et de l'importance des sommes transférées, on se rend compte que l'action de ces derniers est relativement limitée, d'où la nécessité d'être prudent sur la portée réelle des investissements immobiliers des migrants en milieu urbain.

Les migrants sont propriétaires de maisons dans presque tous les quartiers de Bamako, une raison fondamentale d'être au cœur des questions d'amélioration des conditions de vie dans les quartiers. Dans les quartiers, des initiatives sont prises par les habitants dans certains domaines comme l'assainissement, mais les émigrés toujours absents ne participent pas à ces types d'activités.

## Les migrants et gouvernance locale à Bamako

Le district de Bamako vit un processus de transformation du cadre de développement urbain marqué par l'entrée en scène de nouveaux acteurs. L'implication des nouveaux acteurs dans la vie des quartiers s'explique par la crise de l'État apparue a la fin du règne du président Moussa TRAORE dans les années1990.

Dans le développement ci-après, il s'agit de comprendre comment les migrants se positionnent par rapport aux autres acteurs locaux dans les quartiers d'installation.

La participation des migrants aux actions des quartiers reste très limitée, ce qui ne manque souvent pas de poser des problèmes entre les migrants et les autres habitants des quartiers. Les quartiers dans lesquels la participation des migrants est importante sont généralement ceux dans lesquels on rencontre une partie de l'élite malienne composée de migrants de retour et travaillant dans la haute administration de l'État ou dans les organisations internationales, ou encore les migrants de retour qui prospèrent dans les activités commerciales à Bamako. L'engagement de ces derniers dans les actions publiques est lié en fait à deux éléments essentiels. Les migrants qui s'engagent dans la vie des quartiers, sont généralement ceux qui ont une ambition politique ou associative. L'association devient alors un outil important de propagande auprès des populations. Certains s'appuient sur ces associations non pas dans une perspective politique mais pour se créer un réseau social puissant auprès des populations et des autorités de la ville pour la bonne marche de leurs affaires. C'est le cas notamment des grands commerçants, migrants de retour.

La chefferie traditionnelle constituée d'une minorité de notables locaux (les familles fondatrices ou les chefs coutumiers et de culte, les familles riches, les cadres administratifs et politiques) est beaucoup plus engagée dans la gouvernance locale. Ce groupe a toujours entretenu des relations privilégiées avec les régimes politiques en place. En échange de la reconnaissance officielle de leur pouvoir et des privilèges y afférant, il a constitué un maillon politique essentiel et de ce fait bénéficie des avantages sociaux de la part des autorités politiques et est consulté sur tous les grands projets des quartiers et de la ville. Mais la participation des migrants à ces actions du quartier est très faible et leur rôle de citoyen ne va pas au-delà de la porte de leur maison. Ils brillent par leur absence.

En effet, les migrants, majoritairement soninké, appartiennent aux groupes ethniques les plus conservateurs au Mali. Leur présence dans la ville n'a pas permis de dépasser les clivages ethniques issus des mentalités du milieu rural. Le problème d'intégration sociale des migrants ne se pose pas seulement dans la ville d'installation au Mali mais aussi dans les pays d'accueil, comme c'est le cas des communautés maliennes vivant en France. Par exemple, en France, une bonne majorité des Maliens vivent dans des foyers d'immigrés. Ce sont des lieux où l'on peut trouver essentiellement des personnes appartenant aux mêmes groupes ethniques mais pas forcément de la même localité. En France, il y a concentration dans les foyers en fonction des lieux d'origine et groupes ethniques. Si l'ensemble des foyers de résidence des Maliens de France restent dominés par l'omniprésence des migrants soninké originaires de la région de Kayes, les migrants maliens khassonké par exemple, sont regroupés dans un foyer au Bourget, en banlieue parisienne, où ils occupent l'essentiel des chambres, bien loin devant les Soninké. Les migrants restent donc entre eux à la fois dans le pays d'immigration et en milieu urbain au Mali. Ce même phénomène est observé dans les quartiers d'installation à Bamako. Une intégration sociale parfaite des migrants dans la ville ne se passera pas par les migrants de la première génération à Bamako mais plutôt par des jeunes générations qui seront nées et auront grandi dans les milieux urbains, ou qui auront atteint un certain niveau d'instruction. L'urbanité se construit dans le temps, et pour les migrants cette question ne semble pas être aujourd'hui à l'ordre du jour.

Face à ces acteurs, on peut se demander comment les migrants se positionnent afin de comprendre les stratégies mises en place pour leur intégration sociale et leur réelle participation à la vie locale des quartiers d'installation. Si les migrants sont aujourd'hui des acteurs de plus en plus importants dans la ville, leur implication dans la gestion des quartiers d'installation est fondamentale. Ils ne se considèrent pas comme des citoyens à part entière de la ville et de ce fait gardent une certaine méfiance vis à vis des autres acteurs locaux. Les migrants considèrent les autres acteurs locaux comme des gens corrompus et fustigent même les actions qu'ils entreprennent en faveur de l'amélioration des conditions de vie des habitants du quartier.

Les migrants trouvent ainsi leur espace d'intégration d'abord au sein des structures communautaires ou villageoises dont ils sont membres. Comme pour l'ensemble des citadins, l'intégration sociale des migrants et des membres de leur famille en ville passe nécessairement par la fréquentation d'un certain nombre de lieux :

### *Le marché central, les marché de quartiers et les mosquées : hauts lieux d'une sociabilité urbaine de migrants*

Les marchés constituent des points de rencontres des populations urbaines, aussi bien pour les hommes que pour les femmes. Pour les hommes, le marché central et les mosquées constituent les plus forts lieux d'intégration. Dans le marché central de Bamako aux alentours duquel sont situées les mosquées les plus fréquentées de la capitale, on y trouve des lieux appelés le plus souvent « places » par les Bamakois où se retrouvent généralement les migrants de retour qui ont fréquenté les mêmes pays d'émigration à la même période. Ces lieux sont nombreux dans le marché central de Bamako mais les plus connus sont les points de rencontre d'ex-migrants de l'Afrique centrale, anciens diamantaires ou grands commerçants dont certains sont propriétaires de grands magasins dans le marché.

Ces marchés sont les lieux de diffusion des informations dans la ville. Le marché central est un lieu privilégié pour recueillir les informations foncières qui circulent auprès des populations émigrées. En effet, la fréquentation des marchés et des lieux de culte, notamment les mosquées, occasionne des échanges qui constituent autant d'opportunités d'insertion urbaine pour les migrants. Les marchés de quartiers et les points d'eau collectifs sont les lieux d'intégration sociale des femmes. L'école et la rue constituent les lieux de rencontre et d'échange avec les autres enfants du quartier. La sociabilité des migrants peut s'appuyer également sur les réseaux de parenté, de religion, de commerce ou d'origine géographique ou ethnique[54].

Le comportement des migrants dans la ville est le résultat de plusieurs facteurs combinés. Ils sont avant tout

[54] Mansour Tall, 2009

« étrangers » dans la ville dans leur grande majorité, ils ne se considèrent pas comme des acteurs chargés de développer la ville. Ils pensent donc que le développement de la ville est l'affaire de l'état et des élus locaux.

# CONCLUSION

Au sortir de cette étude, il apparait clairement que le secteur foncier et immobilier urbain constitue celui qui capte l'essentiel des fonds destinés à l'investissement des migrants internationaux maliens. Ces investissements immobiliers des migrants participent non seulement à la reconfiguration de l'espace urbain et participe également à l'économie urbaine. La présence des migrants internationaux dans les quartiers a permis une certaine redynamisation de ces lieux même en absence des pouvoirs publics.

Par le biais de la migration internationale, le développement de la ville est plus que jamais inscrit dans des logiques à de plus grandes échelles dans la mesure où ce sont les revenus gagnés depuis l'étranger qui participent largement à la construction de la capitale. Face à des acteurs locaux pauvres, la présence des migrants internationaux place la ville dans un cadre global de la mondialisation.

L'obsession exagérée des migrants internationaux pour le secteur foncier et immobilier peut être finalement considéré comme un manque de perspectives économiques d'envergure de leur part. Au-delà de l'entretien des familles restées au pays, les revenus issus de la migration internationale des Maliens sont investis le secteur foncier et immobilier et dans la migration internationale. Une majorité des migrants maliens notamment ceux qui vivent dans les pays européens préfèrent encore financer le voyage d'un parent vers ces pays plutôt que d'engager un projet d'investissement dans le pays d'origine. Les migrants expliquent ce choix, d'après les enquêtes réalisées, par l'insécurité de l'environnement économique et la mauvaise gestion des parents au pays.

L'impact réel des revenus issus de la migration internationale malienne sur le développement global reste limité. L'argent des migrants, au lieu de constituer un levier du développement pour le Mali, est investi dans un secteur (immobilier) qui n'apporte pas de richesses mais qui symbolise plutôt la promotion sociale et l'enrichissement personnel du propriétaire. La question de l'investissement chez les migrants reste aujourd'hui encore inscrit dans la dimension symbolique dont les retombées économiques restent limitées, d'où la nécessité d'une réorientation vers d'autres secteurs plus productifs à fin de faire de la migration un outil essentiel de développement du Mali.

# BIBLIOGRAPHIE

BA C. O., CHOPLIN A., 2005 : « Tenter l'aventure par la Mauritanie : migrations transsahariennes et recompositions urbaines », *Autrepart*, N°36, pp 21-42.

BA M. F., 1988 : *Morphologie et comportement socio-économique d'un quartier spontané de Bamako : le cas de Bakaribougou*, mémoire de fin d'études de géographie, Bamako, ENSUP.

BAGAYAGO A., 1989 : *la spéculation foncière sur la rive droite du fleuve Niger à Bamako : apparition et extension des quartiers sous intégrés*, Mémoire de Maîtrise, Département d'Etude et de Recherche de l'Ecole Normale Supérieur de Bamako.

BATHILY H., KABA O., 2000 : *les investissements économiques des migrants dans les pays d'origine*, FSP / CODEVELOPPEMENT Mali.

BEAUCHEMIN C., LESSAULT D., DIAGNE A., 2007 : « *Circulation internationale et développement urbain à Dakar: Potentiel d'analyse et résultats attendus* », Atelier International Accra.

BERTRAND M, 1998 : « *Émigrés internationaux maliens face aux marchés fonciers bamakois, connivences et concurrences »,* Revue Européenne des migrations internationales, *vol.15, N°3, pp 63-83.*

BERTRAND M., 1990 : « *Migrations internationales en Côte d'Ivoire et investissements de retour au Mali »,* in Annales de la Recherche Urbaine, N° 49, pp.89-98.

BOUBAKRI H., 1990 : « Émigration *commerçante en France et pratiques immobilières à Ghomrassen (Sud Tunisien)* », in : Gildas Simon (ed.). *Les effets des migrations internationales sur les pays d'origine : le cas du Maghreb*. Paris, SEDES, pp. 145–161.

BOCUCQUIER P., TRAORE S., 2000 : *Urbanisation et dynamique migratoire en Afrique de l'Ouest, la croissance urbaine en panne*, Paris, l'Harmattan.

BREDELOUP S., 1994 : " *L'aventure contemporaine des diamantaires sénégalais »,* Politique africaine, N°56, pp. 77-93.

COULIBALY L., 1978 : *La spéculation foncière à Bamako,* mémoire ENA, Bamako.

DAUM C., 1993 : *Quand les immigrés construisent leur pays,* Paris, l'Harmattan.

DAUM C., 1998 : *Les associations maliennes en France : Migration, Développement et Citoyenneté,* Paris, Karthala.

DIARRA B., 2000 : *L'apport des Maliens de l'extérieur dans le développement de l'économie nationale et la politique de retour,* Bamako, Conseil Économique, Social et Culturel du Mali, Bamako.

DIARRA H., NEU D., 1994 : *Le comportement des Migrants vis à vis de l'épargne, du crédit et des transferts de fonds vers leurs pays d'origine*, Aubervilliers, D.R.D.R.

DEMBELE B., 1989 : La propriété immobilière et le code domanial et foncier, Mémoire ENA, Bamako.

DNSI, 1987,1998, 2009 : Recensements de la population et de l'habitat, Bureau Central du Recensement (BCR), Bamako.

GONIN. P., 1997 : *D'entre deux territoires, circulation migratoire, et développement entre le bassin du fleuve Sénégal et Lille,* Université des Sciences et des Technologies de Lille, UFR de géographie et d'aménagement, sous la direction de J.P Renard, HDR.

GUBERT F., 1999 : « *La participation des Maliens de France au développement de la région de Kayes* », in P. BOUCUCQUIER et T. DIARRA, in Population et société du Mali, Paris, L'Harmattan, pp.104-119.

GOUVERNORAT DE BAMAKO ET MISSION FRANÇAISE DE COOPERATION ET D'ACTION CULTURELLE au Mali, 1994 : *Monographie de Bamako*.

LESSAULT D., 2005 : *Péri urbanisation et recompositions socio-spatiales à Dakar*, Thèse de Doctorat de géographie, Université d'Orléans.

MA MUNG E., 1996 : *Mobilités et investissements des émigrés* : Maroc, *Tunisie, Sénégal,* Paris, l'Harmattan.

MANDHOUJ M., 2008 : *Migration internationale et dynamiques socio-spatiales dans le Sahel tunisien : le cas de la ville de Sayada*, Communication présentée au 31ème Congrès Internationale de Géographie (Tunis, 12–15 août 2008) dans le cadre de la session « Global Change and Humain Mobility (Globility) ».

MORIN. R. et al. 1996 : *Habiter à Bamako* : Conditions *de logements et réponses des ménages dans une ville sahélienne,* cahier de géographie du Québec, vol. 40, N°109, pp.5-28.

NDION B., et LOMBARD, J. 2004 : « *Diagnostic des projets de réinsertion économique des migrants de retour : étude de cas au Mali (Bamako, Kayes »),* Revue européenne des migrations internationales, vol. 20, N°1.

OUEDRAOGO D., PICHE V., 1995 : *L'insertion urbaine à Bamako (Mali*), Paris, Karthala.

PIENSON D., 1986 : *les travailleurs migrants et les lotissements au Maroc : étude de cas de Fès et Casablanca,* (Table ronde CIEM Poitiers 5-6 décembre 1983), *Transferts de revenus et projets immobiliers des travailleurs migrants dans les pays en développement*, Poitiers, pp.153-166.

PHILIPPE S., 2009 : *Une histoire de Bamako*, Paris, Grandvaux.

TALL S.M., 2009 : *Investir dans la ville africaine, les émigrés et l'Habitat à Dakar*, Paris, Kathala.

*Chapter 12*

# The spatial dimension of return migration and labour market entries of Cameroonians who studied in Germany

Julia BOGER

## INTRODUCTION

In 2007, more than 170,000 Cameroonians lived abroad. The majority of them is highly educated and qualified (Evina 2009: 22). According to the UNESCO Global Education Digest, Germany is among the top three destination countries for Cameroonian students (UIS 2011: 204). A third of the currently about 15,000 Cameroonians living in Germany are registered as students. Generally, migration organisations assume that only few Cameroonians who go abroad to study or work do ever return (Evina 2009: 56). One reason for them to be reluctant to return is their fear of the intransparent job market. The intransparent job market makes it hard for them to access professional positions that are adequate to their education and they fear inadequate payment, too. Despite being large in numbers, only little is known about these educational migrants' professional whereabouts.

However, it is quite important to know how and where these return migrants find employment. It is important, because their individual knowledge, an important part of which they have achieved abroad, is disseminated through their work activity. This way they can become what has been labelled as "change agents" (de Haas 2008: 24). Researchers as well as policy makers expect, especially for many African countries, that these change agents could reverse the exodus of highly skilled migrants, the brain drain, and instead could stimulate a brain gain, by fostering development processes through knowledge transfers and financial remittances.

But where exactly do these highly skilled return migrants find work and transfer their knowledge? Previously, the majority of studies about return migration in context of the migration and development nexus (cf. de Haas 2008, cf. Faist 2007) primarily focused the location of the returnee's settlements and they rather neglected the region of their work.

But from a development perspective, it actually makes a difference in which specific region of their home country they apply their knowledge from abroad: be it in deprived regions, where the need for change for instance for infrastructural development is very high, or be it that they work in regions which are already more developed. For this reason, I am going to investigate this regional dimension of Cameroonian students' professional reintegration. By answering the question where the returning graduates find their entry-level jobs I am contributing to the topic of the migration and development nexus because this will show in how far returning migrants, in my case Cameroonian graduates who studied in Germany, are likely to contribute to their source country's development.

I was choosing the particular case of Cameroon basically because it is one of those African countries which face a high degree of brain drain and thus return migration of highly skilled returnees is very important for the country. Another reason why Cameroon is a good example to investigate the spatial dimension of return migration, is the fact that the Cameroonian labour market is not only very intransparent, as it is the case in many African countries, but it also has a lot of disparities. These disparities are between the north and the south, between the urban and the rural regions and last but not least, between the Anglophone and Francophone regions. These three disparities are decisive criteria for whether returning graduates will successfully become change agents.

At first, I am going to present the theoretical background of the spatial whereabouts and I am explaining more in-depth why it is important to investigate this aspect. For this reason I will briefly outline the three geographical divides, which I already mentioned above. Next, I will sketch the situation of Cameroonian students in Germany and present estimations about their return rate. After doing so, a geographical mapping reveals where in Cameroon the returning educational migrants' workplaces are located. I am mainly using qualitative data which I gained in my two fieldworks, carried out in Cameroon in 2008 and 2010 in a total of about two months' time.[55] Moreover, I will trace their struggle to get a job by using their emic perspective, by quoting from the interviews. The results from this analysis will show that the disparities between the Anglophone and the Francophone regions cause the greatest difficulty for Cameroonian educational migrants' professional reintegration. Anglophone Cameroonians perceive their professional return being comparably more difficult than heir Francophone counterparts. My paper closes by recommending to add language preparation schemes in seminars for Cameroonian graduates in Germany. Such a component would ease their professional transition which would make them become agents of change more likely.

[55] These two fieldworks were part of my thesis (Boger 2014), in which I compared the labour market entries of Cameroonian and Ghanaian graduates. I used Problem-Centred Interviews (PCI) after Witzel (2000). In total, I interviewed 22 Cameroonian return migrants of which I chose material from seven interviews for this paper (see appendix).

# REGIONAL DIMENSION OF RETURN MIGRATION

In order to find out whether returning graduates can really become agents of change, one must also consider whether they actually return into those regions of their home country, which need to be developed. In this regard, most geographical studies concentrate on whether return migrants return into the urban or rural region of their home country. For instance Gmelch (1980) investigates this urban/rural aspect of return migration. Surprisingly he finds that returning migrants settle in rural areas due to family links, instead of moving to the urban areas, "where employment opportunities are greater and the attractions of city life, to which they had become accustomed, are present" (Gmelch 1980: 139).

Other geographers, as for instance Kandt (2011), find evidence for the opposite assumption. Kandt observes that international migrants (including return migrants) have the tendency to build their houses in the urban centres. Building houses in these urban centres speeds up urbanisation processes – and increases the regional gap to the neglected rural regions (Kandt 2011: 364). Klagge and Klein-Hitpaß (2007) claim that researchers should also investigate where returning migrants search and find their work (2007: 18).

To trace the graduates' professional whereabouts, it is helpful to have a closer look at the Cameroonian labour market by sorting it into the three divides, which have been mentioned above. Cameroon's ten regions can be divided into three levels: the geographical divide, which is firstly a typical north/south divide; secondly an economic divide exists between the rural and the urban regions, and thirdly the administrative divide, which is the division of the country's administrational languages into a Francophone/Anglophone region. Concerning the north/south divide, firstly, Cameroon's south comparably is economically more prosperous due to the fact that these regions have the biggest part of the country's natural resources and access to the harbour of Douala, which is the reason for the south's good transport infrastructure (railway and highways). The northern regions instead are more deprived because they lack industrial infrastructure. Also, the climate in the north is very hot and dry, and the population density is lower than in the southern regions. Hence, I presume that only a negligible minority returns to the deprived northern regions, whereas the majority settles in the southern regions to look for work. Secondly, there is an economic disparity in Cameroon which divides the country into a few urban centres and the greater rural regions: the main urban centres are Yaoundé and Douala, where most of the small and medium companies have their headquarters (AfDB et al. 2012: 9). In Yaoundé, being the country's capital and the main seat of the parliament as well as the president's residence, most administrative and governmental institutions have their main offices. Hence, it is likely that the highly skilled migrants who return from Germany are likely to find decent and formal employment more often in these few urban centres. Thirdly, in two of the overall ten regions, the official language and the administrative system is in English, whereas French is spoken and the Francophone administrative system carried out in the other eight regions. The smaller English part of the country, the South- and the Northwest region, offer comparably little opportunities for wage employment in contrast to the Francophone regions. The French part is not only larger, but also economically better developed and more favourable to international investment preferably from the former colonial power France, which still has a strong impact on the country's economy until today. Little has changed so far, since the researcher Warnier observed two decades ago : *« Dans les deux provinces Anglophones, ce marché reste embryonnaire, limité aux plantations de la province du Sud-Oeuest et aux quelques villes (Limbé, Mamfé, Bamenda) qui sont relativement peu développées et dont la capacité à offrir des employs est mediocre au regard de ce que l'on trouve du c'ôté francophone* » (Warnier 1993: 49).

Summing up, according to theory, return migration will have the most positive impact on the country's development when the migrants have the opportunity to apply their skills in the deprived regions and to forward their resources into them. The most deprived regions in Cameroon are the rural, the northern and the Anglophone regions of the country. Now, the mapping of the returning migrants' labour market entries and the analysis of their professional trajectories displays why it is difficult for the Anglophone Cameroonian graduates to find decent work in these deprived regions.

# REGIONAL DISTRIBUTION OF RETURNING CAMEROONIAN GRADUATES

I will now investigate into the spatial dimension of the returning graduate's labour market entries in Cameroon, according to the country's three divides, the north/south, the rural/urban and the Anglophone/ Francophone divide. To do so, it is necessary to have a brief look upon the entity of the group of returning Cameroonian graduates from German universities.

I will now at first verify for the case of Cameroonians in Germany, what has been assumed in the beginning, that Cameroonian graduates return in low volume. Such verification is difficult due to a lack of pure statistical sources. The few existing tracer studies for international students from Germany mostly focus on scholarship holders. These studies seem to be overly optimistic concerning the return rates, which they estimate to be about 70–85% (Schraven et al. 2011: 301, DAAD 2013: 33). The authors of these studies assume that the rest of 15–30% either stay in Germany or migrate to a third destination country. However, the attempt of creating tracer studies by focusing on scholarship holders only, is not representative. Only a minority of roughly 9% of all African students hold a scholarship (Isserstedt and Kandulla 2010: 25). And, here is the bias which often is neglected in the studies, recent scholarship schemes require an obligatory return. Therefore, this minority of scholarship holders has per se a stronger tendency to return. Moreover, the candidates must present proof of an existing employment relation in their home country, before coming to Germany, to ensure that they can return to their workplaces after graduating. This means that the students integrated into these tracer studies are a minority among the larger group of educational migrants in Germany. The majority of African students in Germany, who do not hold a scholarship, instead fear to return. This observes Tsafack (2008) in a small-scale survey. He explains in his study that these students fear to return, because they lack income opportunities which they need to support their families economically by the time they return (Tsafack 2008: 88). Tsafack assumes that the students' inner conflict, between wanting to return and fearing the conditions in their home countries, gets even stronger, the longer the students stay abroad without occasionally visiting home. In his quantitative survey of 80 students who studied in Berlin and originated from Sub-Saharan African countries, he indicates that about 50% of these students visit their home country only every three years. Only very few can afford to travel every year (Tsafack 2008: 80). At the same time, Tsafack notes, Cameroonians do not lose touch entirely, but communicate frequently (once a week) via Internet and phone with their families (2008: 79). Nevertheless, it seems as if this communication cannot compensate for first-hand experience in the labour market. Tsafack concludes that Cameroonians, like most Sub-Saharan Africans, would be less reluctant to return if they were allowed to retain their legal status in Germany. This legal status in Germany would be their backdoor, if the reintegration process in Cameroon turned out to be too challenging (2008: 91). Because valid return migration statistics do not exist (OECD 2007: 107, Baraulina et al. 2008: 31), I will now present how I estimated the figures of remaining, returning and continuously migrating Cameroonian graduates. I based my estimations on calculations of Jahr et al. (2001: 77)[56], followed by Wolfeil (2012: 82ff)[57], who traced the whereabouts of foreign students. The estimations are based on a compilation of data from the German Employment Agency (Bundesagentur für Arbeit, hereinafter referred to as BA), and internal statistics of the Returning Expert Programme (REP)[58]. The first figure is the number of graduates who were employed in a given year. I took the figure of the year 2000 as a base, and added the numbers of newcomers of the following years. This gave a total of 898 Cameroonian graduates in Germany's labour market during the decade 2000–2010. Comparing these figures to the number of graduates in the given period (4,335),

---

[56] The "Careers in Higher Education: A European Research Survey", in short CHEERS study of Jahr et al. (2001), investigated the professional whereabouts of international students and their mobility. The authors came to the conclusion that isolated sources of data cannot provide sufficient information about the students' whereabouts. The findings suggest using combined statistical data to round out the picture (Jahr et al. 2001: 77).

[57] Wolfeil estimates that 10–30% of Polish graduates remain in Germany and that the rest returns to Poland (2012: 172–173). A problem with this estimation is a) that it implies that all graduates who remained in Germany started working, and b) that it gives no valid information on the destination of those 70% leaving Germany. This contrasts with the findings shown for the case of Cameroonian and Ghanaian graduates. It neglects the facts that a) Cameroonians tend to continue their higher education, and b) that a corresponding number of them migrates to another country, too.

[58] To facilitate their professional return, special programmes for the highly skilled migrants have been set in place by the German government, carried out by the organisations Center for International Migration and Development (CIM), World University Service (WUS): the Returning Experts Programme (REP) assists the graduates with a financial subsidy for transport and return ticked, as well as by subsidising their salary and providing with workplace equipment (carried out by WUS). The Cameroonian placement centre, the National Employment Funds (NEF), used to work together with these German organisations in order to facilitate the professional reintegration.

this gave a rate of about 21% Cameroonians who remained in Germany after their studies and started working. What happened to the rest of the Cameroonian (~80%) graduates? To estimate how many of them actually returned, I used the statistics of the REP. With the number of students who returned and registered at the REP, I had at least a minimum of persons who directly left for their home country within the given time period of 2000–2010. During this period, only 288 Cameroonians registered as having returned. Regarding the numbers of graduates during the same period, this makes me estimate that a minimum of 6.6% Cameroonians return to their native country.[59] The rest of the Cameroonian graduates, which makes 73%, who allegedly left Germany and moved to another country. Below, in table 1, I am going to present how I calculated my estimations.

Table 1: Estimated tracking rate of Cameroonian Nationals graduates in Germany from 2000 to 2010

| | |
|---|---|
| Graduates | 4,335 |
| New employees | 898 |
| Returned migrants | 288 |
| Remaining | 898/4335*100<br>=~20.7% |
| Migrating | 4,335-(898+288)=3,149<br>=~72.6% |
| Returning | 288/4,335*100<br>=~6.6% |

*Source:* Statistics from HIS-HF, BA, CIM for cohorts 2000–2010.

59 The return rates are probably higher than in the REP statistics because they do not include those graduates who left Germany via another country, and not every graduate registers for the REP programme.

Of course, these estimations of returning graduates have to be treated with extreme caution. The figures do not include naturalised Cameroonians, nor do they include all Cameroonian graduates who have returned, but only those who are registered in the database of the REP. Thus, this overview cannot state with certainty whether the figures of the BA do really capture all new employees who studied in Germany. Despite these methodological shortcomings, the overview at least shows a general trend which has been suggested at the beginning of this paper already: that only few Cameroonian graduates do actually return to their home country. Despite being small in numbers, this group has been said to be very important for Cameroon's development. But little is known about their geographical and professional whereabouts.

The quantitative distribution of the returning graduates of the interviewed sample now is being compared with larger data sets deriving from the Returning Experts Programme. I will compare these larger data sets because the comparison shows that the regional distribution of my sample is similar and therefore representative. As the map (figure 1) shows, most of the Cameroonian graduates who studied in Germany start their professional careers in the urban centre of their home country. According to internal statistics taken from the Returning Experts Programme for the years 1993–2013, most returned Cameroonians [N=324] firstly settle in the country's capital Yaoundé (40.1%). The second largest group of returned Cameroonians, of about 30%, start in the economic hub and harbour city, Douala. The remainder, almost 20%, of the returning graduates, is distributed almost equally in the two Anglophone regions, in the Southwest (11.4%) and in the Northwest (7.7%). Because of the lack of infrastructure and harsh climate conditions, only a minority of 3.7% of the returning migrants ventures into the northern regions, Adamawa (2.5%), North (0.9%) and Extreme North (0.3%). Similarly, only a very small fraction starts working in the tropical forest regions in the East (0.9%) and in the South (0.3%).

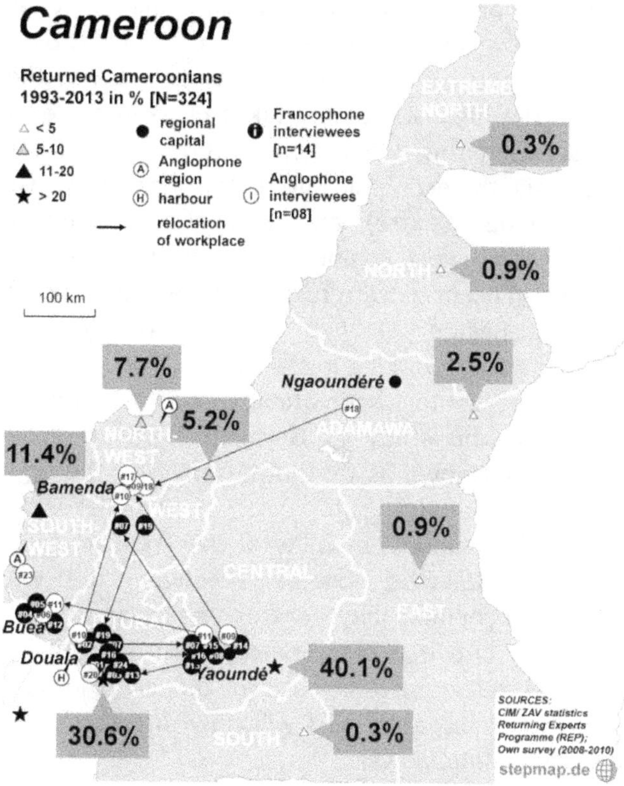


Figure 1: Map of regional distribution of returned Cameroonians'' workplaces

This distribution correlates with the 22 Cameroonians interviewed in context of this study, illustrated in the map as numbered points, black for Anglophone and white for Francophone interviewees. As can be seen, more than half of the Cameroonian sample [n=22] started in the two Francophone centres. About a third (36.4%) started in the economic hub and harbour city Douala, and about another third (27.3%) firstly went to Yaoundé, the administrative capital. Five returning migrants (22%) found their entry-level employment in the Southwest region on the coastline. The three remaining interviewees were distributed equally between the northern Adamawa region, the West and the Northwest. However, their regional entry changed over time depending on the country's regional disparities. As the map also shows, the highest mobility takes place in the economic triangle between the two larger cities in the Francophone regions Douala, the economic hub (Littoral), the administrative capital Yaoundé (Centre) and Bamenda, located in the Anglophone Northwest Region. It is important to note that there is no significant pattern regarding the spatial distribution in the West-Region. Only a minority of the returned Cameroonians start working in this region. This is comparably low if one recalls the estimation that most Francophone Cameroonians who study in Germany originate from this region, which is known as the home region of the regionally very attached ethnic sub-group of Bamiléké.[60] More significantly, the regional mobility of the graduates returning from Germany concerns movements between the two main employing Francophone city centres, which are Douala and Yaoundé, and between the Francophone and Anglophone regions. This latter spatial pattern reflects the country's general regional disparity, as I will now discuss in depth by interpreting the interviews.

Out of eight Anglophone returned graduates, only three embarked on their careers in their native Anglophone regions, and the rest of five started working in the Francophone cities. So far, the fact that most returning migrants started their careers in the French-speaking section upon their return, is not a surprise. It is likely that the job market offered them better prospects in the Francophone cities.

---

60 One explanation for the finding that only a few Bamiléké return to their native village in the West region, is that it is one of the most densely populated regions, which in consequence means that land is difficult to obtain for those who return (Warnier 1993: 43).

In consequence of the fact that the Anglophone region offers limited opportunities for wage employment, it seems at first to be surprising that the Anglophone interviewees tended to move back to their native English-speaking home region in the course of their careers. This trend that Anglophones rather go back into their native Anglophone regions reflects a need. This assumption is supported by the case of Mr. I. (Cameroon case #11), an Anglophone returnee who starts working in the French section. Mr. I. originates from a small town in the Anglophone Northwest region, south of the region's capital, Bamenda. Upon his return he starts searching for a job by identifying potential employers from the country's capital, Yaoundé. Eager to find a workplace that is in line with his field of studies, Environmental Resource Management, he searches for a job in the field of environmental protection. At first he investigates the website of the United Nations and finds various local NGOs listed all over the country. He applies at several NGOs, most of which are located in the French administrative capital, Yaoundé. His profile, the degree and qualifications obtained in Germany match these NGOs' demands, but unexpectedly he faces problems because he lacks French skills : *"They looked at my degree which is here. They saw that I had done waste recycling technologies. Very good! But then my French is not quite good. That is the problem that I have been having. I told them that I spent all my years in the English sector and done in English and then I went out but the little French I know I could improve upon so they were not very interested"* (Cameroon interview #11; 09.10.2008: 489-494).

I. is taken by surprise, because officially, Cameroon is a bilingual country and he does not expect that his degree and qualifications will not compensate for his lack of French. He suggests that this may be the reason for other Anglophones to not return to Cameroon : *"You know Cameroon is bilingual. I think the Francophone are coming more than Anglophones because our country is, to be very sincere, it is listed as bilingual but everything as you may have noticed, is in French. So we the Anglophones are the most, we are a minority and we don't have access to many things in Cameroon. So, this godfatherism which is also crippling corruption when they come like this they find their way. Many of their brothers are ministers, are responsible people in society. They come and find their way. So, Anglophones, we are lost"* (Cameroon interview #11; 09.10.2008: 330–338).

His efforts to find work in the Anglophone regions are not successful either. The NGOs he applies to in the Anglophone cities Bamenda and Buea only offer him freelance work in the field of *"consultancy. Sit down, write project, maybe they materialize. That is how they [meaning NGO's] live"* (Cameroon interview #11; 09.10.2008: 500–501). Such a job in a NGO offers only poor job-security, low income and therefore is unattractive in terms of securing the returning migrants' livelihoods permanently. Therefore, Mr. I. starts working at a local NGO in Yaoundé, which accepts him as an Anglophone employee. The boss assures him that he will be allowed to *"express yourself in any language you feel. So, we are ready to work with you. That is how I came to here."* (Cameroon interview #11; 09.10.2008: 496–497) After two years, when his contract ends, Mr. I. searches for other work. It seems he did not find it in the Francophone part of the country – or does not feel at home enough, because finally he moves back to his Anglophone home region in the Southwest. In Buea, the capital of the Southwest region, he teams up with colleagues with whom he has studied in Germany, in the field of environmental resource management. The three of them successfully set up their own consultancy in the environmental sector.

Indeed, the start in the francophone regions can be even disastrous, as shows the next case of Mr. P (case #10). At first, his professional reintegration in Douala starts quite smoothly, not unlike that of his Francophone counterparts. P. obtained a polytechnic degree in electrical engineering in Germany and is sponsored and job placed by a reintegration counsellor to a Francophone NGO in the country's economic capital, Douala. His story shows that there seems to be a general mistrust between Anglophone and Francophone Cameroonians. Mr. P. is accused by his immediate Francophone colleagues of being not loyal to his French employer and hence they assume that he would thus embezzle the project funds. The employment relationship breaks up violently. After having a life-threatening physical fight followed by a complete breakdown, P. quits his job in Douala and instead returns to his Anglophone home region, a small village in the Northwest. He rests for a long time at his family's house in the village, and recovers. After some months, he starts working in temporary jobs until he finds employment in a private university as a part-time lecturer. In our interview (Cameroon interview #10, 08.10.2008) he frankly admits that without being in his familiar environment, embedded into the social networks of his hometown, he would not have survived that disastrous start in the Francophone region.

Mr. B. (Cameroon case #09) has another more pragmatic reason to return to his Anglophone home region in the Northwest: he is promoted into the position of a regional delegate. After B. returns from a postgraduate study programme in the field of renewable energy, he finds his first employment in the Ministry of Energy in the Francophone capital, Yaoundé. His career proceeds, and after having lived and worked for 15 years as a director in Yaoundé, he is happy to be promoted to a regional delegate in his home town. There he enjoys a great reputation from his extended family members. What is more, Mr. P. pragmatically claims that life in his hometown is simply cheaper than in the capital : *"My salary is not like an engineer in Germany, but the cost of living here is not like in Germany. Take for example; I have a small pillar in which I stay here. Here, I pay FCFA 80,000 [equivalent to EUR 120]. If I take a house in Yaoundé, it will cost FCFA 200,000 [equivalent to EUR 300] or more"* (Cameroon interview #09; 08.10.2008: 301–305).

As the interview quote indicates, in his hometown the cost of living is cheaper but also the living standard is lower than in the capital. Mr. C. (Cameroon case #18) originates from the same village as Mr. B., from the Northwest Region. C. also returns to his home region for the pragmatic reason of inheriting land in his hometown region. After having lived and worked for about eight years abroad, C. finally returns to a larger town, near his home village. He sets up his own NGO, a consultancy in the field of health education. He also lectures part-time at the university and has plans to start a business in agriculture : *"I, personally, I am not tied down here. I am thinking of moving down to the Southern Province. I mean if I get this agricultural project moving. I will move down to Southern because the land is more fertile. Yes I have lands (...) [My] family is here. I am from Northwest (...) For me anywhere in Cameroon I will live. So long as I can be able to do what I want to do and contribute to the development of the country, and I have any impact in the lives of people, you understand?"* (Cameroon interview #18; 24.05.2010: 730–742).

C's statement shows that even though the region is not as fertile as in the South, and emotionally he is *"not tied down here"*, as he puts it, he has his family own land in his native region, which somehow *"ties"* him in pragmatic terms. Hence, it is most likely that he will settle permanently, to carry out his agricultural project in his hometown.

Only in one case does a graduate who originates from the Northwest start and remain in the Francophone part of the country. This is Mr. X. (Cameroon case #20), who originates from Limbe in the Southwest. He studies Business Information Technology in Germany and has some years of practical experience in his profession. However, when he returns he realises that despite his high profile, it is difficult to get a job. He, too, lacks adequate French skills, which causes him problems at the beginning of his job search : *"My French is not that good. I had problems with French language so [laughs] here in Cameroon if you really want to get somewhere, French is very, very important. So, I had reported during some of my interviews. Yeah, there was one of the interviews because by then I had already got this job"* (Cameroon interview #20; 28.05.2010: 256–262).

The *"job"* that X. mentions, where he finds his entry-level employment, is a high profile permanent position in an international private company. This company is a franchise of an international company based in the UK and has its headquarters in Nigeria. Thus, English is the working language and it is no problem for X. to start his work without having sufficient French skills. The company offers him a very good working environment: Mr. X. has his own well-equipped office, interesting work, and a top-class salary. Mr. X. is very satisfied, even though he does not like Douala as a city. Therefore, he maintains his ties to his home region on a private level : *"I grew up in Limbe. And my parents have been there and they are still there up to now. So, so mostly the weekends I go down to [Limbe]. That's because I can still [be there]. Douala, I don't really like Douala that much, but as we always say, you have to be in Douala if you want to have a good job. Douala is the place to be, but in terms of environment, climate, I don't really like the place"* (Cameroon interview #20; 28.05.2010: 79–87).

This final statement of Mr. X. expresses the fact that the regional patterns of returning Cameroonians' workplaces highly depend on the country's general regional disparities, and that job seekers have to adjust to these and have to *"be in Douala if you want to have a good job"*.

In contrast, their French counterparts who secure their entry-level employment in the Anglophone regions, remain there and settle for good, as the following case of Dr. L. (Cameroon case #05), who originates from the French speaking Extreme North, shows. He finds his entry-level employment as a full-time lecturer in geology in the governmental university in the Anglophone Southwest Region. Because of the university's general policy of promoting bilingualism, the university's high demand for qualified lecturers in natural sciences, and thanks to his doctorate degree, he faces no problems starting in the Anglophone region. In addition, Dr. L. finds the environment more appealing than living in the larger cities : *"I like this environment. This very small town makes me to remember life in Europe where it is a bit quiet although the town has become so loud. But I remember four years ago it was a bit more quiet. But when I am going to Douala or when I am going to Yaoundé, they will have the same noise but I will just stay there maybe for one week to do one or two things and then come back to here"* (Cameroon interview #05; 03.10.08: 366–372).

Because of the quiet location of the *"small town"*, and because he holds a permanent lecturer position, Dr. L. does not feel the need to move away from the Anglophone region. He can easily commute between his place of living and a bigger city like Yaoundé.

The situation of Mr. M. (Cameroon case #12) is different and a little surprising. Mr. M. originates from the Francophone part in the Western Region. In Germany he studied geography and specialised in sustainable tourism. Additionally, he upgraded his professional profile through practical experience in internships in Germany. Upon his return to Cameroon, he has been announced as the heir of his family and thus is responsible for his native village and his extended family in the chefferie. Nevertheless, he does not return to his native village, but seeks employment in the Southwest region, which has several natural attractions: Mount Cameroon, the coast with its black sands in Limbe, and the former colonial architecture in Buea. The region already has a basic touristic infrastructure. Thus, it is an area where his profile definitely is demanded. Despite his well-matching profile, M. faces difficulties at the beginning. Local employers are reluctant to employ him because he comes from the French speaking part of Cameroon. Finally, he gets a position as an officer in an Anglophone parastatal ecotourism organisation, following commendation from an informal contact at the German development cooperation who sponsors him. After two years, when his first contract ends and the local organisation cannot afford to pay his salary continuously without any additional top-up, M. is forced to find a new source of income. Instead of moving to his native region, M. remains in the Southwest due to the area's natural attractions, an ideal place to transfer his skills in sustainable eco-tourism. He sets-up his own NGO in the field of environmental protection: *« J'ai créé une organisation (...) C'est développer les activités touristiques comme le trekking, le mountain bikes qui ne demandent pas beaucoup d'énergie, sinon ta propre énergie »* (Cameroon interview #12; 06.05.2010: 128-139).

In addition to his start-up in the tourism industry, M. has also started a family with an Anglophone, and has rented a house as his new office – making it thus likely that he will continue to live in this region of Cameroon permanently.

# CONCLUSION

In this paper I brought the attention to the regional dimension of return migration within the broader topic of the migration and development nexus. I stressed that, apart from investigating into which source countries the highly skilled educational migrants return or if they return to an urban or rural region, one should also ask where the returning migrants find their work.

As a country case I chose Cameroon, because firstly due to the strong brain drain I assumed that there is a huge need for qualified workforces in Cameroon. Surprisingly, even though there are many Cameroonian students in Germany only few return, which I showed by estimating the return rate of the graduates being at approximately 7%. I wanted to find out, how those few who finally return access their employment and what difficulties they have to face.

Secondly, I chose Cameroon because of its several divides. Investigating such a differentiated country case shows that not only the geographical aspects (deprived north and rural areas against economically prosperous urban centres and the south) are important to understand the two transitional phases of return migration and the job finding process. This was assumed by previous studies. What is even more important are the cultural and language disparities which are less obvious and hence difficult to foresee for the returning migrants.

The quantitative as well as the qualitative analysis of the interviews with 22 returned Cameroonians and statistical data from reintegration programmes revealed three major findings. Firstly, most Cameroonians returned to the urban centres, secondly, only few Cameroonians returned to the deprived North but rather to the more prosperous southern regions, and thirdly there is evidence that the language divide is the strongest obstacle to Cameroonians' professional reintegration. By going into the interviews it became clear that most Anglophone Cameroonians perceive their professional reintegration being more problematic than how their Francophone counterparts recall their job hunt. The returning Anglophones simply had less job opportunities. The few jobs they were offered in their native Anglophone regions were often only temporary and sometimes even precarious. Thus, the Anglophone returnees very often were forced to start in the Francophone region. There they faced the language barrier because they often were not fluent in French and they also had to face general cultural prejudices against Anglophones. In contrast, the cited Francophone returning graduates had more job opportunities in both parts of their country. Even those, who started in the Anglophone region, were able to start stable careers because they started in industries in which their educational profile was highly demanded.

Eventually, the outcome that especially Anglophone Cameroonians find it difficult to return to their source country and thus are often hindered to apply their knowledge in the deprived Anglophone region leads me to suggest an increase of adequate return preparation courses. Because of their affinity to the English language Anglophone Cameroonians more often enrol for English master degree programmes in Germany. But in future it should be considered that they do not lose their French skills which they acquired in Cameroonian schooldays and even increase their French language skills. This particular aspect of language preparation could be integrated into the special reintegration seminars which are already in place. It would increase the migrant's awareness for their home country's highly differentiated labour market.

# REFERENCES


AfDB, OECD, UNDP & UNECA, 2012 : *African Economic Outlook Cameroon.* Paris, OECD Publishing.

BARAULINA T., BORCHERS K., SCHMID S., 2008 : « Afrikanische Einwanderung nach Deutschland: Abwanderung von Intelligenz, Entwertung von Qualifikationen, Folgen für die Herkunftsländer? » in *Migration und ethnische Minderheiten* Bonn, SoFid, pp. 11–37.

BOGER J., 2014 : *The job hunt. Return migration and labour market entries of Cameroonian and Ghanaian graduates from German universities. Auszeit n* 48, Wiesbaden, World University Service (WUS).

DAAD, 2013 : *Knowledge – Action – Change: Three alumni surveys in review 25 years of DAAD postgraduate courses.* Bonn, DAAD.

HAAS H. D., 2008 : *Migration and development: A theoretical perspective* (Working Papers). Oxford, International Migration Institute (IMI).

EVINA R. C., 2009 : *Migration au Cameroun. Profile Nationale.* Geneve, International Organisation of Migration (IOM).

FAIST T., 2008 : « Migrants as transnational development agents: An inquiry into the newest round of the migration–development nexus » in *Population Space Place,* pp. 21–42.

GMELCH G., 1980 : « Return migration » in *Annual Review of Anthropology n 9, pp.* 135–159.

ISSERSTEDT W., KANDULLA M., 2010 : *Internationalisierung des Studiums: Ausländische Studierende in Deutschland, Deutsche Studierende im Ausland.* Bonn, Bundesministerium für Bildung und Forschung.

JAHR V., SCHOMBURG H., TEICHLER U., 2001 : *Internationale Mobilität von Absolventinnen und Absolventen europäischer Hochschulen: Teilstudie im Rahmen des Projektes „Hochqualifizierte Arbeitskräfte".* Kassel, Wissenschaftliches Zentrum für Berufs- und Hochschulforschung.

KANDT J., 2011 : « Urbanisierung in Ghana: ein transnational beschleunigter Prozess » in T. Baraulina, A. Kreienbrink, & A. Riester (Eds.), *Beiträge zu Migration und Integration. Potenziale der Migration zwischen Afrika und Deutschland,* Nürnberg, BAMF. pp. 350–376.

KLAGGE B., KLEIN-HITPAß K., 2007 : « High-skilled return migration and knowledge-based economic development in regional perspective. Conceptual considerations and the example of Poland » in *CMR Working Papers n* 19/77. Warsaw, Centre of Migration Research.

OECD, 2007 : *Policy Coherence for Development 2007: Migration and Developing Countries*. Paris, OECD Publishing.

SCHRAVEN B., EGUAVOEN I., MANSKE G., 2011 : « Capacity Development durch Bildungsmigration. Ergebnisse einer Befragung von afrikanischen Entwicklungsforschern » in T. BARAULINA, A. KREIENBRINK, & A. RIESTER (Eds.), *Beiträge zu Migration und Integration: Vol. 2. Potenziale der*

*Migration zwischen Afrika und Deutschland.* Nürnberg, BAMF, pp. 293–313.

TSAFACK J. C., 2008 : *Zusammenarbeit mit der Diaspora? Eine Untersuchung am Beispiel von Studenten aus Afrika südlich der Sahara in Berlin.* Saarbrücken, VDM.

UIS, 2011 : *Global Education Digest 2011: Comparing education statistics across the world. Special focus on secondary education.* Montreal; UNESCO Institute for Statistics.

WARNIER J.-P., 1993 : *L'Esprit d'Entreprise au Cameroun.* Paris, Karthala.

WITZEL A., 2000 : « The Problem-Centred Interview » in *Forum Qualitative Social Research n 1*(1), Article 22, from http://www.qualitative-research.net.

WOLFEIL N., 2012 : Auswirkungen des Auslandsstudiums auf spätere Mobilitäts- und Karrieremuster. Das Beispiel der polnischen Studierenden an deutschen Hochschulen. Göttingen, Vienna University Press.

## STATISTICS

BA, 2000-2010 : *Employment Statistics. Social insurance contributions by selected nationalities and qualifications.* Nuremberg.

CIM, 1993-2013 : *Migration for Development. Internal database.* Frankfurt a. Main.

HIS-HF, 2000-2010 : *Origin of foreign students, Bildungsauslaender and Bildungsinlaender students in 2013 by continents, regions and countries of origin.* Federal Statistical Office; HIS computations. Retrieved September 30, 2012, from Hochschul Informations System, http://www.wissenschaftweltoffen.de/daten/1/2/1.

L'Afrique

aux éditions L'Harmattan

*Dernières parutions*

**SEXUALITÉ (LA) FÉMININE AFRICAINE EN MUTATION**
**L'exemple du Sénégal**
*Thiam Awa - Préface d'Amady Aly Dieng*
Après *La parole aux négresses*, Awa Thiam aborde, dans ce nouvel ouvrage, la question de la reproduction sociale du côté des femmes, par le biais du marquage du corps, des scarifications, des mutilations sexuelles féminines, de l'habillement, de la coiffure, de la contraception, de l'avortement... et de la sexualité féminine.
*(21.00 euros, 208 p.)*
*ISBN : 978-2-343-03998-5, ISBN EBOOK : 978-2-336-36494-0*

**SOUS-ESTIMATION DE SOI ET CONTRAINTES AU SUCCÈS**
**Un agenda d'action pour l'avancement africain**
*Mukendi Bruno T.*
Cet ouvrage discute de la problématique de la sous-estimation de soi et de ses conséquences tant sur le plan de la vie privée que publique. Il examine ensuite des stratégies opérationnelles pour forger un mental de champion et réussir les projets de transformation socioéconomique. Il remet finalement en question les attitudes qui empêchent les Africains de répondre plus efficacement aux défis posés par la globalisation, la pauvreté, la marginalisation et le sous-développement persistant.
*(Coll. Points de vue, 32.00 euros, 314 p.)*
*ISBN : 978-2-343-03314-3, ISBN EBOOK : 978-2-336-36529-9*

**QUE NE FERAIT-ON PAS POUR DU POGNON !**
**Essai**
*Abo Fodjo Kadjo*
*Que ne ferait-on pas pour du pognon !* est un pamphlet contre une société qui a fait de la quête d'argent un style de vie. Cet outil d'échanges semble aujourd'hui justifier à lui seul les crimes les plus crapuleux et toutes sortes de bassesses. Pour étayer cette thèse, l'auteur organise son essai autour de cinq thématiques : la vie, la dignité, la morale, le pouvoir et la religion. Il veut ainsi montrer que l'argent a corrompu la société jusque dans ses fondements.
*(Coll. Harmattan Côte-d'Ivoire, 23.00 euros, 232 p.)*
*ISBN : 978-2-343-04343-2, ISBN EBOOK : 978-2-336-36652-4*

**MICRO-ENTREPRISES (LES) EN AFRIQUE DE L'OUEST**
**Ou le développement par la petite porte**
*Haïdara Hammou*
En Afrique subsaharienne, le développement des micro-entreprises, qui constituent la norme des économies, comme base de croissance, de création de richesses et d'emplois décents, apparaît comme une alternative crédible de développement économique et social. Cela nécessite de sortir des sentiers battus dans les approches du développement et suppose une stratégie globale permettant de faire du secteur privé le vrai moteur de la croissance et du développement.
*(Coll. Études africaines, 21.00 euros, 218 p.)*
*ISBN : 978-2-343-03851-3, ISBN EBOOK : 978-2-336-36814-6*

**TRANSITIONS DÉMOCRATIQUES EN AFRIQUE DE L'OUEST**
**Processus constitutionnels, société civile et institutions démocratiques**
*Sous la direction d'Augustin Loada et Jonathan Wheathey*
Cet ouvrage est le fruit d'une recherche comparative portant sur les processus démocratiques en cours au Bénin, au Burkina Faso, au Mali, au Togo, au Niger, au Sénégal et au Ghana. Elle vise à comprendre pourquoi ces sept États d'Afrique de l'Ouest présentent autant de différences en termes de types de régimes alors qu'ils reposent sur des niveaux de développement socio-économique similaires ainsi que sur des processus d'ouverture démocratique et de changement constitutionnel comparables.
*(Coll. Études africaines, 28.00 euros, 284 p.)*
*ISBN : 978-2-343-04865-9, ISBN EBOOK : 978-2-336-36696-8*

**COOPÉRATION CHINE-AFRIQUE**
**Impact sur les infrastructures du Cameroun**
*Tedié Joachim - Préface de Laurent Zang*
L'auteur de cet ouvrage tente de mettre en relief les éléments d'une coopération Sud-Sud mutuellement bénéfique entre la Chine et l'Afrique sous le prisme des infrastructures. En s'intéressant de plus près aux facteurs et aux acteurs de la coopération entre la Chine et le Cameroun, sa conclusion semble être que leur dix ans de coopération dans le domaine des infrastructures ont été très fructueux et suscitent plein d'espérance pour l'avenir.
*(Coll. Harmattan Cameroun, 19.50 euros, 196 p.)*
*ISBN : 978-2-343-05102-4, ISBN EBOOK : 978-2-336-36744-6*

**DE L'ANTÉRIORITÉ DES IDÉES ET INSTITUTIONS POLITIQUES DE L'AFRIQUE PRÉCOLONIALE**
**Les paradoxes sociopolitiques**
*Nkoyok Jacqueline*
Cet ouvrage met en exergue la nécessité de la prise en compte de l'Afrique dans la fondation et l'évolution de la pensée politique contemporaine. Pour renforcer la citoyenneté africaine, il faut une capacité d'organisation qui associe les idées panafricanistes de la négritude rénovée, c'est-à-dire une négritude qui s'éloigne des approches de victimisation et qui se fonde sur des thèmes mobilisateurs.
*(Coll. Harmattan Cameroun, 26.00 euros, 260 p.)*
*ISBN : 978-2-343-04475-0, ISBN EBOOK : 978-2-336-36708-8*

**COLONISATIONS ET SOCIÉTÉ CIVILE EN AFRIQUE**
*Kouassi Yao-Edmond - Préface d'Abou Karamoko*
L'étude de l'Afrique a sans nul doute partie liée à la reconstruction entreprise par Habermas pour expliquer, par la métaphore de la colonisation du monde vécu, l'érosion de la culture, de la société et de la personnalité, les trois composantes cardinales du monde quotidien. Parce qu'une telle colonisation renvoie au modèle colonialiste historique et classique, le défi politique majeur pour l'Afrique est la décolonisation systémique. Pareille décolonisation est à organiser sur les cendres de la colonisation historique.
*(Coll. Études africaines, 17.00 euros, 176 p.)*
*ISBN : 978-2-343-04787-4, ISBN EBOOK : 978-2-336-36559-6*

**L'AFRIQUE FACE AUX ACCORDS DE PARTENARIAT AVEC L'EUROPE**
*Mbita Joseph*
Les Accords de Partenariat Économique (APE) initiés par l'Union Européenne tendent à reconduire le modèle de développement extraverti de l'Afrique, qui a montré toutes ses limites au cours des cinquante dernières années. L'auteur démontre que les théories économiques, le droit international, le bilan des précédents accords de coopération avec l'Occident et le plan à long terme d'intégration et de développement de l'Afrique sont défavorables à la signature par les pays africains des APE proposés par l'UE, considérés comme de « véritables marchés de dupe ».
*(Coll. Harmattan Cameroun, 13.50 euros, 118 p.)*
*ISBN : 978-2-343-04055-4, ISBN EBOOK : 978-2-336-36560-2*

**AFRIQUE (L') DANS LA MONDIALISATION**
**Les défis de la participation, de la démocratie et de la gouvernance mondiale**
*Nkoyok Jacqueline*
Dans le processus actuel de mondialisation des économies, l'indépendance socioéconomique, dans le contexte africain, est une renaissance, une reconstruction, qui nécessite un véritable plaidoyer et appelle un réajustement dans la structure de pensée des jeunes Africains. La souveraineté économique dont nous parlons doit être une construction émanant d'un peuple, d'un Etat ou d'un continent.
*(Coll. Harmattan Cameroun, 23.00 euros, 234 p.)*
*ISBN : 978-2-343-04486-6, ISBN EBOOK : 978-2-336-36707-1*

**GESTION DURABLE DES EAUX PLUVIALES DANS LES VILLES AFRICAINES**
**Un enjeu de développement de masse**
*Dasylva Sylvestre*
Voici une approche de gestion développante des eaux pluviales en milieu urbanisé. Par une intelligence de développement inclusif, ce concept innovant mise sur l'essor rapide des villes et le ruissellement généré pour impulser une dynamique socioéconomique durable de large échelle. Il s'agit d'un plaidoyer sur la nécessité de contextualiser les pratiques en les centrant sur des objectifs d'eau agricole, d'emploi des jeunes, de santé publique et de gouvernance partagée.
*(36.00 euros, 354 p.)*
*ISBN : 978-2-343-05383-7, ISBN EBOOK : 978-2-336-36836-8*

**RATIONALITÉ (LA) DE LA MÉDECINE TRADITIONNELLE EN AFRIQUE**
*Mvone Ndong Simon-Pierre E.*
L'objet de cet ouvrage est, non seulement d'entrevoir un dialogue entre la médecine moderniste, scientiste et technoscientifique avec la médecine traditionnelle et ses représentations, mais surtout de parvenir à l'élaboration d'une médecine interculturelle qui présente un système de santé incorporant : médecine moderne et médecine traditionnelle africaine (la phytothérapie).
*(Coll. Études africaines, 20.00 euros, 206 p.)*
*ISBN : 978-2-343-05235-9, ISBN EBOOK : 978-2-336-36570-1*

**MÉDECINE TRADITIONNELLE ET MÉDECINE SCIENTIFIQUE**
**Pour une médecine interculturelle en Afrique**
*Mvone Ndong Simon-Pierre E.*
Voici une confrontation entre une médecine occidentale scientifique et un ensemble de pratiques de soins dites médecine traditionnelle. Comment envisager un système de soins dans lequel collaborent deux traditions médicales, occidentales et africaines : quelles sont les conditions permettant d'établir une collaboration entre toutes ces pratiques soignantes pour avoir un système de soins qui tienne compte de l'histoire sociale et culturelle des peuples d'Afrique ?
*(Coll. Études africaines, 20.00 euros, 196 p.)*
*ISBN : 978-2-343-05252-6, ISBN EBOOK : 978-2-336-36571-8*

**ZONES (LES) MONÉTAIRES D'AFRIQUE DE L'OUEST**
*Touré Manga Fodé*
L'Afrique de l'Ouest comprend deux zones monétaires distinctes : la première de huit pays regroupés au sein de l'UEMOA, avec pour monnaie le franc CFA en parité avec l'euro, la seconde comporte six pays (République de Guinée, Nigeria, Sierra Leone, Ghana, Gambie, Liberia) autour d'un projet de création de monnaie commune : la zone monétaire d'Afrique de l'Ouest (ZMAO). Si les économies de l'UEMOA affichent une faible convergence macroéconomique et un faible niveau d'inflation, celles de la ZMAO, avec un taux d'inflation plus fort, ne convergent sans doute pas en raison de la position dominante du Nigéria.
*(Coll. Harmattan Guinée, 30.00 euros, 292 p.)*
*ISBN : 978-2-343-04977-9, ISBN EBOOK : 978-2-336-36342-4*

**INTÉGRATION ET COOPÉRATION EN AFRIQUE**
**La difficile rencontre possible entre les théories et les faits**
*Mvelle Guy*
Cet ouvrage examine l'intégration africaine à partir de théories générales élaborées dans le cadre de la construction européenne. L'auteur y expose les idées politiques et philosophiques purement africaines pouvant donner lieu à un début de théorisation et conclut que, malgré l'ingéniosité dont font preuve les Africains en matière d'intégration et de coopération, la nécessité d'une identité africaine s'impose, tout comme se pose le problème de la pensée africaine dans ce domaine.
*(Coll. Harmattan Cameroun, 16.50 euros, 268 p.)*
*ISBN : 978-2-343-04766-9, ISBN EBOOK : 978-2-336-36290-8*

**L'Harmattan Italia**
Via Degli Artisti 15; 10124 Torino
harmattan.italia@gmail.com

**L'Harmattan Hongrie**
Könyvesbolt ; Kossuth L. u. 14-16
1053 Budapest

**L'Harmattan Kinshasa**
185, avenue Nyangwe
Commune de Lingwala
Kinshasa, R.D. Congo
(00243) 998697603 ou (00243) 999229662

**L'Harmattan Congo**
67, av. E. P. Lumumba
Bât. – Congo Pharmacie (Bib. Nat.)
BP2874 Brazzaville
harmattan.congo@yahoo.fr

**L'Harmattan Guinée**
Almamya Rue KA 028, en face
du restaurant Le Cèdre
OKB agency BP 3470 Conakry
(00224) 657 20 85 08 / 664 28 91 96
harmattanguinee@yahoo.fr

**L'Harmattan Mali**
Rue 73, Porte 536, Niamakoro,
Cité Unicef, Bamako
Tél. 00 (223) 20205724 / +(223) 76378082
poudiougopaul@yahoo.fr
pp.harmattan@gmail.com

**L'Harmattan Cameroun**
BP 11486
Face à la SNI, immeuble Don Bosco
Yaoundé
(00237) 99 76 61 66
harmattancam@yahoo.fr

**L'Harmattan Côte d'Ivoire**
Résidence Karl / cité des arts
Abidjan-Cocody 03 BP 1588 Abidjan 03
(00225) 05 77 87 31
etien_nda@yahoo.fr

**L'Harmattan Burkina**
Penou Achille Some
Ouagadougou
(+226) 70 26 88 27

**L'Harmattan Sénégal**
10 VDN en face Mermoz, après le pont de Fann
BP 45034 Dakar Fann
33 825 98 58 / 33 860 9858
senharmattan@gmail.com / senlibraire@gmail.com
www.harmattansenegal.com

**L'Harmattan Bénin**
ISOR-BENIN
01 BP 359 COTONOU-RP
Quartier Gbèdjromèdé,
Rue Agbélenco, Lot 1247 I
Tél : 00 229 21 32 53 79
christian_dablaka123@yahoo.fr

Achevé d'imprimer par Corlet Numérique - 14110 Condé-sur-Noireau
N° d'Imprimeur : 123926 - Dépôt légal : novembre 2015 - *Imprimé en France*

www.ingramcontent.com/pod-product-compliance
Lightning Source LLC
LaVergne TN
LVHW011451061026
849535LV00004BA/1041